考古新视野丛书

汉代陵墓石兽研究

◉ 秦臻 著

文物出版社

图书在版编目（CIP）数据

汉代陵墓石兽研究／秦臻著．—北京：文物
出版社，2016.5（2021.1 重印）
（考古新视野丛书）
ISBN 978 - 7 - 5010 - 4597 - 6

Ⅰ.①汉… Ⅱ.①秦… Ⅲ.①汉墓 - 石刻造像 - 研究 -
中国 Ⅳ.①K879.34

中国版本图书馆 CIP 数据核字（2016）第 105843 号

汉代陵墓石兽研究

著 者：秦 臻

责任编辑：周艳明
责任印制：陈 杰

出版发行：文物出版社
社 址：北京市东直门内北小街 2 号楼
邮 编：100007
网 址：http://www.wenwu.com
邮 箱：web@ wenwu.com
经 销：新华书店
印 刷：北京京都六环印刷厂
开 本：850mm×1168mm 1/32
印 张：10.25
版 次：2016 年 5 月第 1 版
印 次：2021 年 1 月第 2 次印刷
书 号：ISBN 978 - 7 - 5010 - 4597 - 6
定 价：38.00 元

目　录

序

　　秦臻的博士论文即将修改出版了，遵他所嘱要我写一个序。作为他的导师，几年来从他题目的选定到最后成文，目睹他走过了这段艰难的求学路程，也是有些感想的，就借这个机会谈点个人的意见吧。

　　秦臻的学历背景是美术学，在四川美术学院主要从事视觉及艺术理论方面的教学与科研工作，后来报考了我的博士研究生，选择汉唐考古研究方向作为博士论文的主攻方向。这种情况在目前中国高校考古学与博物馆学的生源结构中应当说并不罕见，许多过去并非是从本科开始便学习考古学与博物馆学的同学后来转到了这个专业领域中，从头开始攻读这门学问。这个跨度和难度都可以说是相当大的。这样的学历背景如同有人戏称的那样，"出身"不那么"根红苗正"，在我们这个有着深厚积淀和悠久传统的学科中常常被另眼相看。秦臻也深知这一"短板"所在，所以从他一入学开始，便如饥似渴地"恶补"考古学与文物学方面的知识，除了系统地进行书本知识的学习之外，他积极主动地参加了四川大学考古系主持的三峡地区天平丘汉晋墓地的考古发掘，了解和掌握有关地层学、类型学方面的知识与实际的田野考古发掘技能。在攻读博士学位的这几年当中，他还利用学校教学与科研工作之便，参观了许多考古发掘现场和海内外的考古遗址与博物馆，尽可能不漏过考古系主办的学术讲座（四川大学考古系和藏学研究所的学术讲座十分活跃，差不多每周都有），应当说通过自身的努力卓有成效地弥补了自己知识体系上的不足，为顺利进入到博士论文撰写阶段奠定了一个良好的基础。

博士论文的选题对于每一位攻读博士学位的学生来讲都具有极大的挑战性，我时常在讲课时谈到，博士论文对于求学者而言，好比是跳高比赛，你跳过的这个高度，或许这一辈子也再难超越，人生在学术上只有这一次跳跃是空前绝后的。北京大学陈平原教授也有一个生动的比喻：博士论文好比是一张门票，看看你能否拿到这张门票进入到学术界的门槛。秦臻的选题最终确定为汉代陵墓石兽研究，是经过他认真思考和抉择的结果。一方面，对于这个问题考古学界已经积累了大量资料，也有不少前贤从不同的角度对这个时代陵墓石兽的造型、风格、分布、时代以及与域外文化因素的比较等方面发表过不少论著，我本人在给博士生授课时也以四川地区发现的汉代石兽为例做过案例分析，指出过其中存在的问题和未来研究的路径。另一方面，秦臻所具有的美术学的知识根底在这里也发挥了重要作用，他能够从美术史与考古学的结合上去寻找新的阐释路径，发挥其在美术史视野中的观察与思考方面的特长，将过去考古学界未曾涉及的一些问题提出来加以讨论，从而使得这个看似"老生常谈"的题目具有了不少新意，更为系统，也更为深入。

从他完成这个题目的情况来看，也很好地达到了预期的目的。我个人认为有这样一些特点是值得加以指出的。第一，他能够较为系统地收集整理相关资料，将研究建立在扎实的资料基础上，这是一个考古学工作者和艺术史研究者必须具有的科学态度，而不是像眼下某些研究者那样急功近利，舍不得在资料收集上下功夫。第二，他能够以考古学的区系类型的方法与理论为指导，将汉代陵墓石兽的分布与类型特点纳入到一定的时空范围当中加以考察，这对于一位过去没有接触过考古学理论方法的学生而言，其进步是十分明显的。第三，他能够充分考虑到前人研究的基础，汲取前人研究的长处，但又不囿于陈说，将艺术史研究方法引入到考古学研究当中，合理地实现了考古学与艺术史的协同研究。例如，对汉代陵墓石兽的图像志与图像学的考释、对图像表现及其内在意义的探讨、对汉代陵墓石兽所体现出的"艺术赞助机制"（赞助人与被赞助人的关系、两者之间的思想观念与社会意识、制作工匠等）都有许多新观点提出，形成本文最为鲜明的特色。这一成果能够最终被纳入到文物出版社"考古新视野丛书"当中，我想也是学术界对他的肯定，是值得庆贺的。

当然，作为一部对汉代陵墓石兽进行专题研究的著作，还有许多值得进一步深入思考的问题留待秦臻今后继续努力。因为说到底，这个问题的研究最终必须将其放置在汉代墓葬制度的变迁和汉代社会思想文化的框架内来加以观察和思考，才能在广度和深度上达到更高的水准。近年来海外学者如巫鸿、蒲慕洲、曾布川宽等人对汉代墓葬研究都从艺术史、历史学研究的视角提出过许多新的理念和阐释途径，其研究方法我认为是很值得考古学界加以重视和借鉴的，希望秦臻也能够对此加以充分的关注。

秦臻对自己有着更高的要求，在博士毕业并获得博士学位之后，又投师于著名学者中央美术学院罗世平教授的门下从事博士后研究，我相信通过他的不懈努力，一定能够学有所成，登堂入室，不断取得新的进步。我也在此预祝他不畏艰难，勇于攀登新的高峰！

霍巍

2016 年 4 月于四川大学

绪　论

　　汉代陵墓石兽，是汉代墓葬建筑空间体系中的一个重要组成部分，也是目前所遗存的汉代陵墓建筑及汉代雕塑艺术品中数量最多的种类。对汉代陵墓石兽进行研究，有助于我们了解汉代墓葬艺术和汉代艺术精神、思想观念及社会状况等问题。

　　在进入正式讨论之前，先简要地对本书的选题目的和意义进行说明，对汉代陵墓石兽的发现、著录及研究的学术史进行回顾与梳理，并就本书的学术取向以及研究思路与方法等进行阐释。本部分不但是后文论述的基础，而且也体现了笔者对汉代陵墓石兽的选题及其研究的整体认识。

一、选题目的及意义

（一）选题目的

1. 概念界定

　　汉代陵墓石兽，是指两汉时期列置于帝王陵园与贵族、豪强墓园及其神道两侧的大型圆雕石刻兽类。作为丧葬艺术表现形式的陵墓神道石兽，具有护卫仪仗、镇邪驱魔的功能，被设置于供墓主人灵魂出入的神道两侧，镇守着通往墓地的大门。其造型既有具象写实的狮、虎、羊、马等，也有夸张神异的带翼神兽天禄、辟邪之类①。

2. 选题目的

陵墓石兽遗存，作为两汉时期陵墓建筑体系中遗存材料最多且品类最为丰富的一类，是揭示特定礼仪展示和丧葬叙事模式的物质遗存，也是我们了解和认识汉代艺术形式、造型风格、艺术精神、思想观念及社会状况的重要实物材料。

所以，本书以汉代陵墓石兽为选题，对其进行初步的综合研究。具体而言，是希望通过对汉代陵墓石兽材料进行全面梳理，初步建立起汉代陵墓石雕甚至汉代雕塑艺术的类型学谱系；通过一些专题性的个案研究，了解中国早期艺术形式与图像样式的形成动因及其所体现的文化因素；通过对陵墓石兽遗存的研究，了解这些陵墓石兽所体现的当时的丧葬习俗、宗教观念及思想意识，进而为复原汉代社会状况、历史背景提供帮助。

3. 选题原因

首先，汉代陵墓石兽，作为陵墓建筑系统和墓葬礼仪空间中的一个组成部分，其形制是与墓葬建筑整体配套而存在的。作为汉代丧葬艺术中非常典型的表现，它其实是反映当时社会状况与思想观念非常重要的考古学遗存。所谓"大处着眼、小处入手"②，通过这样一个典型的材料，开展专题研究，从中透物见

---

① 本书所指的汉代陵墓石兽，特指墓上大型圆雕石兽，不包括一些墓内小型石雕作品（如山东博物馆、四川大学博物馆藏汉代石羊等）。虽然在讨论相关问题时仍会采用一些墓室内或宫苑、建筑石雕艺术品进行比较，但并非本书所研究的对象。

② 《战国秦汉时期中国西南的对外文化交流》一书前言论及该书的研究方法正是依据一种"大处着眼、小处入手"的观察方法与研究思路来展开研究。参见霍巍、赵德云：《战国秦汉时期中国西南的对外文化交流》，巴蜀书社，2007年，第3页。

事、透物见人。

其次，汉代雕塑艺术是中国艺术史上的一个黄金时代。陵墓石兽，作为最能体现汉代造型艺术风格与精神的实物遗存，是我们研究中国早期艺术形式和图像传统最佳的选择。而且，成型于汉代的陵墓石兽制度，根植于本土文化土壤，在频繁的文化交流与撞击中逐渐形成独具特色的体系。这种制度，直接影响了南朝陵墓石刻的产生并为其所继承，形成了长达千余年的中国陵墓制度。所以，通过对汉代陵墓石兽制度及其渊源的研究，来认识中国陵墓制度的产生、发展与成型具有非常重要的意义。

再次，从艺术史的研究角度而言，笔者认为对历代画史、画论中甚少著录的陵墓石兽的关注其实代表了一种新的研究视野与学术发展趋势。这也是考古学与艺术史相结合产生艺术考古学以来的成果。诚如郑岩所言：“像文字一样，图像也是历史的载体，它不仅能够印证文献的记载，同时也为我们观察历史提供了新的媒介和新的角度，这也正是考古材料所具有的‘证史’与‘补史’双重价值的体现。”但是，“与文字不同的是，图像并不直接以‘说’、‘云’、‘曰’的形式表达其中的思想，这些思想有时直露在那些‘可见的’（即视觉的）形象的表面，有时又隐藏在形象的背后”。所以，“立足于扎实的史料，着眼于个案研究的积累，注重基础分析和中间层面的研究，勇于在方法论上试验和探索，从图像中解读出那些曾经存在过的意义，这些应当是我们今天研究者的任务”①。

最后，是完成本选题的可能性。汉代陵墓石兽材料，在汉代艺术品遗存中相对较为大宗且分布比较集中。自 20 世纪以来，开始逐渐为研究者所关注，各种调查、著录和图录较为系统、全

---

① 郑岩：《魏晋南北朝壁画墓研究》，文物出版社，2002 年，第 288 页。

面。由于历史原因流散于海外的石兽，也有前辈学人进行了多次实地走访、勘察，并初步完成了资料的收集与著录。另外，在本书写作期间，笔者也曾多次到保存有汉代陵墓石兽材料的地区实地考察，取得了一些前人尚未著录的材料。汉代陵墓石兽材料已较为全面，可以初步满足本研究的需要。

（二）选题意义

对中国艺术史的研究，对不同时期中外艺术源流及其表现的关系而言，巫鸿倡导一种开放性的方法与态度。他所谓的"开放"有多种含义，既指用一种开放的兼容并蓄的态度和广阔的学术视野观察研究对象，也指方法论上的多样探索，即是对不同阐释概念与历史叙述模式的深度开发。正如巫鸿指出："开放式的美术史因此也可以看作是各种方法和理论并存和互动的美术史，互动的结果是研究内容和观念上的不断丰富，以及研究者日益扩大的交流和辩论。"他认为，某一时期的艺术史，如果其自身发展由内在渊源为主导且呈线性发展，则为"合"，若是一种开放性的兼容并蓄的发展过程，则为"开"。所以，"'开'与'合'既概括了两种实际历史状况，也反映了两类历史叙事的方法。作为历史叙事模式，'合'的意思是把中国美术史看成是一个基本上独立的体系，美术史家的任务因此是追溯这个体系（或称'传统'）的起源、沿革以及与中国内部政治、宗教、文化等体系的关系。这种叙事从根本说来是时间性的；空间因素，诸如地域特点、中外交流等等，构成历史重构中的二级因素"①。

因袭这一研究理论，笔者在以汉代陵墓石兽为研究对象进行艺术史的描述中，既有以"合"的叙事模式来构建中国古代艺术

① 〔美〕巫鸿：《"开"与"合"的驰骋》，《美术史十议》，生活·读书·新知三联书店，2008年，第65~74页。

源流及发展的传统，也有用"开"的视野来进行多层次、多维度的比较研究，来了解汉代艺术所体现的地域特色、文化特征及中外文化交流等问题。

本书作为笔者以汉代艺术中的陵墓石兽材料为考察对象进行艺术史写作的尝试，希望能够在以下两点取得一些成绩甚至是有些许进展。

其一是在本研究中，力求全面系统地对国内外现存汉代陵墓石兽遗存进行考察、归纳总结，并在此基础上初步建立汉代陵墓石兽的分区域、分阶段的类型学谱系。同时，对汉代陵墓石兽各分布区域的石雕艺术表现、区域特色及各个阶段的表现进行开放式的比较研究。

其二是在方法论上进行了尝试，强调多视角观察对象，重视个案研究，以期拓宽艺术史研究的思路与方法。本书中各个章节分别为一个研究专题，各自相对独立，而且选用方法论均各有侧重。以一种开放的艺术史写作的态度，讨论汉代陵墓中的有翼神兽现象，并通过自己的区分方法，以及与考古材料的对比研究，验证历史文献的记载。

二、汉代陵墓石兽的发现与研究概况

（一）国内外研究状况回顾

1. 历代文献记载概述

两汉时期各地陵墓石兽，自南北朝起，开始为历代各类地理志及金石学著述所著录。其中，尤以北魏郦道元对墓葬建筑及配置状况的记载较为详尽。郦道元所著《水经注》共40卷，对先秦、两汉至魏晋时期墓葬的记载共有260余处，其中著录了大量陵墓石兽，为我们提供了东汉晚期豪强大族陵墓石兽丰富而翔实的记载①。《后汉书》对宗资墓及杨震墓的墓前石兽做了记录②。其后，唐章怀太子李贤注《后汉书》提及河南宗资墓及其石兽。唐人封演《封氏闻见记》论述了秦汉以来陵墓石兽的设置，同时也记载了东汉杨震墓前石鸟来历及汝南彭氏墓头立石人石兽的典故③。

　　至宋代，当时的文人士大夫热衷于收集古物和古代艺术品，产生了被称为金石学的古器物学。一些著名学者大量收藏来自全国各地的古代石刻拓片并加以考释。一些汉代陵墓石兽由于有题铭而受到关注，相关著录如欧阳修《集古录跋尾》对宗资墓前石兽题铭及宗资生平的记叙④；洪适《隶释》录入了大量与东汉陵墓石兽相关的碑文，如《吉成侯州辅碑》、《益州太守颐碑》等⑤；赵明诚《金石录》中著录有《汉宗资墓天禄辟邪字》、《汉州辅墓石兽膊字》及《汉巴郡太守樊君碑》等碑文⑥。另外，宋人沈括在《梦溪笔谈》卷二一《异事》中则从石兽的属性角度谈到了河南宗资墓前石兽⑦。

　　清人叶昌炽《语石》记叙了霍去病墓前石雕群，并认为其"所琢制者为最奇"；同时还收录了南阳宗资墓石兽膊上"天禄"、"辟邪"刻字，认为"此其滥觞也"；另外还收录了山东临淄"刘汉所作狮子"题铭，并介绍了《汉石存目》、《汉晋石刻墨

① ［北魏］郦道元著，陈桥驿校证：《水经注校证》，中华书局，2007年，第226页。
② 杨震墓石鸟见于《后汉书·杨震列传》："先葬十余日，有大鸟高丈余，集震丧前，俯仰悲鸣……于是时人立石鸟像于其墓所。"［南朝宋］范晔：《后汉书》卷五四《杨震列传》，中华书局，1965年，第1767～1768页。
③ ［唐］封演撰，赵贞信注：《封氏闻见记校注》，中华书局，2005年。
④ ［宋］欧阳修著，邓宝剑、王怡琳笺注：《集古录跋尾》，人民美术出版社，2010年，第79页。
⑤ ［宋］洪适：《隶释》卷一一，《隶释·隶续》，中华书局，1986年。
⑥ ［宋］赵明诚撰，金文明校证：《金石录校证》，广西师范大学出版社，2005年。
⑦ ［宋］沈括著，胡道静校注：《梦溪笔谈校注》下册，中华书局，1960年，第694页。

影》等金石学著录①。另外，尚有黄叔璥《中州金石考》，仍从宗资墓前石兽上所镌题铭角度对其进行考释②。

2. 研究状况概述

上述金石学、地理学著作中虽偶有提及汉代陵墓石兽，但其目的或为著录碑帖，或为考订墓主人生平，或以记录地理志为主，而具有现代考古学价值并从艺术史角度对其进行记录、研究，则起自 20 世纪初。当时的一些西方学者或探险家在考察中，开始注意到中国汉代陵墓遗存中的大型石雕艺术。1907 年，一位名为沃尔帕（P. Volpert）的西方人从武氏祠东阙和西阙前面发掘出两件圆雕石狮。同年，日本学者关野贞也到访了武氏祠，并绘制了详细的遗物出土位置图，从中可以清晰地看到石狮、石阙的位置关系③。其后，较为正式的考古调查则始于法国考古学家色伽兰（V. Segalen）于 1914 年开始在中国西部地区所进行的综合考察。色伽兰先后在陕西、四川等地考察了多处汉代石兽④，其中重点记叙了"霍去病墓前足踏匈奴之石马"，认为："此马与人猛勇镇定之状，除完全型范之外，殆难仿造。"还根据当时考察发现的霍氏墓"墓腹墓足皆有石块"情况，首次提出"当时武帝欲使其象祁连山以旌其功，故布置如此"的观点。在四川，色伽兰对雅安高颐阙石兽及芦山樊敏碑附近稻田中石兽、渠县诸无铭阙附近石兽做了细致的记录和绘图，特别注意到了这些石兽带有西方文化色彩，认为应该是外来文化影响的结果。该书还从其造型特征上进行了总结描述："汉代大兽姑不论其种类如何，盖为

① 〔清〕叶昌炽撰，柯昌泗评，陈公柔、张明善点校：《语石·语石异同评》卷五，中华书局，2005 年。
② 〔清〕黄叔璥：《中州金石考》，齐鲁书社，1996 年。
③ 〔美〕巫鸿著，柳扬、岑河译：《武梁祠——中国古代画像艺术的思想性》，生活·读书·新知三联书店，2006 年，第 16 页。
④ 〔法〕色伽兰著，冯承钧译：《中国西部考古记》，中华书局，2004 年。

长身之兽，胸大腰耸，筋力呈现，大致以牡类体状居多。"

位于陕西省兴平县境内的西汉武帝茂陵旁的霍去病墓前石雕群，是被重点关注和研究的对象。自色伽兰（V. Segalen）于《亚细亚学报》上发表了介绍文章①，在 1924 年前后，法国摄影师拉底克（J. Lartigue）和美国考古学家皮孝伯（C. W. Bishop）②曾先后访问过霍去病墓前石刻，其后又有汉则（C. Hentze）、格留客（H. Gliick）、福开森（J. C. Ferguson）等人先后到访，并就霍去病墓前石雕状况、题材内容、造型风格等进行了介绍性的初步研究③。在 1933 年前后，日本学者足立喜六④、水野清一⑤到陕西进行考古调查，其中霍去病墓前石刻仍是他们关注的重点。水野清一并以专文对国外学者对霍去病墓前石刻的研究状况做了一个综述，指出上述西方学者普遍认为霍去病墓前石刻具有西亚或斯基泰人风格，同时也介绍了对马踏匈奴雕像下方人像的族属进行的甄别，如有认为是南斯基泰人的，有认为是闪族人的，而水野清一本人则认为这是图像化或程式化的"异人"的形象，不足以讨论种族面貌特征和族属问题。

另外，西方学者中，斯德哥尔摩大学艺术史家喜龙仁教授（Osvald Siren）于 1925 年出版的《五至十四世纪的中国雕刻》四卷本，奠定了以艺术风格学为理论的中国雕塑史研究基础，而且

---

① Victor Ségalen, Gilbert de Voisins, Jean Lartigue, "Premier Exposé des Résultats Archéologiques Obtenus dans la Chine Occidentale par la Mission", *Journal Asiatique*, 1915, pp. 461–473.

② C. W. Bishop, "Notes on the Tombs of Ho Ch'uping", *Artibus Asiae*, No. 1, 1928.

③ 早期国外学者的研究状况，参见滕固：《霍去病墓上石迹及汉代雕刻之试察》，《滕固艺术文集》，上海人民美术出版社，2003 年；沈珂：《霍去病墓及其石雕研究的回顾及思考》，《考古与文物》2010 年第 6 期。

④ 〔日〕足立喜六：《長安史蹟の研究》，東洋文庫，1933 年。

⑤ 〔日〕水野清一：《前汉代に於ける墓饰石雕の一群に就いと——霍去病墓の石刻》，《東方學報》1933 年第三册。

在其图版中著录了大量被梁思成称为"言之甚详"的南朝石刻遗迹。随后，在1928年，又于《东方艺术》杂志发表《早期中国艺术中的有翼兽卡美辣》一文，首次提出了通过对有翼兽的系统研究来认识南朝陵墓石兽风格受到波斯、亚述影响的观点①，并影响了这一时期国内学者的研究视野与研究方法。

随后，国内学者先后有滕固②、梁思成③、朱希祖④、朱锦江⑤、朱偰⑥等。研究对象以霍去病墓前石刻群为主，并延伸到南朝陵墓石兽，研究视野则从早期单纯的考古调查与测绘、石雕的命名考证、年代的确立发展到对墓葬建造体系、丧葬观念以及对其艺术风格和艺术源流的研究上。

研究成果以滕固最为突出。滕固于1934年11月发表的《霍去病墓上石迹及汉代雕刻之试察》刊于《金陵学报》第四卷第二期⑦。文章由霍去病墓前石刻入手，进而考察了河南、山东一带其他汉代石兽，依此追溯了汉代陵墓雕塑的历史发展过程，并讨论了各地的区域差异。而且，滕固的考察还涉及其他地方的陵墓石兽遗存，如山东武氏祠石狮、河南南阳宗资墓石兽及四川雅安高颐墓石兽等。第二年又发表了《六朝陵墓石迹述略》一文，承袭喜龙仁关于汉晋有翼神兽与外来文化因素关系的观点。滕固对六朝陵墓石兽历史做了分析，结合其在意大利考察时期见过的"有翼的希美辣（Winged Chimera）"，认为："有翼兽传自波斯，

① Osvald Siren, "Winged Chimeras in Early Chinese Art", *Eastern Art*, vol. 1, 1928.

② 滕固：《霍去病墓上石迹及汉代雕刻之试察》，《滕固艺术文集》，上海人民美术出版社，2003年。

③ 梁思成：《中国雕塑史》，百花文艺出版社，1998年。

④ 朱希祖：《天禄辟邪考》，《六朝陵墓调查报告》，中央古物保管委员会，1935年。

⑤ 朱锦江：《中国民族艺术中所见羽翼图腾考》，《金陵学报》1938年第8卷。

⑥ 朱偰：《建康兰陵六朝陵墓图考》，中华书局，2006年。

⑦ 滕固：《霍去病墓上石迹及汉代雕刻之试察》，《滕固艺术文集》，上海人民美术出版社，2003年，第270~279页。

而远溯于亚述利亚，自无疑义。但何时始传入中国，这是很成问题。……六朝陵墓上的有翼兽，可断言为渊源于汉代。"① 同时期的梁思成同样认为中国的有翼石兽应该是外来文化影响的结果："考古艺术之以石狮为门卫者，古巴比伦及阿西利亚皆有之。然此西亚古物与中国翼狮之关系究如何，地之相去也万里，岁之相去也千余岁。然而中国六朝石兽之为波斯石狮之子孙，殆无疑义。所未晓者，则其传流之路径及程序耳。"②

　　六朝陵墓石兽，作为汉代陵墓石兽的继承者，其研究与汉代石兽具有很强的相关性。与滕固同一时期的学者朱希祖、朱锦江等人均对南朝陵墓石兽进行研究，其中也涉及对汉代陵墓石兽遗存的观察。尤其是朱希祖的《六朝陵墓调查报告》序言："一物之微，考其制作，各有其历史之根据，文化之渊源。例如六朝陵墓之神道石柱，天禄辟邪，一经考古者详为考核，精为比较，则与希腊波斯印度之文化，颇有息息相关。"③ 又在《天禄辟邪考》中引用文献考据对辟邪概念进行了辨析，认为南朝陵墓石刻源流是在本民族固有基础上吸取外来事物而成④。而其子朱偰则认为墓前有翼石兽，源于亚述，传至波斯后流传至中国，但是"此种作风既起自西亚，如何传至中国，颇成疑问"⑤。

　　3. 田野考古调查与发掘概况

　　自 20 世纪 50 年代，顾铁符⑥、马子云⑦对霍去病墓前石兽的

①　滕固：《六朝陵墓石迹述略》，《滕固艺术文集》，上海人民美术出版社，2003 年，第 293~304 页。

②　梁思成：《中国雕塑史》，百花文艺出版社，1998 年，第 33 页。

③　朱希祖等：《六朝陵墓调查报告》，中央古物保管委员会，1935 年，序言。

④　朱希祖：《天禄辟邪考》，《六朝陵墓调查报告》，中央古物保管委员会，1935 年，第 183~199 页。

⑤　朱偰：《建康兰陵六朝陵墓图考》，中华书局，2006 年，第 4 页。

⑥　顾铁符：《西安附近所见的西汉石雕艺术》，《文物参考资料》1955 年第 11 期。

⑦　马子云：《西汉霍去病墓石刻记》，《文物》1964 年第 1 期。

介绍开始，随着各地的考古调查与发掘，逐渐发现并著录一些汉代陵墓石兽遗存，为我们了解和认识汉代陵墓石兽和汉代雕塑艺术提供了更多的依据与实物例证。

陕西地区的陵墓石兽遗存主要以西安及周边地区的发现为主，其中有咸阳石辟邪①、临潼石羊②及毕塬石兽③，还有汉武帝宫苑建筑石雕如太液池石鱼④和昆明池牛郎、织女⑤。除陕西之外，在山西⑥和青海⑦均发现了西汉石虎。而在山东，则有鲍王村石兽⑧、孔林石兽⑨等材料被发现。在河北有内丘石兽发现⑩。在四川，有雅安、芦山石兽材料被逐渐发现和清理⑪，还有都江堰汉代石像⑫、昭觉石兽等⑬。近年来，又在河南孟津⑭、南阳⑮、许昌⑯及安徽⑰等地相继发现汉代大型石兽。

----

① 张子波：《陕西咸阳发现北朝石辟邪》，《考古》1960 年第 5 期；何正璜：《石刻双狮和犀牛》，《文物》1961 年第 12 期。

② 李仰松：《临潼康桥石川河发现西汉石羊和仰韶文化遗址》，《文物》1964 年第 5 期。

③ 田野：《你看毕塬下的石兽是什么时代的？》，《文物参考资料》1957 年第 5 期。

④ 黑光：《西安汉太液池出土一件巨形石鱼》，《文物》1975 年第 6 期。

⑤ 汤池：《西汉石雕牵牛织女辨》，《文物》1979 年第 2 期。

⑥ 山西省博物馆：《安邑县杜村出土的西汉石虎》，《文物》1961 年第 12 期。

⑦ 赵生琛：《青海海晏的汉代石虎》，《文物》1959 年第 3 期。

⑧ 王思礼：《山东泗水县鲍王村发现汉晋石兽》，《考古通讯》1958 年第 8 期。

⑨ 孔次青：《山东曲阜孔林发现汉代石兽》，《考古》1964 年第 4 期。

⑩ 巨建强：《河北内邱出土北朝石神兽》，《文物》2005 年第 7 期。

⑪ 陶鸣宽、曹恒钧：《芦山县的东汉石刻》，《文物参考资料》1957 年第 10 期。

⑫ 四川省博物馆等：《都江堰又出土一躯汉代石像》，《文物》1975 年第 8 期。

⑬ 凉山彝族自治州博物馆等：《四川凉山州昭觉县好谷乡发现的东汉石表》，《四川文物》2007 年第 5 期。

⑭ 赵彦章：《孟津发掘出汉代大型石辟邪》，《河南文物工作》1993 年第 1 期。

⑮ 资料现藏于南阳汉画馆。

⑯ 《许昌石辟邪"安家"博物馆》，《人民日报》（海外版）2006 年 9 月 6 日。

⑰ 冯耀堂：《临泉出土东汉石雕天禄》，《中国文物报》1988 年 4 月 29 日。

4. 近 50 年来研究概述

对汉代陵墓石兽的综合性研究主要见于美术史专著及一些具体论述中，主要集中于 20 世纪 80 年代以来的研究。如《中国美术全集·雕塑编 2·秦汉雕塑》，将秦汉时期的雕塑作为一专门部类进行著录，其中大多为当时所掌握的陵墓石兽材料①。其中美术史学者汤池的《秦及西汉时期的雕塑艺术》一文对汉代陵墓石雕予以强调和重视，该书还收录刘兴珍《东汉时期的雕塑艺术》一文。同时，刘兴珍还有《地面大型石雕》一文录入顾森主编《中国美术史·秦汉卷》第四章，特别将秦汉时期的陵墓石兽作为一个专题进行研究。该专题分为秦、西汉、东汉三个阶段，重点论述了霍去病墓石雕的艺术风格及特色②。金维诺《汉代的雕塑》一文，以考古资料为依据，从雕塑的类型、题材、分别、区域特征、发展脉络、制作工艺、思想性和艺术性等方面全面介绍和论述了汉代雕塑的整体面貌③。王子云的一系列美术考古文章中，对各地汉代陵墓石兽遗存进行了介绍与论述，其中涉及陕西、四川、山东、河南等地多处石兽遗存④。沈琍的《陕西汉代雕塑研究》对陕西地区汉代雕塑遗存进行了全面研究，并探讨了汉代大型石雕艺术传统从关中地区向周边地区传播的路径及成因等问题⑤。常宁生则从文化比较的角度，来探讨汉代雕塑艺术所体现的社会状况与思想观念⑥。英国学者苏利文在《艺术中国》第五章《秦汉艺术》中，对秦汉时期的雕塑艺术

---

① 中国美术全集编辑委员会：《中国美术全集·雕塑编 2·秦汉雕塑》，人民美术出版社，1985 年。
② 刘兴珍：《地面大型石雕》，《中国美术史·秦汉卷》，齐鲁书社，2000 年。
③ 金维诺：《汉代的雕塑》，《雕塑》2003 年第 4 期。
④ 王子云：《从长安到雅典——中外美术考古游记》，陕西人民美术出版社，2004 年。
⑤ 沈琍：《陕西汉代雕塑研究》，《西部美术考古》，上海大学出版社，2008 年。
⑥ 常宁生：《权力与荣耀——罗马帝国与中国汉代雕塑艺术比较》，陕西人民美术出版社，2003 年。

进行了专门论述，特别提出霍去病墓前石兽具有萨珊王朝的特征①。吕煜的硕士学位论文《中国秦汉雕塑兴盛原因初探》也是对秦汉时期雕塑所体现的人文精神与时代特征所做的探讨②。

同时，各类美术史专著及图录对汉代陵墓雕塑进行著录和介绍，如《中国雕塑史图录》③、《中国雕塑艺术史》④、《中国雕塑史》⑤、《中国美术通史》⑥ 等。林树中对流失海外的中国古代雕塑艺术品进行了调查并汇聚成《海外藏中国历代雕塑》出版，其中介绍了一些之前未曾著录的汉代陵墓石兽新材料⑦。

而对于汉代陵墓石刻的综合研究，则以王鲁豫《汉晋南北朝墓前石雕艺术》最为突出。他从中国陵墓制度谈起，将中国古代陵园石雕艺术的发展分为诞生期、规制期及完备期三个阶段，对陵墓石兽遗存进行了详尽的收录。该书作为全面专题研究陵墓石雕艺术的著作，具有比较重要的学术价值⑧。

值得一提的是日本学者曾布川宽对南朝时期帝陵的研究，他并未囿于南朝石兽，而是对汉代到南朝石兽做了全面的介绍，并探讨了其嬗变的过程及成因⑨。

（二）汉代陵墓石兽的研究

汉代陵墓石兽问题的专题性研究，分别有如下几类专题。

━━━━━━━━━━━━━━━━━━━━

① 〔英〕苏利文著，徐坚译：《艺术中国》，湖南教育出版社，2006 年。
② 吕煜：《中国秦汉雕塑兴盛原因初探》，江西师范大学硕士学位论文，2007 年。
③ 史岩：《中国雕塑史图录》，上海人民美术出版社，1983 年。
④ 王子云：《中国雕塑艺术史》，人民美术出版社，1988 年。
⑤ 陈少丰：《中国雕塑史》，岭南美术出版社，1993 年。
⑥ 王伯敏：《中国美术通史》，山东教育出版社，1996 年。
⑦ 林树中：《海外藏中国历代雕塑》，江西美术出版社，2006 年。
⑧ 王鲁豫：《汉晋南北朝墓前石雕艺术》，北京广播学院出版社，1992 年。
⑨ 〔日〕曾布川宽著，傅江译：《六朝帝陵——以石兽和砖画为中心》，南京出版社，2004 年。

1. 中外文化交流问题

汉代陵墓石兽的艺术源流及其所反映的中西文化交流问题，一直是中国早期艺术研究所关注的问题。如姜伯勤在对学术史的回顾中就指出："关于有翼神兽'天禄'、'辟邪'的考释，是上世纪中国学术史上有成效的论题。"①

其中，关于中国古代大型石雕艺术，林梅村认为，有"三种文化因素对中国大型石雕艺术的起源和发展起了重要的作用。首先基于中原本土文化因素；其次，受欧亚草原，尤其是阿尔泰语系游牧人古代艺术的强烈影响；其三，张骞通西域后，中国石刻艺术才开始和中亚希腊化艺术以及西亚波斯艺术进行交流"②。林梅村以一系列文章进行讨论，分别从陵墓石兽的艺术原型③、艺术源流④及流传线路⑤等方面进行研究。李零在中国早期艺术中的有翼神兽问题的研究中，论证了汉代陵墓石兽中的有翼神兽的艺术渊源及其在中外文化交流中的意义⑥。他认为："中国的有翼神兽，无论从文献记载看（如《汉书·西域传》的记载），还是从文物形象看（如依托狮子的形象），都与西亚、中亚和欧亚草原的艺术有不解之源。"而霍巍则以陵墓石兽为切入点讨论中西文化交流及艺术源流等问题，其论述见于《四川东汉大型石兽与南方丝绸之路》⑦、《神

① 姜伯勤：《中国祆教艺术史研究》，生活·读书·新知三联书店，2004 年，第13 页。
② 林梅村：《秦帝国大型石雕艺术的兴起》，《古道西风——考古新发现所见中西文化交流》，生活·读书·新知三联书店，2000 年。
③ 林梅村：《狮子与狻猊》，《汉唐西域与中国文明》，文物出版社，1998 年。
④ 林梅村：《汉代西域艺术中的希腊文化因素》，《九州学林》2003 年冬季一卷二期，复旦大学出版社，2004 年。
⑤ 林梅村：《丝绸之路考古十五讲》，北京大学出版社，2006 年。
⑥ 李零：《论中国的有翼神兽》、《再论中国的有翼神兽》、《"五星出东方利中国"织锦上的文字和动物图案》，《入山与出塞》，文物出版社，2004 年。
⑦ 霍巍：《四川东汉大型石兽与南方丝绸之路》，《考古》2008 年第 11 期。

兽西来——重庆忠县新发现石辟邪及其意义初探》① 等文及其与赵
德云合著的《战国秦汉时期中国西南的对外文化交流》② 一书。沈
福伟在《中西文化交流史》中认为，汉代石兽形象由于外来新题材
的增多而大大丰富，两汉时期动物纹的题材和造型风格有明显的变
化，表现在圆雕动物形象逐渐消失，发展成大型镇墓石狮、石马和
天禄、辟邪③。于春在其硕士学位论文《我国出土战国至六朝时期
的"有翼兽"及相关问题》中认为，东汉时期大型墓前有翼神兽
的意义，应该是受到中亚斯基泰—西伯利亚游牧文化的影响，是将
有翼神兽作为亡灵的引路人形象，它的宗教含义与最早源于西亚地
区的鹰首狮身的有翼兽"格里芬"基本类似④。

　　2. 造型艺术及风格问题

　　关于汉代陵墓石兽的造型特色及风格问题的研究，有比较全面
的综合性探讨，如阎文儒《关中汉唐陵墓石刻题材及其风格》对陕
西关中地区陵墓石刻的研究⑤，王玉池的《东汉陵墓建筑雕刻》⑥，
刘凤君的《东汉南朝陵墓前石兽造型初探》⑦、《东汉魏晋陵墓神
道石刻的造型艺术》⑧，龚良的《陵墓有翼神兽石刻的发展及其艺
术源流》⑨，以及苏健的《洛阳新获石辟邪的造型艺术与汉代石辟

---

① 霍巍：《神兽西来——重庆忠县新发现石辟邪及其意义初探》，《长江文明》第一
　　辑，重庆出版社，2008 年。
② 霍巍、赵德云：《战国秦汉时期中国西南的对外文化交流》，巴蜀书社，2007 年。
③ 沈福伟：《中西文化交流史》，上海人民出版社，2006 年，第 63 页。
④ 于春：《我国出土战国至六朝时期的"有翼兽"及相关问题》，《中国四川西部人
　　文历史文化综合研究》，四川大学出版社，2003 年。
⑤ 阎文儒：《关中汉唐陵墓石刻题材及其风格》，《考古与文物》1986 年第 3 期。
⑥ 王玉池：《东汉陵墓建筑雕刻》，《美术史论丛刊》第一辑，文化艺术出版社，
　　1981 年。
⑦ 刘凤君：《东汉南朝陵墓前石兽造型初探》，《考古与文物》1986 年第 3 期。
⑧ 刘凤君：《东汉魏晋陵墓神道石刻的造型艺术》，《美术研究》1987 年第 3 期。
⑨ 龚良：《陵墓有翼神兽石刻的发展及其艺术源流》，《华夏考古》1994 年第 1 期。

邪的分期》① 等。其中，苏健以纪年材料为分析依据，对汉代石
辟邪材料进行了初步阶段性划分，提供了汉代陵墓石兽分期研究
的基本依据。除此之外，一些研究者集中于特定对象而探讨其造
型特色与风格特征，如吴卫《也谈汉代与六朝的镇墓神兽——石
辟邪》②、张松利等《许昌汉代大型石雕天禄、辟邪及其特点——
兼论天禄、辟邪的命名与起源》③、孙照金《南阳汉代雕塑天禄、
辟邪的艺术特色》④ 及杨爱玲《河南叶县发现的东汉石兽——兼
谈汉晋的陵墓华表》⑤ 等。另外，对汉代陵墓石兽所体现的中国
古代雕塑的艺术语言及审美特征的探讨，则有王可平《中国传统
雕塑的审美特征》⑥、祝重寿《中国古代雕塑的装饰传统》⑦、吴
立君《谈中国古代雕塑中的线的魅力》⑧、杨先艺《论中国古代
雕塑的特征》⑨、赵历平《中国古代石雕的造型规律》⑩、丁斌
《汉代雕塑的写意风格》⑪、李政《中国古代雕塑的意象表现》⑫、
云宁《汉代雕塑的语言符号》⑬、屈峰《汉代雕塑造型语言研
究》⑭ 等文。郝建斌《从汉唐雕塑看中国古代雕塑中的浪漫主义色

① 苏健：《洛阳新获石辟邪的造型艺术与汉代石辟邪的分期》，《中原文物》1995 年第 2 期。
② 吴卫：《也谈汉代与六朝的镇墓神兽——石辟邪》，《华中建筑》2003 年第 6 期。
③ 张松利、张金凤：《许昌汉代大型石雕天禄、辟邪及其特点——兼论天禄、辟邪
的命名与起源》，《中原文物》2007 年第 4 期。
④ 孙照金：《南阳汉代雕塑天禄、辟邪的艺术特色》，《中原文物》2005 年第 4 期。
⑤ 杨爱玲：《河南叶县发现的东汉石兽——兼谈汉晋的陵墓华表》，《中原文物》
1981 年第 2 期。
⑥ 王可平：《中国传统雕塑的审美特征》，《文艺研究》1989 年第 2 期。
⑦ 祝重寿：《中国古代雕塑的装饰传统》，《雕塑》1998 年第 4 期。
⑧ 吴立君：《谈中国古代雕塑中的线的魅力》，《浙江工艺美术》2007 年第 1 期。
⑨ 杨先艺：《论中国古代雕塑的特征》，《雕塑》2003 年第 1 期。
⑩ 赵历平：《中国古代石雕的造型规律》，《西北美术》2005 年第 1 期。
⑪ 丁斌：《汉代雕塑的写意风格》，《民族艺术》2001 年第 4 期。
⑫ 李政：《中国古代雕塑的意象表现》，《雕塑》2006 年第 4 期。
⑬ 云宁：《汉代雕塑的语言符号》，《艺术探索》2008 年第 2 期。
⑭ 屈峰：《汉代雕塑造型语言研究》，中央美术学院硕士学位论文，2006 年。

彩》则从美学角度讨论了浪漫主义产生的三个方面的背景，分别为本土文化根源、中国古代人的生死观及其与草原文化的互融影响①。

3. 陵墓石兽与陵寝制度问题

杨宽在《中国古代陵寝制度史》中对汉代陵墓前石刻及石兽的设置与陵墓制度的关系做了详尽的论述，他认为东汉时期墓前石刻："第一个特点是，墓地上的石刻群往往布置在祠堂或祠庙的前面，说明石刻群的出现该与当时盛行的上墓祭祀的礼俗有关"；"第二个特点是，墓地上石刻群往往成对布置在墓前大道的两旁"②。沈珂在《汉代神道石刻与墓葬形制》中认为，汉代墓葬形制与墓前神道石兽的形成，不仅受制于汉代丧葬礼俗的直接因素，同时受到外来文化的影响，而各地由于地域、传承、相关背景的不同，石刻造型均显示出不同的风格特征③。杨荣新在《我国古代的陵墓神道石刻》中，对西汉到明清的陵墓石刻制度的演变做了回顾性的介绍④。

4. 汉代陵墓石兽的个案研究

对汉代陵墓石兽的个案研究，主要集中于一个特定地区或典型墓葬的陵墓石刻。霍去病墓前石刻群即是长期以来研究的重点，其研究范围涉及陵墓石刻制度、石雕年代、造型风格、雕刻技法、石雕设置的意义及渊源等。

除前文所介绍的材料外，还有王子云《西汉霍去病墓石刻》⑤及傅天仇《陕西兴平县霍去病墓前的西汉石雕艺术》⑥对霍氏墓石刻群的系统介绍和较为综合的研究。陈直则对霍去病墓前石刻

① 郝建斌：《从汉唐雕塑看中国古代雕塑中的浪漫主义色彩》，内蒙古师范大学硕士学位论文，2007年。
② 杨宽：《中国皇帝陵的起源与变迁》，《中国古代陵寝制度史》上编，上海人民出版社，2008年，第79～80页。
③ 沈珂：《汉代神道石刻与墓葬形制》，《大连大学学报》2008年第2期。
④ 杨荣新：《我国古代的陵墓神道石刻》，《文史杂志》1991年第3期。
⑤ 王子云：《西汉霍去病墓石刻》，《文物参考资料》1955年第11期。
⑥ 傅天仇：《陕西兴平县霍去病墓前的西汉石雕艺术》，《文物》1964年第1期。

所发现的题铭进行了释读与研究，并探讨了汉代工官制度下的石雕营建体系①。何汉南认为，霍去病墓前石刻是随葬制度的创新，是地下埋葬品转移到地上改为永久保存形式的表现②。

一些学者更对霍去病墓前石雕的设置意义提出了自己的看法，如陈诗红《霍去病墓及其石雕的几个问题》认为其设置体现了当时的神仙方术思想，山形墓上点缀动物、镂以奇珍异兽与当时仙人博山炉有类似的构思关系③。这一观点，承袭了20世纪30年代日本学者水野清一的看法，水野清一是最早提出"博山炉"这一概念的学者，他认为霍氏墓前石刻群虽然直接表现的是纪念性形式，但从另外一个角度是体现了当时盛行的追求长生不老升仙思想的社会风尚④。持有类似观点的国内学者有程征⑤、林通雁⑥等。同样，贺西林在其《"霍去病墓"的再思考》中对墓葬概念的生成方式提出与之前不同的观点，并就其功能性、思想性及属性等问题做了探讨，认为霍去病墓石雕乃是构筑了一个巨大的仙山蓬莱景象，其主旨不在于记功，而在于构建一座虚拟的神仙世界来表达死与永生的观念，但是他对霍去病墓的位置提出了质疑⑦。郑岩进一步将其阐释为是某种"景观"或"大地艺术"的表现，他认为霍去病墓石雕与汉碣石宫、昆明石、织女像等具有同样粗犷风格的石雕一样，表达了当时所盛行的神仙宗教观

---

① 陈直：《陕西兴平县茂陵镇霍去病墓新出土左司空石刻题记考释》，《文物参考资料》1958 年第 11 期。

② 何汉南：《霍去病墓冢及石刻》，《文博》1988 年第 2 期。

③ 陈诗红：《霍去病墓及其石雕的几个问题》，《美术》1994 年第 3 期。

④ 〔日〕水野清一：《前汉代に於ける墓饰石雕の一群に就いと——霍去病墓の石刻》，《東方學報》1933 年第三册。

⑤ 程征：《为冢象祁连山——霍去病墓石刻群总体设计之探讨》，《西北美术》1984 年第 2 期。

⑥ 林通雁：《西汉霍去病墓石雕群的三个问题》，《美术观察》2009 年第 3 期。

⑦ 贺西林：《"霍去病墓"的再思考》，《美术研究》2009 年第 3 期。

念①。而闫松岭则对霍去病墓石雕群的审美取向与形象源头提出了新的看法，与学术界较多认为其意匠来自西域的观点相左，认为其意匠源自楚文化背景②。这一看法，得到了孙长初的认同，他进而以南朝陵墓石兽为例，认为其艺术渊源与楚地漆镇墓兽有联系③。

　　此外，尚有大量的研究集中于艺术史领域，着重探讨霍去病墓前石雕群的艺术风格与造型手法，如杨兴吉④、李晓鲁⑤、刘丹龙、孙平燕⑥、王宽宇、吴卫⑦、杜俊平⑧、葛露⑨等人的文章。梁佐⑩、王志杰⑪、崔彬⑫、沈珃⑬、张炯炯⑭等人则从环境艺术角度讨论了陵墓石兽陈设与墓葬环境及墓葬空间的关系。

　　在其他地区的陵墓石兽遗存方面，有王寿芝对张骞墓前石兽的介绍⑮，耿继斌对高颐墓石兽的介绍⑯，李军对雅安、芦山地区大

① 郑岩：《风格背后——西汉皇室大型石雕新探》，第三届中国高等院校艺术史学年会，2009 年 10 月。

② 闫松岭：《霍去病墓石雕群审美取向探究》，天津美术学院硕士学位论文，2007 年。

③ 孙长初：《六朝石刻辟邪艺术图像的释读》，《东南文化》2008 年第 2 期。

④ 杨兴吉：《"乐"的精神——霍去病墓石刻艺术中的刻戏观念初探》，《雕塑》2004 年第 3 期。

⑤ 李晓鲁：《拙、朴、神——西汉霍去病墓石雕浅析》，《美与时代》2004 年第 4 期。

⑥ 刘丹龙、孙平燕：《汉霍去病墓石雕艺术探微》，《文博》2004 年第 6 期。

⑦ 王宽宇、吴卫：《霍去病墓石雕艺术风格成因——兼论秦汉雕塑风格差异的根源》，《郑州轻工业学院学报》（社会科学版）2006 年第 6 期。

⑧ 杜俊平：《汉代茂陵霍去病墓石雕造型艺术特点及其历史原因》，《职大学报》2007 年第 2 期。

⑨ 葛露：《霍去病墓前动物石雕的文化功能与造型特点》，《电影评介》2008 年第 8 期。

⑩ 梁佐：《汉武帝茂陵与霍去病墓》，《文博》1985 年第 3 期。

⑪ 王志杰：《霍去病墓石刻陈列方式探讨》，《文博》1994 年第 1 期。

⑫ 崔彬：《气魄深沉雄大的霍去病墓石刻》，《西北美术》2002 年第 3 期。

⑬ 沈珃：《略论西汉霍去病墓石雕刻群的环境因素》，《雕塑》2003 年第 1 期。

⑭ 张炯炯：《论中国古代雕塑的意象审美特征：以西汉霍去病墓石雕为例》，《雕塑》2007 年第 4 期。

⑮ 王寿芝：《张骞与张骞墓》，陕西人民教育出版社，2004 年。

⑯ 耿继斌：《高颐阙》，《文物》1981 年第 10 期。

量汉代石兽材料的介绍①，王鲁豫对内丘石雕神兽的考察介
绍②等。

三、研究思路与方法

最后，对本书研究的基本思路与方法做简单介绍。

方法论，即指导研究方法的思想体系。蒙文通曾提出备受学界
所推崇的"观水有术，必观其澜；事不孤起，必有其邻"③，形象
地代表了其提倡的前后左右治史方法。而贯穿于研究全过程的程
序与具体操作方式，张勋燎更将其总结为"归纳、分析、联系、
比较、推理、假设、验证、表述"这样一个研究过程④。

所以，不能仅仅局限于对考古材料的归纳、分析、总结或艺
术风格史意义上的探讨，更重要的是要将汉代陵墓石兽这样一个
问题置入到更为广阔的社会史、文化交流史研究的背景中去。通
过对影响事物变化的动因及互动因素的探讨，利用联系、比较、
推理、假设、验证、表述等研究过程，从而使具体问题的探讨成
为更加富有意义的对历史宏观问题的揭示。正是在这样一个宗旨
下，确立本书的研究理路与方法论。

在方法论上，本书主要是应用了比较研究的方法。比较研
究，李学勤认为在中国考古学研究中的比较方法与实践应该具有
五个层面的意义：第一个层次，是中原地区各文化之间的比较；
第二个层次，是中原地区与边远地区文化的比较；第三个层次，

---

① 李军：《芦山的东汉石刻》，《四川文物》1994 年第 6 期。
② 王鲁豫：《河北内丘石雕神兽考察小记》，《美术研究》1987 年第 4 期。
③ 蒙文通：《评〈学史散篇〉》，《蒙文通文集》第三卷《经史抉原》，巴蜀书社，
  1995 年，第 403 页。
④ 张勋燎在四川大学"道教考古"课程授课时提及这一研究过程。

则扩大到对外交流与文化互动的层面；第四个层次，是包括中国在内的环太平洋诸文化间的比较；第五个层次，是各古代文明之间的比较①。在汉代陵墓石兽的研究中，不但汉代陵墓石兽的地域特色、阶段性特征构成了其材料内部的比较，而且欧亚大陆广阔空间之间的各种相似材料则又构成了对外交流与文化互动的比较。通过这两类比较，透过材料的观察与研究，去分析形成这些现象可能存在的历史原因和社会背景。

其次，是将艺术史研究中的方法论，结合考古材料与文献考释进行研究。在本书的研究中，有利用图像志和图像学的方法，对汉代陵墓石兽图像的考释与比较，从图像表现和图示意义上来梳理其艺术渊源及意义的尝试；同时也利用艺术赞助人的方法，从影响艺术作品的外在因素的研究出发，去认识汉代陵墓石兽所体现的艺术赞助机制以及赞助人与被赞助人关系所体现的思想观念、社会状况等内容；并且，还通过观察艺术品的制造者——工匠的问题，来考察艺术作品的地域特征及艺术赞助机制下的艺术作品商品化的问题。

---

① 李学勤：《比较考古学随笔》，广西师范大学出版社，1997年，第4~7页。

第一章　汉代陵墓石兽的分布及分期

　　随着中国古代丧葬制度的逐步完善和规范，各级各类陵墓形制趋于成熟，先秦时期以镇邪驱魔为目的的各类镇墓俑、兽开始渐次出现于墓冢地面。尤其自西汉武帝时期起，以石质材料雕刻为体量巨大的各种兽类设置于陵墓四周及墓前神道两侧，成为陵墓石兽最早的形式。随着陵寝制度的逐渐完善，厚葬观念的不断普及，及至东汉，帝王陵墓前开建神道、列置石人和石兽成为完善的制度，并迅速发展成熟而遍及全国，上至帝王、下至豪强官宦纷纷效仿。根据考古发现及世界各地博物馆所藏材料统计，两汉时期陵墓石兽目前存世的虽仅几十件，但这些石兽在类型题材上非常丰富，既有各类具象写实的石兽如石象、石狮、石虎、石羊等，也有颇具夸张、神化特征的带有多重羽翼的天禄、辟邪及天马等神异石兽。

　　在时间分布上，从西汉武帝时期到东汉末期直至三国时期，历时近四百年。但是各个时期的遗存并不平均，表现为西汉时期遗存相对较少，各类遗存集中在东汉时期，尤以东汉中晚期较为密集，有些地方这种传统更是一直持续到三国时期。在汉帝国的广大疆域内，陵墓石兽在各地的分布情况并不平衡。陵墓石兽比

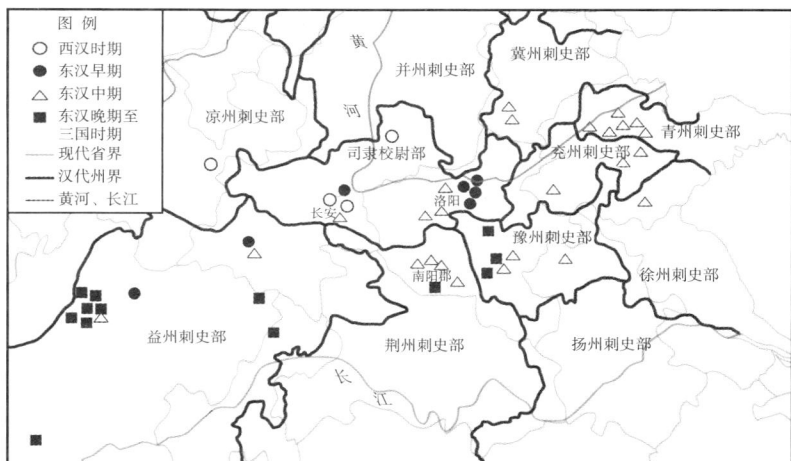

图 1 - 1　汉代陵墓石兽分布图

较集中地分布在当时经济、文化发达的主要区域，与汉代画像石
的区域分布具有很强的一致性，散布在东起滨海地区的山东，西
到甘陕、四川西部一线，北到陕西北部，南至四川南部的广大区
域内[①]（图1 - 1）。

---

① 汉代画像石的分区研究，有以下三种观点比较典型：李发林将汉代画像石的分布
划分为四大区域，分别为山东徐海区、河南地区、四川地区、陕北晋西区。参见
李发林：《山东汉画像石研究》，齐鲁书社，1982 年，第 61 页。俞伟超在四大主
要区域的基础上附加一个其他区域，分别为：山东至苏北、皖北及相邻的豫、冀
交界区；豫南至鄂北区；陕北与晋西北区；四川与滇北区；其他地区。参见俞伟
超：《中国画像石概论》，《中国画像石全集 1·山东汉画像石》，山东美术出版
社，2000 年，第 3～4 页。而信立祥则在俞伟超的基础上将汉画像石的区域分布
分为五个分区进行研究，这五个分区分别是：由山东全境、江苏中北部、安徽北
部、河南东部和河北东南部组成的汉画像石分布最为密集的区域；以河南南阳为
中心的河南省西南部和湖北省北部地区组成的汉画像石最早的发祥地，这一区域
的汉画像石的出现时间最早可以到西汉中晚期之交；以陕西省北部和山西省西部
地区组成的区域；四川省、重庆市和云南省北部地区，主要集中分布在长江支流
的嘉陵江和岷江流域；河南省洛阳市周边地区。参见信立祥：《汉代画像石综合
研究》，文物出版社，2000 年，第 13～14 页。

在本章中，笔者在梳理各地发现的石兽遗存的基础上，运用考古类型学方法①对其进行分区域与分阶段的归纳研究，进而为其后章节中对陵墓石兽所反映的社会状况与时代背景做进一步的分析、研究奠定初步基础。

第一节　汉代陵墓石兽的题材类型

本节是对目前所获汉代陵墓石兽材料的一个全面总结，所收录材料包括各时期考古调查、发现的遗存及各地博物馆之收藏。基本按照笔者判断的汉代陵墓石兽所属时期排列，依次介绍。从统计材料来看，中国陵墓石兽最早在西汉武帝时期出现，但整个西汉时期数量较少。东汉时期相对较多，且可以分为三个阶段进行研究，各个阶段分别具有各自不同的表现。

一、西汉时期的陵墓石兽

目前所见西汉时期陵墓石兽遗存较少，据初步统计，仅在甘肃、陕西及山西有零星的分布。主要有：位于陕西西安兴平县的汉武帝茂陵从葬墓霍去病墓前石刻群中的石兽，这是

----

① 考古学对我们所研究的物质对象以类型学的方法将其进行分类，可以有助于了解其形态变化的过程，而这个过程又揭示了研究对象在不同阶段呈现的状态所体现的背景等问题。俞伟超曾指出："人类制造的物品，只要有一定的形体，都可以用类型学方法来探索其形态变化过程。"参见俞伟超：《关于"考古类型学"的问题》，《考古学是什么——俞伟超考古学理论文选》，中国社会科学出版社，1996年，第63页。

目前我国最早的时代明确的墓前石兽；陕西西安咸阳石桥石虎，这件石兽具有与霍氏墓前石兽类似的造型语言，年代应在西汉中期；甘肃天水西汉中期李广墓前石马一对；山西安邑杜村墓前镇守石虎一件。另外有青海海晏西汉石虎①，最初有学者认为是陵墓石兽②，后来据考察认定为王莽虎符石匮③，故不再对其进行说明和考察。

1. 陕西

（1）霍去病墓前石刻群。现陈列于陕西茂陵博物馆内。骠骑将军霍去病为汉武帝时期名臣，公元前117年病逝后，被葬于今陕西兴平县窦马村汉武帝茂陵东边500米处，作为汉武帝茂陵陪葬墓之一④。墓前现存石刻16件，其中可识别形象的有14件，最大者长度超过2.5米，分别是立马（马踏匈奴）（图1－2）、卧马（图1－3）、跃马（图1－4）、卧牛（图1－5）、卧虎（图1－6）、卧象（图1－7）、猪（图1－8）、蟾、鱼（2件）、蛙（图1－9）⑤、野人、怪兽食羊、野人搏熊⑥。其中尤以"马踏匈奴"（立马）最为精彩，以象征手法表现霍去病所率汉军征服匈奴的功绩。这些设置于陵墓中的石兽，均采用整块巨石，根据原石的自然形态，因势象形雕凿而成，散布于其坟丘顶端及四周，以增强身临其

---

① 赵生琛：《青海海晏的汉代石虎》，《文物》1959 年第 3 期。
② 王鲁豫：《汉晋南北朝墓前石雕艺术》，北京广播学院出版社，1992 年，第 47 页。此书将其收入西汉时期墓前石虎。
③ 李零：《说匮》，《文物天地》1996 年第 5 期；李零：《王莽虎符石匮调查记》，《入山与出塞》，文物出版社，2004 年，第 354～357 页。
④ 《史记·卫将军骠骑列传》："骠骑将军自四年军后三年，元狩六年而卒。天子悼之，发属国玄甲军，陈自长安至茂陵，为冢象祁连山。"［汉］司马迁：《史记》卷一一一《卫将军骠骑列传》，中华书局，1959 年，第 2939 页。
⑤ 孙振华：《中国美术史图像手册·雕塑卷》，中国美术学院出版社，2003 年，第 46～49 页，图 0147～0156。
⑥ 李松：《中国美术史·先秦至两汉》，中国人民大学出版社，2004 年，第 355～358 页。

境的真实感。多数动物取其卧姿，以减少其镂雕之功，而且很多地方还保留了原来石质的表皮，未作雕琢。雕刻手法上讲究随形写意，细节以阴线和浅浮雕加以刻画，突出整体群雕的气势，具有大气、朴拙之美。霍去病墓前石刻，色伽兰在 1930 年初版的《中国西部考古记》中曾对其墓前"足踏匈奴之石马"进行了简要的记述，他认为："此马与人猛勇镇定之状，除完全型范之外，殆难仿造。"① 另外，中国学者梁思成②、滕固③也曾亲自到访此处石刻，并均有专文论述。新中国成立后，傅天仇④、王子云⑤、马子云⑥、顾铁符⑦等都对此处石刻发表过相关文章。

（2）咸阳石桥石虎。1957 年，文物部门在咸阳石桥乡引王村征集，现藏于陕西历史博物馆。石兽通长 110、高 68 厘米。当地

图 1-2　霍去病墓前立马石雕

图 1-3　霍去病墓前卧马石雕

---

① 〔法〕色伽兰著，冯承钧译：《中国西部考古记》，中华书局，2004 年，第 6 页。
② 梁思成：《中国雕塑史》，百花文艺出版社，1998 年，第 32~33 页。
③ 滕固：《霍去病墓上石迹及汉代雕刻之试察》，《滕固艺术文集》，上海人民美术出版社，2003 年，第 270~279 页；滕固：《征途仿古述记》，《滕固艺术文集》，上海人民美术出版社，2003 年，第 337~338 页。
④ 傅天仇：《陕西兴平县霍去病墓前的西汉石雕艺术》，《文物》1964 年第 1 期。
⑤ 王子云：《西汉霍去病墓石刻》，《文物参考资料》1955 年第 11 期。
⑥ 马子云：《西汉霍去病墓石刻记》，《文物》1964 年第 1 期。
⑦ 顾铁符：《西安附近所见的西汉石雕艺术》，《文物参考资料》1955 年第 11 期。

图1-4　霍去病墓前跃马石雕

图1-5　霍去病墓前卧牛石雕

图1-6　霍去病墓前卧虎石雕

图1-7　霍去病墓前卧象石雕

图1-8　霍去病墓前野猪石雕

图1-9　霍去病墓前石蛙

民间相传为毕塬白起[①]墓前随葬石羊，当时征集的文物部门鉴定认为是秦汉或者六朝遗物[②]。这件石兽未作深入雕琢，甚为古

①　白起（？~前258年），即公孙起，秦国名将，战国四将之一（其他三人分别是李牧、廉颇、王翦）。郿（今陕西眉县）人。"白起者，郿人也。善用兵，事秦昭王。"后于秦昭王五十年自杀："死而非罪，秦人怜之，乡邑皆祭祀焉。"参见［汉］司马迁：《史记》卷七三《白起王翦列传》，中华书局，1959年，第2331~2337页。
②　田野：《你看毕塬下的石兽是什么时代的?》，《文物参考资料》1957年第5期。

朴，在《汉晋南北朝墓前石雕艺术》①、《中国美术全集·雕塑编2·秦汉雕塑》② 等著作中都有著录。林梅村估计这件石兽就是当年将曹操惊于马下，而后被弃置村野的那件石怪兽，并判断其有可能是目前唯一留存的秦代地面石刻③。笔者认为，这件石兽的造型语言具有与霍去病墓前石兽类似的元素，仍是从大的体面关系着手塑造整体印象，再辅以浅浮雕的形式进行刻画，所以认定该石虎为西汉时期陵墓石兽，且年代应在西汉中期。

2. 甘肃

李广墓前石马一对，现陈列于墓地祭亭前通道两侧。李广墓位于天水市城南石马坪，为后世所建衣冠冢墓，建墓时间待考。墓前有清乾隆己未年间重建所立石碑及民国时期所设石碑各一。

这对石雕骏马为一雌一雄，均由红砂石雕成，通高95、长105 厘米（图 1 – 10）④。石马造型甚为粗犷，风格古拙朴实。因年代久远磨损残缺，现已漫漶不清，略有马的形态，唯可辨识大致形制与霍去病墓前石兽类似，王子云推测应为西汉时期遗物⑤。

3. 山西

安邑石虎（图 1 – 11）⑥。该石虎发现于山西省安邑县杜村当地人称为老坟地的地方，1957 年自安邑城关运至太原山西省博物馆陈列。石虎为整块砂石雕成，通长 134.5、前高 70.7、后高 60厘米。雕刻技法简练，作风浑朴，虎的形象凶猛有生气，似蹲地

① 王鲁豫：《汉晋南北朝墓前石雕艺术》，北京广播学院出版社，1992 年，第 47 页。

② 汤池：《秦及西汉时期的雕塑艺术》，《中国美术全集·雕塑编 2·秦汉雕塑》，人民美术出版社，1985 年，第 9 页。

③ 林梅村：《古道西风——考古新发现所见中西文化交流》，生活·读书·新知三联书店，2000 年，第 106 页。

④ 图 1 – 10 系笔者拍摄。

⑤ 王子云：《中国雕塑艺术史》，人民美术出版社，1988 年，第 41 页。

⑥ 山西博物院：《山西博物院珍粹》，山西人民出版社，2005 年，第 115 页。

图 1 - 10 天水李广墓前石马

图 1 - 11 安邑杜村石虎

准备向前猛扑的态势①。其"腹下岩石未镂空，四肢为浮雕，足未着地，虎若悬空，其姿势似在行进之中。此作品雕刻手法简洁，为西汉石雕较有生气的作品"②。因风格接近于霍去病墓前石兽，故被认定为西汉时期墓前石刻遗物③。

以上所列西汉时期石兽遗存，除咸阳石桥石虎及安邑杜村石虎作为陵墓石兽尚有争议外，其余几处其陵墓石兽的作用应无疑议。通常认为，陵墓石兽的设置，始于霍去病墓。但霍去病墓前设置石兽，主要是为了模拟实地环境，表彰墓主战胜匈奴的功勋，和以后墓前神道两旁陈列石人、石兽的作用和意义尚有区别④。西汉时期诸陵墓中，墓前神道并不存在或并未成为固定模式，石兽也无明显的成对排列形式及规制，其设置方式和意义都与东汉陵墓神道石兽有一定的区别。直至东汉时期，才开始形成、出现神道及成对列置的石兽，石兽的种类和数量也

---

① 山西省博物馆：《安邑县杜村出土的西汉石虎》，《文物》1961 年第 12 期。

② 顾森：《中国美术史·秦汉卷》，齐鲁书社，2000 年，第 179 页。

③ 安邑石虎，目前尚没有确凿证据断定为陵前石兽。据林梅村考证，原为安邑专为皇家供应祭牲用品的供厨宫之物，后来被移置到城关墓地作为镇墓兽使用，本书采用其后作为镇墓石兽的意义。参见林梅村：《古道西风——考古新发现所见中西文化交流》，生活·读书·新知三联书店，2000 年，第 118 页。

④ 杨宽：《关于古代陵寝制度若干问题的探讨》，《中国古代陵寝制度史》中编，上海人民出版社，2008 年，第 148 页。

开始丰富起来。

二、东汉时期的陵墓石兽

东汉时期，是中国古代陵墓石刻最为繁盛和充分发展的时期。据目前的考古发现和文献材料考察，墓前设置神道，列置石人、石兽的制度开始盛行且成型于东汉，并成为其后所承袭的标准规制。陵墓石兽在东汉时期作为陵墓石刻的重要组成部分，大多是在与阙组合、成对出现。阙、柱、碑和石兽一起，共同构成了当时的陵寝制度性组合。这为后来的陵墓建筑配置及具体形制提供了范例，直接影响了六朝时期的帝王陵墓前石刻。

从目前存世的东汉时期陵墓石兽来看，其分布范围较西汉时期更为广泛，其中以鲁中、南与皖西北地区和豫中、南与冀南地区及川渝地区三个区域相对比较集中。特别是在山东、河南、四川三省，遗存最为丰富，最具代表性。当然，在西汉时期已经出现了陵墓石兽的陕甘地区也有少量遗存存在。

东汉时期石兽遗存，除去目前国内可见遗存，尚有多件保存于世界各地博物馆①。据统计有以下几件：美国费城宾州大学博物馆收藏河北省内丘县吴村两件，法国巴黎吉美博物馆收藏河北

---

① 海外藏两汉时期石兽，系根据林树中、李零、王鲁豫、姜彦文等先生之统计归纳而成。参见王鲁豫：《河北内丘石雕神兽考察小记》，《美术研究》1987 年第 4 期；巨建强：《河北内邱出土北朝石神兽》，《文物》2005 年第 7 期；林树中：《海外藏中国历代雕塑》，江西美术出版社，2006 年，第 18～19 页；李零：《论中国的有翼神兽》，《入山与出塞》，文物出版社，2004 年；姜彦文：《地缘性与分区：汉代陵墓圆雕石兽考察》，《第二届全国高等艺术院校美术史学教育年会交流论文汇编》，四川美术学院美术学系，2007。文中所指海外藏内丘石兽，林树中在其《海外藏中国历代雕塑》中将其认定为南朝刘宋时期帝陵前石兽，而王鲁豫认为是内丘石兽。

省内丘县十方村一件、原在地不明者一件，美国纽约大都会博物馆收藏石辟邪一对，意大利都灵市博物馆收藏一件，美国纽约州布法罗市阿尔布莱特—诺克斯美术馆收藏一件，美国堪萨斯城奈尔逊—阿特金斯艺术博物馆收藏一件，美国旧金山亚洲艺术博物馆收藏一件，瑞士苏黎世博物馆收藏一件，瑞典斯德哥尔摩博物馆收藏一件。上列国外博物馆所藏诸石兽（图1－12），均为晚清、民国时期盗抢或贩卖出境。除费城宾州大学博物馆、巴黎吉美博物馆所藏之物可明确为河北内丘所出石兽，美国纽约大都会博物馆藏石兽一对可知为洛阳所出，其余各地所藏石兽均无明确出土材料和来源证明，故本书在讨论汉代石兽渊源及相关意义时并不予采用，也无须逐一详细说明。

图1－12 海外博物馆藏中国汉代陵墓石兽

（一）鲁中、南与皖西北地区

1. 山东

（1）临沂石羊岭石羊一对（图 1 - 13）①。据传出土于山东临沂县石羊镇，现藏于北京故宫博物院。石羊用整块石头圆雕而成，通高 99、长 100 厘米。腿部刻画螺旋状纹样，腿蜷曲收于腹下。两件石羊，胸前分别镌刻"孝子徐侯"、"永和五年大□□□月九日西郭记子丁次渔孙仲乔所作羊"字样。永和为东汉顺帝刘保使用的年号，永和五年为公元 140 年。铭文表明该石羊为陵墓石兽。

（2）嘉祥武氏祠前石狮一对（图 1 - 14）②。山东嘉祥县武氏墓地出土，现藏于武氏墓群石刻博物馆③。这对石狮通高 124 厘米，昂首站立于石座上，头周围有三角形毛髭，下颚有几缕胡须，头颈、身体粗壮。整体造型浑厚敦实，外形呈方形状，动态平直，转折基本呈直角，以方为主，方中带圆，转折趋缓。鬣毛呈半圆形从头后部上方顺下颚至胸前，雕凿呈扁平贴身，古拙粗犷。武氏祠位于山东嘉祥县城南 15 公里的武宅山北麓，为当时豪族武梁家族所建墓地祠堂。根据现存武氏祠石阙上的铭文记载，可判断该石狮作于东汉建和元年（147 年）。

早年滕固曾亲自到访，在现场考察后，对该石狮的艺术风格做了描述，并与西汉时期石兽进行了对比："此石狮两眼睁圆，朵颐丰厚，鼻隆，张口，每当凹凸处有匀整和自然的刻纹节制

---

① 中国美术全集编辑委员会：《中国美术全集·雕塑编 2·秦汉雕塑》，人民美术出版社，1985 年，图版六八。

② 尤广熙：《中国石狮造型艺术》，中国建筑工业出版社，2003 年，第 2 页，图 1 - 5。

③ 巫鸿介绍了这对石狮的发现："与武氏祠有关的最后一次发现是在 1907 年，一个叫沃尔帕（P. Volpert）的西方人从东阙和西阙前面的位置掘出两个圆雕石狮。"参见〔美〕巫鸿著，柳扬、岑河译：《武梁祠——中国古代画像艺术的思想性》，生活·读书·新知三联书店，2006 年，第 16 页。

图 1－13　临沂石羊岭石羊　　　　　　图 1－14　嘉祥武氏祠石狮

着，和霍墓石物比较起来，一是粗率简朴，一是神似雅健。两者年代相离二世纪有余，自然经过了若干递嬗而至此的。"① 武氏祠石狮，为中国陵墓石兽中最早出现的狮型石兽，应与西域文化传入有关系，并承袭了佛教教义中护法狮子的意义。曾布川宽认为，其"有鬣毛的矮胖形"特征影响了南朝宋武帝初宁陵石兽的制作，二者有直接的承传关系②。

　　（3）曲阜孔林石兽一对（图 1－15）③。1962 年，在山东曲阜孔林西北林的草滩里，发现两件石兽，一件碎为两段，一件尚完整。尚完整的一件通高 188、腹径 76 厘米，作卧伏状，两足拱于首下，后两足屈膝蹲地，两目深陷，张嘴伸舌，两耳上刻鬣毛，嘴下刻垂须，两膀似翅，背上雕三条圆筋，中间一条至臀部即刻作尾状，垂于地面，并向一边弯卷。另外一件已碎为两段，

---

① 滕固：《霍去病墓上石迹及汉代雕刻之试察》，《滕固艺术文集》，上海人民美术出版社，2003 年，第 275～276 页。

② 对此观点笔者并不认同，具体参见本书第三章。曾氏观点参见〔日〕曾布川宽著，傅江译：《六朝帝陵——以石兽和砖画为中心》，南京出版社，2004 年，第 10 页。

③ 王鲁豫：《汉晋南北朝墓前石雕艺术》，北京广播学院出版社，1992 年，图 67。

图 1 - 15 曲阜孔林石兽　　　　　　图 1 - 16　泗水鲍王村石兽

兽头部分长 72、宽 45 厘米，小耳突目，耳下雕两绺长毛，上唇下雕着一排巨齿，下唇已残，头上毛往后缠卷。兽的下身长 101、宽 59 厘米，前身埋于土中，后两足屈膝蹲趴，臀部雕一圆凸长尾，直垂地面。两兽的发现地点，西北距汉博陵太守孔彪墓约 150 米，正北 100 多米处亦有一大冢，发掘者估计此石兽或与这些大墓有关，应为东汉时代的雕刻①。

（4）泗水鲍王村石兽二对（图 1 - 16）。1955 年，在泗水县城西 4 公里鲍王村附近发现四件石灰岩雕成的石兽，三件有翼。虽然不甚完整，但是都可以辨别出原形应尾巴翘起，四肢作奔跑状，整体造型凶猛有力。其中两件在"鲍王坟"西北约 250 米处，当时尚埋在土中，一件肩着两翼，一件无翼而头向右歪，它们的嘴、腿和后半部残缺；一件在"鲍王坟"东南约 150 米处站立着，有翼，只残存前半部，嘴、腿亦不完整；一件在"鲍王坟"东约半公里处的杨家村后的小坑内，较完整，亦肩着两翼而有生殖器，长约 130 厘米。当时的发掘者认为这样的分布是后人移动的结果，根据这些石兽特征判断，认定

---

① 　孔次青：《山东曲阜孔林发现汉代石兽》，《考古》1964 年第 4 期。

为东汉石兽[①]。

（5）临淄刘汉所作石狮一对（图 1－17）。原位于淄博市临淄区老城东门，现藏于山东博物馆。两件大小不一，其一通高 98、长 130 厘米，铭文位于颈部左背部："洛阳中东门外刘汉所作师子一双。"其二通高 80、长 120、宽 34 厘米。虽然这对石狮残损比较严重，但是仍然可以看出石兽风格写实具象、整体浑圆凝重的特征。曾布川宽认为它们是墓前的镇墓兽[②]。

（6）山东博物馆藏石兽一件。残长 72 厘米，由于缺乏出土资料，仅从风格特征上分析，与临淄刘汉所作石狮相似，故也认为是墓前镇墓石兽[③]。

（7）青州石羊二件。现藏于青州博物馆。整体刻画较少，只在大形基础上作极浅而少的刻画，但是已经具备羊的整体动势[④]。

（8）淄博石羊一件[⑤]。现藏于临淄区文管所。石羊伏地而卧，头的扭动感极强，饱含力量。造型整体雕饰富有体积感，显得刚猛有力。

（9）博兴兴福村石兽一件（图 1－18）[⑥]。著录于《汉晋南北朝墓前石雕艺术》，为行走状石兽，头颅似羊，身上刻画有细腻

---

① 王思礼：《山东泗水县鲍王村发现汉晋石兽》，《考古通讯》1958 年第 8 期，图版捌。

② 〔日〕曾布川宽著，傅江译：《六朝帝陵——以石兽和砖画为中心》，南京出版社，2004 年，第 75 页，图 39。

③ 姜彦文：《地缘性与分区：汉代陵墓圆雕石兽考察》，《第二届全国高等艺术院校美术史学教育年会交流论文汇编》，四川美术学院美术学系，2007 年。

④ 王鲁豫：《汉晋南北朝墓前石雕艺术》，北京广播学院出版社，1992 年，第 48 页，图 87~90。

⑤ 王鲁豫：《汉晋南北朝墓前石雕艺术》，北京广播学院出版社，1992 年，第 48 页，图 84~86。

⑥ 王鲁豫：《汉晋南北朝墓前石雕艺术》，北京广播学院出版社，1992 年，第 48 页，图 61~62。

图 1-17　临淄刘汉所作石狮

图 1-18　博兴兴福村石兽

的装饰纹样。

2. 安徽

安徽临泉石兽一件（图
1-19）①。1985 年于安徽省
临泉县腰庄（现属陶老乡）
征集，现藏于临泉博物馆。
该石兽为带翼独角兽，当地
文物部门命名为"天禄"。通
高 117、长 182 厘米，其状
身若虎，头似狮，头顶一
独角，张牙吐舌，下唇有

图 1-19　临泉石兽

须，两肩有小翼，昂首挺胸，前左蹄抓一怪物，向前跨进，
长尾撑地②。该石兽从其造型风格及雕塑手法上看，兼具河南
与山东地区石兽的特征。其羽翼造型及浮雕加阴线刻的塑型
方式，颈项部斜向下方刻画的一叠叠瓜棱状肌腱，均与南阳

---

① 电话采访临泉博物馆于亚东馆长了解该石兽相关信息，并蒙于馆长惠赐石兽图片
　及文字材料，谨致谢忱。

② 冯耀堂：《临泉出土东汉石雕天禄》，《中国文物报》1988 年 4 月 29 日。

宗资墓前石兽、许昌石兽类似，但刻画相对较为简练，不若前者华丽；且整体造型不如前者灵动，显得规整而浑圆，具有概括、洗练的特点。表现为其雕塑整体感极强，仍具有山东石兽的特征。距该石兽西约 50 米处，原有一座高大的砖室墓，应该与其有一定的联系，但早年曾被盗扰，已不能判断其形制及规格。

（二）豫中、南与冀南地区

1. 河南

河南地区东汉时期陵墓石兽，历代文献及金石图录著述颇丰[1]，以洛阳及南阳等地最为集中，目前的遗存尚有以下几处。

（1）洛阳孙旗屯石兽一对。1955 年出土于河南洛阳涧西区孙旗屯防洪渠工地。一件现藏于洛阳关林石刻艺术馆，通高 109、长 166 厘米（图 1 – 20）[2]。头部糅合了狮虎特征，头顶双角，呈昂首挺胸状，阔步行进立于底座上。鬣须，身生双翼，翼上刻画写实细致的羽状纹饰，动势遒劲有力，雄健威武。项部有铭文，曰："缑氏蒿聚成奴作。"另一件现藏于中国国家博物馆，形态特征与前者基本类同，唯一差别就是头上为向后翘起的独角（图 1 – 21）[3]。

（2）洛阳伊川石辟邪一件（图 1 – 22）。1963 年洛阳伊川县彭婆东高屯村征集，现藏于洛阳关林石刻艺术馆[4]。石兽通高 114、

---

[1] 参见郦道元《水经注》、欧阳修《集古录跋尾》、沈括《梦溪笔谈》、赵明诚《金石录》等著述。

[2] 中国美术全集编辑委员会：《中国美术全集·雕塑编 2·秦汉雕塑》，人民美术出版社，1985 年，第 96 页，图版九三。

[3] 中国历史博物馆：《中国历史博物馆》，文物出版社，1984 年，第 215 页，图版见第 119 页。

[4] 洛阳古代艺术馆：《洛阳关林》，河南人民出版社，1985 年，第 31 页。

图 1 – 20　洛阳孙旗屯石兽

图 1 – 21　洛阳孙旗屯石兽

图 1 – 22　洛阳伊川石辟邪

图 1 – 23　偃师商城博物馆藏石天禄

身长 172 厘米，为带翼狮虎类辟邪，造型基本同孙旗屯辟邪。

（3）偃师石兽三件①。现藏于洛阳偃师商城博物馆。其一为有翼天禄，基本造型同孙旗屯石辟邪，形体略小。石兽通高 138、长 163、宽 42 厘米（图 1 – 23）。其二为昂首向前石虎，形态朴拙，与河南博物院藏许昌出土石兽相类。通高 105、长 133、宽 41 厘米。其三为石羊，姿态昂扬，肩生双翼。通高 110.5、长 108、宽 50 厘米（图 1 – 24）。

图 1 – 24　偃师商城博物馆藏石羊

① 这三件石兽系笔者实地考察并拍摄。

（4）平顶山石辟邪一件。现位于河南省平顶山市曹镇乡宋寨村汉代州辅墓址（原属宝丰县）。石兽以青石雕凿而成，大半掩于地下，面目狰狞，头部已损，估计应为东汉州辅墓前遗物①，亦即郦道元《水经注》中所记载东汉中常侍长乐太仆吉成侯州苞墓前两石兽之一②。

（5）南阳宗资墓前石兽一对（图 1 – 25、26）③。现藏于南阳汉画馆。石灰岩雕成，分别为天禄和辟邪。天禄通高 165、长 220 厘米，右翼前镌有"天禄"二字；辟邪通高 165、长 235 厘米，文献记载其右翼前原镌有"辟邪"二字，现已漫漶不清④。这对石兽，最早位于南阳市东北尚庄附近的东汉汝南太守宗资墓前，1932 年被移置至玄妙观，1960 年迁至卧龙岗，1999 年又安置于南阳汉画馆。

滕固曾考察过存于玄妙观的其中一件石兽，认为："原石辟邪一物，今在南阳玄妙观东园，另一有翼兽亦在东园，闻从他处移来的，头部略有毁损，足部全毁，不能细辨其原形，然有翼兽之名天禄辟邪，已无问题。"⑤ 李零在其论文中认为"或说只有一

---

① 国家文物局主编，河南省文物局编制：《中国文物地图集·河南分册》，中国地图出版社，1991 年，第 70 页。

② ［北魏］郦道元著，陈桥驿校证：《水经注校证》，中华书局，2007 年，第 545 页。

③ 图 1 – 25、26 由南阳府衙博物馆刘绍明拍摄、提供。

④ 对这对石兽的记述，最早见于《后汉书·灵帝纪》：中平三年，"复修玉堂殿，铸铜人四，黄钟四，及天禄、虾蟆"。唐李贤注曰："今邓州南阳县北有宗资碑，旁有两石兽，镌其膊一曰天禄，一曰辟邪。"［南朝宋］范晔：《后汉书》卷八《灵帝纪》，中华书局，1965 年，第 353 页。欧阳修《集古录跋尾》卷三说："后汉宗资墓今在邓州南阳界中，墓前有二石兽，刻其膊上，一曰天禄，一曰辟邪。"赵明诚《金石录》卷一八《汉宗资墓天禄辟邪字》："右《汉天禄辟邪字》，在南阳宗资墓前石兽膊上。"沈括《梦溪笔谈》卷二一《异事》："今邓州南阳县北宗资碑旁二兽，镌其膊，一曰天禄，一曰辟邪。"

⑤ 滕固：《霍去病墓上石迹及汉代雕刻之试察》，《滕固艺术文集》，上海人民美术出版社，2003 年，第 276~277 页。

图 1 - 25　南阳宗资墓前石兽

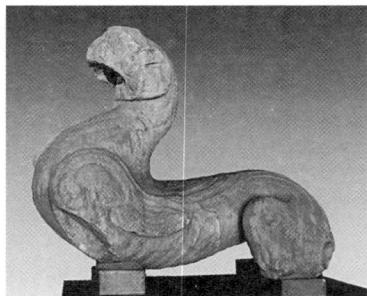

图 1 - 26　南阳宗资墓前石兽

件属宗资墓，另一件不是"①。

（6）洛阳孟津石象一件（图 1 - 27）。早年发现于洛阳白马寺西北象庄。通长 340、宽 219、头宽 77、头长 145、体围 469 厘米。石象体形硕大，鼻有损缺，四肢下半陷入泥潭②。杨宽考证这件石象应当是东汉陵园神道两旁的石刻。由于该地位于汉魏洛阳故城以西原东汉帝陵区三大陵墓之正南方，而且石象只有帝王级的陵园神道旁才可设置，故杨宽认为："这对石象正是'神道'门口的主要石刻，有可能是东汉晚期恭陵、宪陵、文陵'神道'上的东西。"③

（7）洛阳孟津石辟邪一件（图 1 - 28）。现藏于洛阳博物馆。1992 年 12 月，孟津县文管会在孟津老城乡油坊街村西约 0.5 公里、西北去汉光武帝原陵（俗称刘秀坟）约 1 公里处发现④。石辟邪通高 190、宽 90、长 290 厘米，为狮型翼兽，以青

---

① 李零：《论中国的有翼神兽》，《入山与出塞》，文物出版社，2004 年，第 106 页。

② 姜彦文：《地缘性与分区：汉代陵墓圆雕石兽考察》，《第二届全国高等艺术院校美术史学教育年会交流论文汇编》，四川美术学院美术学系，2007 年。

③ 杨宽：《古代陵寝和陵园布局的研究》，《中国古代陵寝制度史》下编，上海人民出版社，2008 年，第 205 页。

④ 苏健：《洛阳新获石辟邪的造型艺术与汉代石辟邪的分期》，《中原文物》1995 年第 2 期。

灰色石灰岩雕成，昂首向前，身有双翼，作奔走状立于石板座上。现为目前国内所发现的东汉石辟邪中形体较大、较为完整者①。孟津石辟邪，也有学者认为应为东汉开国皇帝光武帝刘秀墓前之物②。

（8）南阳东关石辟邪一件。1997年南阳市东关建东小区邮电工地出土，可惜头部、两膊已失，长174、残高58厘米。从整体造型特征、雕刻风格看，与宗资墓前石兽基本一致，应该为墓前辟邪类石兽③。

（9）南阳王村石兽一件（图1-29）。1973年原南阳县王村汉墓出土。发掘者将其命名为獬豸，这件石兽为一未完成残件，当时的工匠雕出其前驱，它的头部似羊，而趾似虎爪，匍匐于地④。

图1-27　洛阳孟津石象　　　　　图1-28　洛阳孟津石辟邪

① 赵彦章：《孟津发掘出汉代大型石辟邪》，《河南文物工作》1993年第1期。
② 如阎崇东等，但笔者认为，该石兽翼翅形态为高浮雕状，其翼根部大多减地雕饰呈半月形，石兽整体装饰华丽，雕琢精细。与之相类似的材料大多为东汉中晚期，如宗资墓前石兽、许昌石兽等。有明确纪年的类似翼翅材料为1988年淮阳北关一号汉墓（东汉安帝时期安寿亭侯刘崇墓，卒于公元125年）出土的石雕辟邪承盘，早过这件石兽的材料尚无，故孟津石辟邪不应为刘秀墓前之物。参见阎崇东：《两汉帝陵》，中国青年出版社，2007年，第291页。
③ 资料现藏于南阳汉画馆。
④ 周到、吕品：《略谈河南发现的汉代石雕》，《中原文物》1981年第2期。

（10）南阳芩彭村石辟邪一件（图1-30）。1966年出土于原南阳县芩彭村。通高48、长75厘米。形体不算太大，已雕出大形，为匍匐在长方座上的辟邪，张口鼓腹，髭须如翼，后面还有一条又粗又长的尾巴[①]。

（11）许昌榆林石辟邪一件（图1-31）[②]。1978年河南省许昌县榆林乡出土，现藏于河南博物院。通高130、长150厘米。为陵前仪仗石雕辟邪，以巨型青灰色石灰岩整块雕凿而成，形如虎似狮、无角、无翼、无纹饰，昂首挺胸，阔口大张，小圆耳，双眼圆睁，目光犀利，注视前方。虎爪锋利，四足与长尾同踏板连成整体。头颈与臀部稍向后缩，四足用力踏地，尾部支撑。神态凶猛，体魄健壮[③]。

（12）许昌襄城石辟邪一件（图1-32）。2005年8月出土于河南省许昌襄城县颍阳镇第一中学建筑工地，现藏于河南许昌博物馆。通高216、长280、宽110厘米[④]。石辟邪首、尾、四肢皆有残损，为雄性，呈昂首挺胸状，张口，瞪目，长舌（或为须，

图1-29   南阳王村石兽   图1-30   南阳芩彭村石辟邪

---

①   周到、吕品：《略谈河南发现的汉代石雕》，《中原文物》1981年第2期。

②   图1-31系笔者实地考察并拍摄。

③   张松利、张金凤：《许昌汉代大型石雕天禄、辟邪及其特点——兼论天禄、辟邪的命名与起源》，《中原文物》2007年第4期。

④   《许昌石辟邪"安家"博物馆》，《人民日报》（海外版）2006年9月6日。

图 1 – 31　许昌榆林石辟邪

图 1 – 32　许昌襄城石辟邪

由于残损，舌、须特征不明显）贴胸，一角残损，但仍可辨，双翼生于两前腿近肩部，翼尾高浮雕，向后翘起，用浅浮雕刻画其他羽毛，尾部用排列有序的阴刻线条来表现。从颈到尾的脊椎骨雕成连续的椭圆形，自腰脊处生出六根飞羽向后覆盖整个臀部，紧接两翼尾处各生三根羽毛，向后紧贴腰侧，左后腿外侧根部又生出三根羽毛覆于表面，右后腿则无，肋骨凸起，四足交错。

　　（13）禹县石辟邪一件（图 1 – 33）。河南禹县出土，现藏于河南博物院。通高 102、长 143 厘米。石兽腿部残缺，造型与南朝陵墓石刻相似[1]。

　　（14）唐河石羊一对（图 1 – 34）。20 世纪 70 年代末出土，现藏于唐河县文化馆，为石雕卧羊。通高 60、长 80 厘米左右，接近于真羊的大小，两件造型大同小异，属雄性绵羊。两个犄角呈螺蛳形状下卷，前肢跪，后肢伏，羊蹄一俯一仰，十分美观，给人一种温顺、驯服的感觉[2]。

---

①　姜彦文：《地缘性与分区：汉代陵墓圆雕石兽考察》，《第二届全国高等艺术院校美术史教育年会交流论文汇编》，四川美术学院美术学系，2007 年。

②　周到、吕品：《略谈河南发现的汉代石雕》，《中原文物》1981 年第 2 期。

图 1-33 禹县石辟邪

图 1-34 唐河石羊

图 1-35 沁阳石辟邪

图 1-36 叶县石辟邪

（15）沁阳石辟邪一件（图 1-35）。1981 年前后出土于沁阳县，现藏于沁阳博物馆。石辟邪昂首挺胸，通高 100、长约 150 厘米。虽然是初具雏形的半成品，但艺术家欲雕成一只凶猛奔驰的神兽形态已经显现在人们的面前①。

（16）叶县石辟邪一对（图 1-36）。1979 年 9 月出土于河南省叶县三皇冢水库工地，现藏于河南博物院。一件缺头，一件完整，均为辟邪。完整的一件通高 40、长 43 厘米。石兽昂首挺胸，作行走状，尾下垂，立于圆形底座之上。底座下有深 5、直径 12 厘米的圆孔，正好可以扣合设有榫头的石柱。根据石兽出土地点和形

① 周到、吕品：《略谈河南发现的汉代石雕》，《中原文物》1981 年第 2 期。

制考证，这对石兽应该为东汉时期豪族陵墓前石表顶端的神兽[①]。

（17）美国纽约大都会博物馆藏石辟邪一对（图 1 - 37、38）[②]。石辟邪昂首挺胸，作阔步行进状，造型糅合狮虎特征，五官雕凿写实具象，其髯须、双翼概括而富有装饰感。石辟邪动势遒劲有力，雄健威武。造型特征基本同洛阳关林石刻艺术馆藏孙旗屯石兽，可认为属同一时期、同一地区之物。

2. 河北

据王鲁豫介绍，河北内丘曾出土多件陵墓石兽，均为东汉时期遗物，于 1937 年被盗卖往美国及欧洲。其中有三件分别藏于美国费城宾州大学博物馆和法国吉美博物馆，另有一件目前仍然在内丘县[③]。

（1）河北内丘十方村石兽一件（图 1 - 39）[④]。1999 年 5 月出土于内丘县大孟镇十方村，现藏于内丘县文管所。残高 140、长 180、高 90 厘米。石兽昂首挺胸，环目张口，长须垂胸，头顶有

图 1 - 37　大都会博物馆藏东汉石辟邪　　图 1 - 38　大都会博物馆藏东汉石辟邪

————————————

① 杨爱玲：《河南叶县发现的东汉石兽——兼谈汉晋的陵墓华表》，《中原文物》1981 年第 2 期。

② 林树中：《海外藏中国历代雕塑》，江西美术出版社，2006 年，第 678 ~ 679 页。

③ 王鲁豫：《河北内丘石雕神兽考察小记》，《美术研究》1987 年第 4 期。

④ 图 1 - 39 系笔者实地考察并拍摄。

图 1 - 39　内丘十方村石兽

图 1 - 40　吉美博物馆藏内丘石兽

双角（残损）。发掘者认为应为北朝之物，并认为该石兽与法国吉美博物馆藏的内丘石兽相似，原应为一对①。笔者曾先后考察比较过这两件石兽，认为略有差异，应是同一区域、同一时期的样式与遗存，但不应属原配成对设置。

（2）河北内丘十方村石兽一件（图 1 - 40）②。现藏于法国巴黎吉美博物馆。研究者认为其与美国宾州大学博物馆所藏石兽类似："吴村神兽与十方村神兽相距七华里，风格虽基本一致，但细部仍有差别，制作时间可能小有差异，但无疑属于同一时代。"③

（3）河北内丘吴村石兽一对（图 1 - 41、42）④。现藏于美国费城宾州大学博物馆。这对石兽，下肢均残缺，躯体残长约 201 厘米，为一雄一雌。雄兽头生独角，带生殖器，雌兽头长双角。两兽硕大的兽头高昂，鼻梁耸起，瞠目张口，口吐长舌拖至胸前，颈项挺直后收突出圆弧形丰满胸腹，圆臀肥硕，长尾已断。肩披半月形双翼，翼尾上翘。

---

① 巨建强：《河北内邱出土北朝石神兽》，《文物》2005 年第 7 期。
② 林树中：《海外藏中国历代雕塑》，江西美术出版社，2006 年，第 19 页，图 39。图 1 - 40 系笔者拍摄。
③ 王鲁豫：《河北内丘石雕神兽考察小记》，《美术研究》1987 年第 4 期。
④ 图 1 - 41、42 系中国国家博物馆霍宏伟博士在宾州大学访问期间拍摄。

王鲁豫曾在内丘做过调查，据当地老人回忆，1937年有外国人从该县吴村、十方村分别买走三件本地人称为"飞马"的石兽。宾州大学博物馆这对石兽应为吴村所出，"更倾向于东汉风格……内丘神兽在古代石雕艺术作品中是比较出色的。它在圆雕体积中追求线的律动，体现着一种开放的艺术追求"①。李零也认为其为东汉之物②。本书从王、李两位先生之观点。

（三）甘陕与晋西北地区

这一区域为石兽最早的发祥地区。东汉时期遗存主要位于关中地区，以表现神异的带翼神兽和石马为主，与四川雅安一带的石兽具有相类性，表现出一定的承袭关系。

（1）临潼康桥石川河石羊一对（图1-43）。1961年修铁路的时候当地人挖掘出来，后北京大学李仰松在1964年沿石川河调查时发现，现保存于陕西历史博物馆。"这对石羊，其中一件头已残缺，另一件除羊咀稍有残缺，余皆保存完好。石羊的轮廓作蹲立状和蹲跪状，身下都有底座相连，其雕刻作风与陕西兴平

图1-41　宾州大学博物馆藏内丘石兽　　图1-42　宾州大学博物馆藏内丘石兽

---

① 王鲁豫：《河北内丘石雕神兽考察小记》，《美术研究》1987年第4期；王鲁豫：《汉晋南北朝墓前石雕艺术》，北京广播学院出版社，1992年，第21页。
② 李零：《论中国的有翼神兽》，《入山与出塞》，文物出版社，2004年，第134页。

图 1-43　临潼石川河石羊

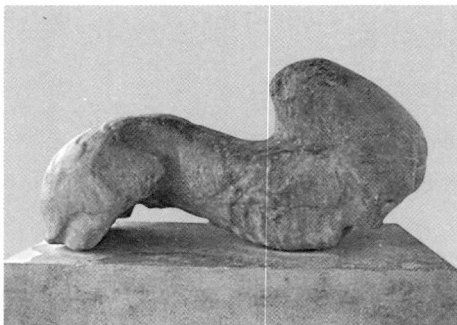

图 1-44　城固张骞墓前石兽

县霍去病墓的大型石雕的象、牛、羊、虎、猪等作品很相同，雕刻的手法比较朴实大方，生动有力，整个体形稳固而健壮。其中一件石羊与霍去病墓石刻的'初起马'（或称'跃马'）的风格非常相似，作蹲跪状，身下与长方形石座相连，底座长 72 厘米，通高 102 厘米。石羊后身与后退蹲坐，前腿曲跪，其耳、目、角和前后腿的雕琢都比较圆润有力，采用了立体平面浮雕的手法。这对石羊雕刻，因系琢成后即埋在地下（可能是埋在墓门的两侧），故保存较好，石刻的表皮未经风化，甚至石羊身上雕琢的一条条的工具痕迹还清晰可辨"[①]。李仰松依据其风格特征，并就现场伴出的汉代土洞墓和砖室墓痕迹，认定为西汉时期遗存。而林梅村认为，西汉时期石兽应无底座，这对带有底座的石羊应为东汉之物[②]，本书从林梅村东汉之说。

（2）城固张骞墓前石兽一对（图 1-44）[③]。发现于陕西省汉中市城固县城西 3 公里处的博望镇饶家营村，现陈列于城固县张骞

———————————————————————————

① 李仰松：《临潼康桥石川河发现西汉石羊和仰韶文化遗址》，《文物》1964 年第 5 期。

② 林梅村：《古道西风——考古新发现所见中西文化交流》，生活·读书·新知三联书店，2000 年，第 126 页。

③ 图 1-44 系笔者拍摄。

墓前石虎亭中。王子云认为其为西汉之物:"因倒没后重新发掘出土而仅有残躯,从两肩雕有飞翅看,可能为'辟邪'一类的护墓兽,但这种护墓兽多流行于东汉时代,西汉则仅见此一例。"① 而据林梅村介绍:"据俞伟超鉴定,张骞墓所出皆为东汉之物。他认为张骞墓前这对石翼马当为东汉补雕。"② 王寿芝比较了石兽的造型特征、石材等方面后认为,陵墓石兽应为东汉明帝时期(57~75 年)为了打通西域纪念张骞而重新修建,应为至今所见墓前神道石兽中较早的两件③。本书从俞伟超、王寿芝东汉之说。这对石兽,头部及前肢已无存,后肢尚残留紧接臀部的部分,从其挺胸昂首的动态、脊背上刻画有象征脊骨的椭圆形凸起及残蚀后漫漶不清的羽翼残留上,仍可看出其整体造型与雕塑语言应与河南洛阳、伊川、南阳及许昌等地东汉时期石辟邪类似。

(3)李固墓石兽一件。发现于陕西省汉中市城固县柳林镇李固庙村李固墓地附近。李固为东汉名臣,曾任东汉顺帝、冲帝、质帝三朝太尉。王子云曾于 1948 年亲自调查过,当时李固墓已残毁,只有一件石兽且"仅见一残躯弃置于荒草间"④。

(4)咸阳石辟邪一对(图1-45、46)⑤。1959 年 12 月发现于距咸阳西郊约 0.5 公里的沈家村,现藏于西安碑林博物馆。石辟邪发现于距地表深 2.2 米处,均呈倒卧放置,二者相距约 0.4 米,出土地同时发现了少许汉代陶片。这对石辟邪为立体圆雕,通高110、长 210 厘米。一件颈部有披毛少许,一件全无。口部均涂有

---

① 王子云:《中国雕塑艺术史》,人民美术出版社,1988 年,第 41 页。
② 林梅村:《古道西风——考古新发现所见中西文化交流》,生活·读书·新知三联书店,2000 年,第 162 页注释 2。
③ 王寿芝:《张骞与张骞墓》,陕西人民教育出版社,2004 年,第 141 页。
④ 王子云:《中国雕塑艺术史》,人民美术出版社,1988 年,第 68 页。
⑤ 图1-45、46 系笔者拍摄。

图 1-45　咸阳沈家村石辟邪　　　　图 1-46　咸阳沈家村石辟邪

朱红色，身部因土斑很多不知是否涂有颜色。发现者根据当时陕西及其他地区出土石辟邪判断，其年代可能为东汉至北朝时期，但由于本身没有刻画文字且无伴出物旁证，故制作年代尚不能肯定①。何正璜认为这对石狮的造型："胸部弧度、腿部跨度、两颊的饱满和颔下披毛的平行刻纹，都和南北朝时代的石兽刻法更为接近，全身结构是东汉以来的定型，但已带有新的、更为挺拔泼辣的北朝格调"；"它不同于西汉石刻的朴拙、雄厚，也不同于唐代的精致、洗练，应是上承秦汉，下启隋唐，在本国传统技法的基础上吸收了外来因素，正处于融化时期的产物"。并指出："文献上屡有东汉帝王来陕西进谒西汉帝陵的记载，这对石狮既与洛阳出土的石狮在造型上几乎完全相同，则可能东汉帝王来陕谒陵时，曾带来洛阳工匠为咸阳原上的西汉各陵凿立石刻。"② 王子云也认为该石狮属东汉晚期，并认为："整体姿态生动矫健，从昂扬的头颈到夸张的长尾，形成一根跳动的曲线，使得整个石兽呈现强烈的跃动感。"③

---

① 张子波：《陕西咸阳发现北朝石辟邪》，《考古》1960 年第 5 期。
② 何正璜：《石刻双狮和犀牛》，《文物》1961 年第 12 期。
③ 王子云：《中国雕塑艺术史》，人民美术出版社，1988 年，第 69 页。

　　（四）川渝地区

　　川渝地区东汉时期陵墓石兽遗存较多，制作时间多集中在东汉晚期。石兽的分布较为密集，主要集中在四川芦山、雅安、渠县及重庆等地，其中以芦山一地的遗存最为丰富、集中（图1-47）①。

　　1. 四川

　　（1）郫县石马一件（图1-48）②。现藏于四川博物院。据博物馆文字介绍为东汉时期墓前石马，出土于成都市郫县崇文乡。石马整体造型质朴，形态较为写实传神，马头微微偏向左前方，右前蹄抬起，站立于一长方形底座之上。

　　（2）芦山杨君墓前石狮一对（图1-49、50）③。两兽形制一样，为一雄一雌，现藏于芦山东汉石刻馆。石兽为石狮造型，均通高170、长230、宽66厘米，昂首张口挺胸行进状，姿态雄健，气宇轩昂。与"杨君之铭"的残碑首同时出土，杨君为东汉时期蜀郡属国都尉杨统，故定名为杨君墓石狮④。

　　（3）芦山樊敏墓前石兽一对。镌刻于汉献帝建安十年（205

图1-47　芦山东汉石刻馆

图1-48　郫县石马

---

① 图1-47系笔者拍摄。

② 图1-48系笔者拍摄。

③ 图1-49、50系笔者拍摄。

④ 雅安市文物管理所等：《雅安汉代石刻精品》，四川人民出版社，2005年，第64～65页。

图 1 - 49　芦山杨君墓前石狮

图 1 - 50　芦山杨君墓前石狮

图 1 - 51　芦山樊敏墓前石兽

图 1 - 52　芦山樊敏墓前石兽

年），发现于巴郡太守樊敏墓阙附近，现藏于芦山东汉石刻馆。两件石兽首似虎，雌雄配对，均有双翼，健羽及臀。通高145、长200、宽63厘米，原地保存。雄性前爪抚蟾蜍（图 1 - 51），雌性前爪抓蟹（图1 - 52）。形态矫健生动，作挺胸昂首状，迈步向前①。

　　（4）樊敏碑原近侧石狮一件。现藏于芦山东汉石刻馆。通高108、长177、宽60厘米。造型与杨君墓前石狮略同，体形较小，腿有卷毛，腿部尚未雕刻完成，即已废弃于该地②。

---

① 雅安市文物管理所等：《雅安汉代石刻精品》，四川人民出版社，2005 年，第 68～69 页。

② 李军：《芦山的东汉石刻》，《四川文物》1994 年第 6 期。

　　（5）樊敏碑后侧石兽胚一件。现藏于芦山东汉石刻馆。石兽胚原位于樊敏碑后侧 15 米处，通高 128、长 205、宽 47 厘米。躯体轮廓已经打制出雏形，底座线已经刻出，腹部已经开凿，首背轮廓分明，为研究汉代石刻工艺流程提供了重要实物①。

　　（6）雅安高颐墓前石辟邪一对（图 1－53、54）②。为建于汉献帝建安十四年（209 年）的益州太守高颐墓前之物。石兽为具有写实风格特征的带翼神兽，现藏于四川雅安市城东北约 20 里之姚桥高颐墓陈列处。两件石兽为一雌一雄，均通高 150、长 220 厘米左右。辟邪为虎头狮身造型，头有双角，角带分叉，脊背刻有壁形图案，背生双翼，翼羽重出为三层，第三层二重健羽伸及臀部，足有四爪，前足各踏一蟾蜍。头正向，昂首挺胸作奔走状③。滕固认为："此兽虎形，昂颈张口，翼翅较大，前足短而后足长，作行走状。雕法无甚文饰，而刚猛强毅自然地流露；头部、躯体和四肢间尤适当的匀整。"④

图 1－53　雅安高颐墓前石辟邪

图 1－54　雅安高颐墓前石辟邪

①　李军：《芦山的东汉石刻》，《四川文物》1994 年第 6 期。
②　图 1－53、54 系笔者拍摄。
③　耿继斌：《高颐阙》，《文物》1981 年第 10 期；四川省文物管理局：《四川文物志》中册，巴蜀书社，2005 年，第 723 页。
④　滕固：《霍去病墓上石迹及汉代雕刻之试察》，《滕固艺术文集》，上海人民美术出版社，2003 年，第 278 页。

（7）芦山石羊上石兽一对[①]。系四川大学历史系任乃强于1941年在芦山做考古调查时，在距王晖墓（东汉上计史）200米处被称为"石羊上"的地方发现[②]，现藏于芦山东汉石刻馆。石兽其一为独角，通高158、长196、宽57厘米（图1-55）。兽首略偏向左，左前腿已残，腿有卷毛，昂首挺胸，顶有独角后曲，颌下有须胡，肩膊有双翼，翼端有健羽两片直达臀部。当地的考古工作者将其命名为"獬"。其二为辟邪，通高170、长200、宽52厘米（图1-56）。出土时首、颈、前肢至胸部已断为三截，头似羊而双角后蜷下曲，昂首后仰，挺胸扬爪，膊有双翼，翼端有健羽三出及腹，尾蜷曲着地，此兽为雄性[③]。考古工作者将其命名为"豸"。

图1-55　芦山石羊上石兽

图1-56　芦山石羊上石兽

① 石羊上石兽当年由任乃强在芦山调查时发现，他认为是三件独立石兽的残体，一件为羊头，一件为无头雄獬，另一件为断腿雌獬。而现在陈列于芦山东汉石刻馆内的是将羊头与无头石兽（雄獬）拼凑为一件，笔者于2007年11月亲自考察，发现现在拼凑而成的这件石兽，头、身两部的比例关系及形姿动态均不协调。故认为任乃强的看法是正确的，羊头和无头石兽（雄獬）应该为两件独立的石兽。以上三件，均应为当时权臣陵墓前神道守卫神兽。

② 任乃强：《芦山新出汉石图考》，《川大史学·任乃强卷》，四川大学出版社，2006年，第60页。

③ 雅安市文物管理所等：《雅安汉代石刻精品》，四川人民出版社，2005年，第66～67页。

（8）芦山石箱村石兽一件。这件石兽与一无名石阙共存一地，原为两件，一件清末时因河岸坍塌，坠入青衣江中。残存一件，现藏于芦山东汉石刻馆。该石兽自腿以下残甚，造型与杨君墓前石狮同式，残高 110、长 160 厘米①。

（9）芦山石马坝石兽一件。20 世纪 50 年代，在芦山县沫东乡石马坝东汉墓前发现一件石兽，当时的发现者称其为"石羊"，其形象为"两角下曲，肩上有翼，尾蜷曲着地，作跨步前行状"②。林梅村认为，这个被称为"石马坝"的地名应该与原存于此的墓地石马遗存有关系，而这只"石羊"，似为带角石翼马，当系石麒麟③。

（10）芦山石马一件。1990 年出土于芦山县升隆乡五星村，现藏于芦山县博物馆。石马头部与马体分离，腿部、马尾均残缺，残高 47、长 43、宽 18 厘米，石质为青灰砂石。马首端直，颈上鬃毛刚劲有力，马体肥壮，着鞍鞯，鞍下有一方形遮挡物，雕刻有力度④。

（11）凉山好谷石羊一件。1988 年发现于昭觉县四开区好谷乡，现藏于四川省凉山彝族自治州博物馆。残高 35、残长 70、宽 35 厘米。该石羊原位于距好谷石表西南一公里的田地里。头已缺，卧状，蹄和尾尚可辨，身体肥壮⑤。

（12）渠县石辟邪一件（图 1–57）⑥。2003 年发现于渠县土

---

① 李军：《芦山的东汉石刻》，《四川文物》1994 年第 6 期。

② 陶鸣宽、曹恒钧：《芦山县的东汉石刻》，《文物参考资料》1957 年第 10 期。

③ 林梅村：《中原与西域大型石雕艺术的关系》，《古道西风——考古新发现所见中西文化交流》，生活·读书·新知三联书店，2000 年，第 162 页。

④ 李军：《芦山的东汉石刻》，《四川文物》1994 年第 6 期。

⑤ 凉山彝族自治州博物馆等：《四川凉山州昭觉县好谷乡发现的东汉石表》，《四川文物》2007 年第 5 期。

⑥ 肖仁杰：《四川渠县新发现的汉晋墓阙构件和石像生》，《四川文物》2013 年第 2 期。图 1–57 系笔者拍摄。

图 1 - 57　渠县石辟邪　　　　　　　图 1 - 58　渠县石辟邪

溪镇汉阙村五组，现藏于渠县博物馆①。残长 105、高 150 厘米。
整体造型似狮子类形象。兽首已残，足部及臀部残缺。石兽昂首
挺胸，呈蹲坐状。从其整体形态来看，应是蹲坐于一底板上。兽
头上部至颈背部覆以鬃毛，仅存两缕。背部以浅浮雕手法雕饰出
连珠状凸起的脊，肩生四重短小向后微翘展开的羽翼。从其羽翼
的末端又分别延伸出两组飞翼，其上一组为两条向前回卷状，下
端一组向背部伸展，又在其中段分出一条向前回卷的两重飞翼。
石兽下肢健硕有力，蜷曲蹲坐，石兽足部有一圆柱状物缠绕，因
兽尾自臀部翻卷至此，石兽爪部已残缺。1914 年，法国考古学家
色伽兰在渠县调查汉代石阙时曾见到并在其著作《中国西部考古
记》中介绍："吾人所发见之新标型中，有一坐兽造像。颈身下部
尚完好。其装饰与其姿势，为汉代造像中所未见者。兽在渠县诸

---

① 渠县位于四川东部山区，东汉时期为巴郡宕渠，是当时川东北政治、经济、文化
的中心。现存汉晋时期陵墓石阙甚多，均有不同程度坍塌或残损，分别为东汉安
帝时期车骑将军冯绲之父豫幽二州刺史冯焕墓前神道阙、东汉新丰令交趾都尉沈
氏阙、蒲家湾无铭阙、赵家村无铭阙两处、王家坪无铭阙等。参见徐文彬等：
《四川汉代石阙》，文物出版社，1992 年。

无铭阙附近。别有一大石人，其头已断，其胸已经破蚀，应为阙与兽同时代之作品。"①从色伽兰当年拍摄的照片和描绘的素描图来看，这件石兽上身挺直，蹲坐于一石阙附近（图1–58、59）②。

（13）渠县石狮一件（图1–60）。2003年发现于渠县土溪镇汉阙村五组，现藏于渠县博物馆③。石兽残长180、高135厘米。石兽为狮类造型，呈行进状或立状。石兽头部及四肢均残缺，可见头后颈部的卷毛及披毛，腰肢雄健有力，臀部微微翘起，长尾从臀部向后下方延伸。其身躯的整体造型及腰腹部的动态与重庆忠县乌杨石辟邪尤为相似。

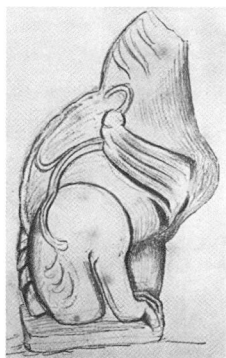

图1–59　渠县石辟邪　　　　　　图1–60　渠县石狮

---

① 〔法〕色伽兰著，冯承钧译：《中国西部考古记》，中华书局，2004年，第10～11页。

② Victor ségalen, *Mission Archéologique en Chine（1914）*, Paris, P. Geuthner, 1923.

③ 渠县石辟邪及石狮现藏于渠县博物馆，早年色伽兰考察时曾详细记录过这件石辟邪。但自色伽兰之后一直未见著录，且未被发现。直至2003年渠县修筑公路时，才发现了这两件石兽，置放于赵家村西无铭阙东面的小学校门前的水泥村道边。2010年，罗哲文、刘庆柱等到访渠县，告知当地文管部门石兽当为晋前文物，两件石兽遂才被移至渠县博物馆保存。笔者在渠县考察时，据渠县博物馆肖仁杰介绍，其中石辟邪发现于渠县土溪镇石马湾，距冯焕阙和赵家村东、西无铭阙不远。但石阙与石辟邪二者之间有无明确的归属关系，目前尚无其他证据证实。参见秦臻：《四川渠县新发现汉晋石兽及相关问题》，《四川文物》2013年第2期。图1–60系笔者拍摄。

2. 重庆

重庆忠县乌杨石辟邪一件（图 1 - 61）。2003 年出土于重庆忠县乌杨镇将军村长江右岸的花灯坟墓群①，现陈列于重庆中国三峡博物馆门前广场。通高 183、长 286 厘米。昂首挺胸，背生四层羽翼，长尾及地，作立姿行进状。整个雕塑，浑厚质朴，造型手法概括洗练。

另外，四川、重庆的汉代石兽遗存除上述这几个地方外，在其

图 1 - 61　忠县石辟邪

———————————

① 忠县花灯坟汉墓群总面积 1 万余平方米，自 2001 年开始发掘，总计发现两汉至六朝时期墓葬 104 座，分别为土坑墓、砖室墓、石室墓以及具有上述墓葬形制过渡性特征的墓葬。其中，规格达到和超过长 8、宽 6 米的大型墓葬就约有 9 座。墓群随葬器物丰富，出土了大量陶、铁、铜器，以及一定数量的鎏金铜饰件、料器和石器等。花灯坟墓群在较早时曾出土了中国现存时代最早、保存最完整的汉阙——乌杨汉阙以及许多重要的汉代石刻。根据这些出土的珍贵文物和史料的相关记载，专家推测这里是三国时期蜀国名将严颜的家族墓地或当地豪强文氏家族墓地。2008 年 9 月，笔者在重庆市忠县考察时，据忠县文物局局长黄建华介绍，该石辟邪发现于忠县乌杨镇的长江边上，与被命名为花灯坟汉阙的遗物、花坝河泰始五年石柱之间均有一定距离。由于地处长江河滩，经常遇河水涨落，故有可能发现地点已不是其原始安放地，三者之间的关系有待确认，归属仍不明确。笔者认为，四川、重庆一带在汉末、蜀汉直至西晋早期社会政治基本稳定，其艺术造型的变化应该不大，从石兽的造型特征、装饰语言来看，与四川其他地区东汉石兽具有明显的承袭关系。故本书将其收入东汉时期石兽。图 1 - 61 系笔者摄于重庆中国三峡博物馆广场。

他尚保存有汉代石阙的地方也应该有和墓前石阙相配套存在的石兽，只是因为年代久远，均已无法找到。1983 年，四川凉山州文物管理部门在文物普查中，于昭觉县四开区好谷乡发现东汉石狮残足一只，与东汉光和四年邛都安斯乡石表、石阙残石等一起发现，现藏于四川省凉山彝族自治州博物馆。据当时调查者介绍，石表、石阙早已坍塌，其附近为汉墓群，大约 20 世纪初被开垦为农田，曾在其间发现一件无足石狮，当地彝族人风俗视有浮雕刻石均为不祥之物，所以被乡民搬运至一公里外的土沟中掩埋。这个石狮残件应和普查中发现的石狮足同属东汉时期邛都县安斯乡有秩冯佑墓前之物，同时出土的还有一件浮雕凤凰与麒麟石阙构件①。上述材料，虽然目前不能亲见实物，但至少可以说明，在川渝两地，这类石兽材料是非常丰富的（表 1 – 1 ~ 3）。

表 1 – 1　　　　　　　　汉代陵墓石兽统计表

墓名	所在地区	类型	时间
第一阶段：西汉时期			
霍去病墓	陕西兴平县窦马村汉武帝茂陵东	立马、卧马、跃马、卧牛、卧虎、卧象、猪、蛙各一件	西汉武帝元狩六年（前 117 年）
	陕西咸阳石桥乡引王村	石虎一件	
李广墓	甘肃天水石马坪	石马一对	
	山西安邑县杜村	石虎一件	
第二阶段：东汉早期（25 ~ 125 年）			
	河南洛阳涧西区孙旗屯	石天禄、辟邪一对	
	河南洛阳伊川县彭婆	石辟邪一件	

---

① 　吉木布初、关荣华：《四川昭觉县发现东汉石表和石阙残石》,《考古》1987 年第 5 期。

墓名	所在地区	类型	时间
	河南偃师市	石天禄、石虎、石羊各一件	
	河南洛阳市	石辟邪一对（大都会博物馆）	
	陕西临潼康桥石川河	石羊一对	
张骞墓	陕西城固县博望镇饶家营村	石翼兽一对	
	四川郫县崇文乡	石马一件	
第三阶段：东汉中期（126～189 年）			
徐氏墓	山东临沂县石羊镇	石羊一对	永和五年（140 年）
武梁墓	山东嘉祥县	石狮一对	建和元年（147 年）
李固墓	陕西城固县柳林镇李固庙村	石兽一件	建和元年（147 年）
州辅墓	河南平顶山曹镇乡宋寨村	石辟邪一件	永寿二年（156 年）
杨君墓	四川芦山县	石狮一对	东汉桓、灵帝时期
宗资墓	河南南阳尚庄	石天禄、石辟邪各一件	东汉桓帝（166 年）后
孔彪墓	山东曲阜孔林	带翼石兽、石虎各一件	建宁四年（171 年）
帝陵区	河南洛阳白马寺西北象庄	石象一件	
	河南孟津县老城乡油坊街村	石辟邪一件	
	河南南阳东关	石辟邪一件	
	河南南阳王村	石兽一件	
	河南南阳芩彭村	石辟邪一件	

墓名	所在地区	类型	时间
	河南许昌榆林乡	石辟邪一件	
	河南许昌襄城县颍阳镇	石辟邪一件	
	陕西咸阳沈家村	石辟邪一对	
	山东泗水县鲍王村	带翼石兽三件，石兽一件	
	山东淄博临淄区老城东门（刘汉作）	石狮一对	
	山东博物馆藏	石兽一件	
	山东青州市	石羊二件	
	山东临淄区	石羊一件	
	山东博兴县兴福村	石兽一件	
	河北内丘县十方村	石麒麟二件（吉美博物馆及内丘县文管所）	
	河北内丘县吴村	石麒麟一对（宾州大学博物馆）	
	安徽省临泉县腰庄	石天禄一件	
第四阶段：东汉晚期至三国时期（189～265年）			
樊敏墓	四川芦山县	带翼石兽一对	建安十年（205年）
	四川芦山县樊敏碑近侧	石狮一件	
	四川芦山县樊敏碑后侧	石兽胚一件	
高颐墓	四川雅安姚桥	石辟邪一对	建安十四年（209年）
王晖墓	四川芦山县石羊上	石天禄、石辟邪各一件	建安十七年（212年）
	四川芦山县石箱村	石兽一件	
	四川芦山县石马坝	石麒麟一件	

墓名	所在地区	类型	时间
	四川芦山县升隆乡	石马一件	
	四川凉山州好谷乡	石羊一件	献帝时期
	河南禹县	石辟邪一件	
	河南唐河	石羊一对	
	河南沁阳	石辟邪一件	
	河南叶县	石辟邪一对	
	重庆忠县乌杨镇将军村	石辟邪一件	
	四川渠县土溪镇汉阙村	石辟邪一件	
	四川渠县土溪镇汉阙村	石狮一件	

表 1 - 2　　　　　　　汉代陵墓石兽类型统计表

类型	所在地区	数量	特征	时间
马型	陕西、甘肃、四川	7	造型质朴、简练，以平行凿纹浮雕为主	西汉、东汉早期至晚期
象型	陕西、河南	2	造型雄浑、大气，以浮雕结合线刻描绘方式表现细节	西汉中期、东汉早期
羊型	陕西、山东、河南、四川	10	造型质朴、简练，以平行凿纹浮雕为主	东汉全期
虎型	陕西、山东、河南	5	造型浑厚，各具地域特色，表现手法多样	西汉中期至东汉中期
狮型	山东、四川	6	造型浑厚、质朴，少雕饰	东汉中期、晚期

类型	所在地区	数量	特征	时间
翼兽	陕西、山东、河南、河北、四川、安徽	42	造型各异、生动张扬，表现手法多样，细节刻画丰富，有狮型、虎型、马型各类翼兽	东汉全期
其他	陕西、山东、河南	11	形态各具时代及地域特色	西汉至东汉全期

注：上表所列石兽题材中"其他"一类主要有猪、牛型，以及其他东汉时期由于年代久远已漫漶不清导致不能正确辨析其题材者。

表 1 – 3　　　　海外博物馆藏汉代陵墓石兽统计表

博物馆	所在地	类型	资料来源
宾州大学博物馆	美国费城	石麒麟	林树中
大都会博物馆	美国纽约	石辟邪、石天禄	林树中
布法罗市阿尔布莱特—诺克斯美术馆	美国纽约	石辟邪	苏富比
堪萨斯城奈尔逊—阿特金斯艺术博物馆	美国堪萨斯城	石辟邪	王鲁豫
旧金山亚洲艺术博物馆	美国旧金山	石辟邪	王鲁豫
吉美博物馆	法国巴黎	石麒麟	林树中
苏黎世博物馆	瑞士苏黎世	石辟邪	王鲁豫
斯德哥尔摩博物馆	瑞典斯德哥尔摩	石辟邪	王鲁豫
都灵博物馆	意大利都灵	石狮	王鲁豫

第二节　汉代陵墓石兽的区域分布
及阶段性特征

　　按照目前考古发现所获汉代陵墓石兽材料及散布于各地博物馆收藏之统计，可以将汉代陵墓石兽分布地划分为四个主要区域进行研究①。这四个区域分别是：鲁中、南与皖西北；豫中、南与冀南；甘陕与晋西北；川渝地区。上述各地，不但为目前所掌握汉代陵墓石兽材料最为丰富和集中的地区，同时也是汉代画像石、画像砖艺术最发达的地区。而且，从历史背景和文化传统上考量，这些地区一直是两汉时期全国经济文化最为发达的地区。

　　从前文统计表格中可以发现，甘陕与晋西北地区为最早出现陵墓石兽的区域，该区域石兽造型与设置均为中国陵墓石兽之滥觞，但目前遗存数量较少。而鲁中、南与皖西北及豫中、南与冀

---

①　姜彦文将汉代陵墓石兽分布按照四个区域进行研究：冀鲁地区，时代多为东汉，包括河北内丘及山东的淄博、临沂、济宁等地，在风格上包括以武氏祠前石狮和临沂石狮为代表的山东石兽和以河北内丘石兽为代表的河北石兽；豫鄂地区，分布较广，且风格多样，包括河南地区的洛阳、南阳、许昌等地及鄂北的一些地区；四川地区，风格较为统一，多为狮子或辟邪形制，与阙成对配置；甘陕地区，西汉、东汉都有遗存。参见姜彦文：《地缘性与分区：汉代陵墓圆雕石兽考察》，《第二届全国高等艺术院校美术史学教育年会交流论文汇编》，四川美术学院美术学系，2007 年。笔者基本同意这一观点，并增补了姜文中未收入的其他材料，如安徽临泉县石天禄及重庆忠县石辟邪等。笔者认为，从石兽的造型特征和地域风格来看，河北内丘石兽更接近河南石兽，而且内丘地区在先秦及两汉时期与河南地区的文化联系应更甚于与山东的联系。而姜文中所分豫鄂地区，是依据《南齐书》所言"骐麟及阙……宋孝武帝于襄阳致之，后诸帝王陵皆模范而莫及也"，指出"南阳地区附近的襄阳石刻被认为是南朝陵墓石刻的风格范本"。但是，在实际调查中，尚未见有襄阳等地之石兽存世，故笔者的分区为豫中、南与冀南地区，这更有利于从石兽传统及风格特征上将其归类。

南地区石兽在东汉前期及中期大量出现，时段一直延续到魏晋时期，且分布区域比较密集，题材类型也较为多样。而艺术成就最高者，则以河南地区陵墓石兽最为突出。川渝地区石兽集中出现的时间最晚，但在东汉晚期表现得特别突出，与河南地区陵墓石兽的表现及成就遥相呼应。上述各个区域石兽又因其地域分布、技艺传承及社会背景的不同，其造型与风格均显示出不同的面貌特征。

一、汉代陵墓石兽的区域分布

（一）鲁中、南与皖西北地区

该区域内石兽遗存数量比较多，在目前所了解的东汉时期陵墓石兽中占有较大的比例，尤以东汉中期为最盛，且分布区域相对比较广泛，遍布在以嘉祥、曲阜、淄博、临沂、济宁等地为主的山东省中南部地区。同时，在现安徽省西北部的阜阳市临泉县，近年也发现了一件陵墓石兽，与山东所出较为接近（表1-4）。

这一地区主要的文化影响来自先秦时期东方重要的两个封国——齐国、鲁国。齐鲁之地，自古就是文化经济非常发达的区域。齐国依山傍海、膏壤千里，地大而物博，自西周分封以来一直为东方大国，战国七雄之一，长期与秦东西对峙，"通鱼盐之利，而人物辐凑"①。鲁国为周公旦后裔之封地，在政治、文化上比较完整地保留了周的制度和礼仪传统，"周礼尽在鲁矣"②。这

---

① ［汉］班固：《汉书》卷二八《地理志》，中华书局，1962年，第1660页。
② 《左传·闵公元年》："鲁不弃周礼，未可动也。"［晋］杜预注，［唐］孔颖达疏：《春秋左传正义》，《十三经注疏》，中华书局，1980年，第1786页。

一地区也是孔子、孟子等圣人的家乡，为儒家学说的发源之地，文化传统悠久而醇厚。浓厚的儒学传统营造下的良好的文化环境，大批读书人相继出仕，形成大量的官宦家庭聚集。"汉兴以来，鲁、东海多至卿相"[①]。同时，儒家所极力倡导的"孝悌"思想，经由统治者的明经、举孝廉制度的推行而盛行，结合道家的升仙得道思想的风靡，导致厚葬之风深入人心。而且，山东在两汉时期更以冶铁、制盐、丝织三大官营手工业的发展，甲冠全国，占有三分之一的比例，成为全国经济最为发达的地区之一。铁器的广泛使用，发达的农业和手工业，财富的积累，更是成为大批官僚富户竞相攀比、大造墓冢、广设石刻的直接催化剂。在这种情况下，陵墓石兽的普遍盛行和发达绝非偶然。安徽临泉县，古为沈（成）地，系周文王第十子聃季载所封建之国。后先后为蔡、楚所灭，在东汉永建元年（126 年）更置阜阳侯国。临泉石兽，从其造型特征上看，与山东诸地石兽较为类似，同时具有东汉中晚期典型特征，应为阜阳侯国时期所产之物。

这一区域石兽遗存时间跨度从东汉中期到晚期，类型题材比较广泛，以狮型、虎型、羊型石兽为主。山东地区多山且石质坚硬而脆，当地工匠就地采石，依其特性，以平直拙朴的造型手法表现一种大块面、大体积的整体感。在石兽的身躯处理上以简练、洗练的刀法去处理，其着墨点不多，主要集中于面部细节的刻画。其造型特点较为方正、平直，表现出一种浑厚敦实、恭谨收敛的感觉，体现了齐鲁之地的民俗民风、审美习惯，并与当时所推崇的道德观念、礼仪制度相吻合。

（二）豫中、南与冀南地区

该区域包括了河南的洛阳、许昌、南阳等地及冀南内丘等

---

① ［汉］班固：《汉书》卷二八《地理志》，中华书局，1962 年，第 1662 页。

地。石兽主要集中于东汉时期的国都洛阳及帝乡南阳等附近区域，并影响到周边地区。河北东南部仅内丘地区有数件带有羽翼的东汉晚期神兽出土，与南阳等地石兽非常类似。

　　这一区域所在地，靠近被称为中原的核心地区①，历来是发达文明与政治经济的中心。两汉时期，成为汉帝国内经济、文化最为发达的区域。汉高祖刘邦最初将汉帝国定都于洛阳，入关中定都长安后，洛阳成为河南郡治所在地，东汉时期又重新成为当时的国都。南阳，即两汉时期荆州刺史部所辖南阳郡的治所宛，地处南北交通要冲，物产丰富，是当时全国重要的冶铁基地，公私冶铁工场非常发达。《史记·货殖列传》对其经济根源这样记载："宛孔氏之先，梁人也，用铁冶为业。秦伐魏，迁孔氏南阳。大鼓铸（铸铁）……家致富数千金。"② 西汉武帝时期，中央政府在南阳设置工官、铁官等手工业官营工场③，专司制作金、银、铜、漆及铁器，极大地带动了当地经济和手工业的发展。其时起，南阳地区已成为当时南北商贸中心和全国最大的商品集散地。与京城长安、洛阳和邯郸、临淄、成都，并列为全国六大都会，人称"宛周齐鲁，商遍天下，富冠海内"。自东汉，南阳以开国皇帝刘秀出生于此，被称为"帝乡"、"南都"。追随刘秀起事而成的名门望族更是遍布其间，其政治地位迅速升高，集聚大量财富并迅速发展。洛阳，则是当时的国都。在国都洛阳及帝乡南阳的附近区域如新野、湖阳等地，集中居住了全国大

---

①　按照苏秉琦对考古学文化六大区系的划分，中原地区的中心为关中（陕西）、晋南、豫西，而本书中豫中、南地区及冀州地区即处于中原核心区与其他区域的交接地带，是多样文化与传统相互交流融合的区域。参见苏秉琦：《中国文明起源新探》，辽宁人民出版社，2009 年，第 24 页。

②　［汉］司马迁：《史记》卷一二九《货殖列传》，中华书局，1959 年，第 3278 页。

③　河南省文化局文物工作队：《南阳汉代铁工厂发掘简报》，《文物》1960 年第1 期。

多数豪强官僚，有"河南帝城，多近臣，南阳帝乡，多近亲"①之说法。位于河北南部的内丘地区，先秦时期属邢国封地，后相继为卫、晋所灭，战国时又归属赵国。两汉时期属冀州治下，也是多种文化交流融合之地。

这一区域的陵墓石兽遗存中，有一些可以基本确认墓主人的身份，不但有帝王陵墓，而且有大量的高级官吏、豪强大族墓葬。时间跨度涵盖整个东汉时期，最早的遗存为东汉初期，也有东汉中、晚期的遗存甚至更晚时期的材料。从目前所掌握的材料来看，中、晚期遗存仍然多于早期材料，这也与历代文献记载及金石录著述相吻合。在题材类型上，比较广泛而丰富多样，既有帝王陵墓神道所独有的石象之属，也有普遍设置于人臣墓前的石羊、石狮、石虎等，更多的则是带有羽翼的神兽。特别是这些有翼的神兽，为汉代墓前石刻中最为精美、典型者。

河南、河北石兽材料以当地所产的青灰色石灰石制作，其石质坚硬而细腻，利于对其做深入细致的刻画。当地的工匠在石刻上以采取夸张变形的高浮雕描绘为主，通过极富动感的造型、流畅回旋的曲线来表现石兽，着力刻画一种刚劲有力、威猛雄强而华丽神异的气势。不论其奔走驰骋的动势，还是健硕的身躯结构和具体的细节刻画，都比较准确而细致，即便是对想象中的羽翼也极力模仿现实的鸟类羽翼进行刻画，显得生动灵异、栩栩如生。上述这类石兽，一直被国内外学者认为与南朝陵墓石兽有较为直接的承袭关系②。

---

① ［南朝宋］范晔：《后汉书》卷二二《刘隆列传》，中华书局，1965年，第781页。
② 持这种观点的如林树中：《南朝陵墓雕刻》，人民美术出版社，1984年，第54页；梁白泉：《南京的六朝石刻》，南京出版社，1998年，第58页；〔日〕曾布川宽著，傅江译：《六朝帝陵——以石兽和砖画为中心》，南京出版社，2004年，第10页；陈少丰：《中国雕塑史》，岭南美术出版社，1993年，第289页。

（三）甘陕与晋西北地区

这一地区包括以陕西西安及周边地区为主的关中地区，以及甘肃东部的天水和山西西部的安邑等地。该区域以周秦旧地为主，处于统治核心区域"文王作丰，武王治镐"，因而人们"有先王遗风，好稼墙，务本业"。又因土地肥沃，"号称陆海，为九州膏腴"。自秦国人郑国修筑水渠，"引泾水溉田，沃野千里，民以富饶"，更是成为富饶之地。汉帝国建立后，定都于长安，迁徙各地人口补充关中地区，建立陵邑，成为各类人群混杂之地。"是故五方杂厝，风俗不纯，其世家则好礼文，富人则商贾为利，豪桀则游侠通奸"。同时，由于"郡国辐凑，浮食者多"，在豪强富户中攀比、厚葬之风盛行，"民去本就末，列侯贵人车服僭上，众庶放效，羞不相及，嫁娶尤崇侈靡，送死过度"①。

秦汉时期，上述区域不但是秦帝国的发祥地区，也是秦汉两代的京畿中心。据史料记载，早在战国时期，秦人已有制作大型石雕作为殉葬或装饰的传统。秦汉以来，制作石雕传统依然承袭。关中及周边区域，在两汉时期作为当时全国社会经济、文化状况最为发达的地区之一，有大量的王侯、贵族、官吏生活、埋葬在这一地区。而且，冶铁业的发达以及技术水平、生产能力的提高都为制作大型陵墓石刻艺术品提供了必要的条件。

据目前所获材料来看，该区域内陵墓石兽出现时间最早可上溯到西汉武帝时期，时间跨度又最长，一直延续到东汉时期，应该是中国古代陵墓石兽最早的发祥地区，其审美情趣、制造工艺影响了其后中国陵墓石兽的发展与走向②。早期遗存以西汉时期

① ［汉］班固：《汉书》卷二八《地理志》，中华书局，1962年，第1642～1643页。
② 林梅村也认为，中国大型石刻由关中地带向外延伸，逐渐形成各个地域的风格特征和审美理想。参见林梅村：《古道西风——考古新发现所见中西文化交流》，生活·读书·新知三联书店，2000年。

霍去病墓前所列置各类石象生为代表，东汉时期遗存主要位于关中地区，与其他地区一样，也出现了带有羽翼的石兽和石马。甘陕与晋西北地区的石兽，讲究随形写意，不事雕琢。当时的工匠，用大块面、大体积的写意手法，将原石料的物质形态统一处理在石兽造型的艺术设计和创意之中，使其充满了大型石雕的雄浑和力度。

除去陵墓石兽外，这一地区的大型石雕仍相对较为集中、丰富且用途广泛。西汉时期主要集中在西安周边地带，大多出现于皇家宫殿、苑囿等地，如汉武帝建昆明池牛郎、织女雕像及太液池石鱼、甘泉宫石熊、甘泉宫石鼓等。而在陕西境内，随着近年来考古发现的逐渐丰富，在陕北、汉中等地仍有石人材料相继面世，计有华阴县西岳庙御书房西侧拥彗石人像、富平县卧龙乡东石村石人、神木县栏杆堡乡出土柱剑石人等多件①。

从上述材料看，这一地区的石雕分布，表现出明显的随时代的推移，由中心地区逐渐向四周扩散的趋势。

（四）川渝地区

主要集中分布于川渝地区的长江流域及其支流的嘉陵江、岷江流域范围内，如四川西部、北部的雅安、芦山等地，四川西南部的西昌以及川东渠县和重庆沿长江区域。

四川、重庆等地，即先秦时期的巴、蜀，自商周以来逐渐形成了发达的经济文化水平，一直是"得其利，足以富民善兵"的富庶之地。公元前4世纪，秦灭蜀国，其后"秦昭王使李冰为蜀守，开县两江，溉田万顷"②。通过一系列治理举措，福泽蜀地，

---

① 沈琍：《陕西汉代石雕研究》，《西部美术考古》，上海大学出版社，2008 年，第 41~61 页。

② ［汉］司马迁：《史记》卷二九《河渠书》，中华书局，1959 年，第 1408 页。

变得富饶甲于天下，故有"汉之兴自蜀汉"① 的说法。特别是成都平原，因其"土地肥美，有江水沃野，山林竹木疏食果实之饶"，且可以"南贾滇、僰僮，西近邛、莋马旄牛"，在两汉时期更是因"民食稻鱼，亡凶年忧，俗不愁苦"② 而号称"天府"，一直是全国经济、文化较为发达的地区之一。作为当时全国六大都市之一的成都，与长安并称"两城财富，甲于全国"。同时，蜀地手工业和商业的发达，催生了大量的工商业富豪，如临邛"卓王孙僮客八百人，程郑亦数百人"③、"成都罗裒訾至巨万"④ 等。《后汉书·第五伦列传》记载："蜀地肥饶，人吏富实，掾史家赀多至千万，皆鲜车怒马，以财货自达。"⑤ 这些富商巨贾，广置田产，建筑庄园，大起高坟大冢，成为当时厚葬风俗及陵墓石刻的积极推行者。在整个东汉晚期，中原地区群雄逐鹿而战乱纷争不止，但这一地区却相对安定而基本无大的战乱影响，即便是刘备入川也仅仅是在很短时间内即安定蜀中，经济文化仍然得以持续发展。

　　这一区域目前所发现的陵墓石兽，以东汉中晚期的遗存为主，时段更是一直延续到蜀汉甚至西晋初期。以东汉早期郫县石马为最早，而晚期遗存分布则比较密集，以芦山一地的遗存最为丰富、集中和典型。相对于前三个区域，在题材类型上则更为丰富、完备。整体造型风格比较统一，表现出明显的地域特色和传承关系。既有常见的石羊、石马、石狮、石虎等，也有各类带有羽翼的神兽。其中，带角的神兽多过无角的，带有双重或单重羽

---

① ［汉］司马迁：《史记》卷一五《六国年表》，中华书局，1959 年，第 686 页。
② ［汉］班固：《汉书》卷二八《地理志》，中华书局，1962 年，第 1645 页。
③ ［汉］班固：《汉书》卷五七《司马相如传》，中华书局，1962 年，第 2530 页。
④ ［汉］班固：《汉书》卷九一《货殖传》，中华书局，1962 年，第 3690 页。
⑤ ［南朝宋］范晔：《后汉书》卷四一《第五伦列传》，中华书局，1965 年，第 1398 页。

翼的神兽多过无翼的。由于当地所产石质为性软而砂质较重且细腻的红砂石，容易风化，并不适合做更精细的刻画与雕琢，石工通过对大体量的整体造型的把握，辅以圆润的转折与适量的细节刻画来塑造形体。所以，川渝地区的石兽造型饱满，呈现一种方圆结合的敦实感觉。与上述其他三个分区遗存的石兽相比较，显得更加丰满圆润、厚重质朴，对体现其神兽特征的羽翼的刻画也自然而内敛，但其神异变幻的色彩大大逊于河南洛阳、南阳等地石兽。而且，川渝两地出土之石兽，基本上可以看出其与墓葬石阙在形制和排列上明确的组合关系，为我们复原汉代墓葬神道及墓葬形制提供了有力的依据。

另外，四川雅安高颐阙石兽及其相邻地区的巴郡太守樊敏墓石兽，皆为一牝一牡。尤其樊敏墓石兽一只抚蟾蜍，另一只抚蟹。在芦山出土的东汉王晖画像石棺翼龙、翼虎画像上，仍可清晰地分辨出一牝一牡。上述做法，在河南、山东等地石兽中并未有体现，而在四川、重庆地区则尤为普遍，如墓葬中随葬的陶制猎犬俑及一些摇钱树座上神兽图像，均对其生殖器着力刻画。由此来看，这类表现是否具有典型的地域特征，在东汉时期的四川、重庆等地是否具有特殊的意义，是否与当地盛行的方仙道或原始宗教传统有关，则是值得进一步探讨的话题。

表 1-4　　　　　　　　汉代陵墓石兽分区分期表一

时段	所在地区	类型	数量
第一阶段：西汉时期	甘陕与晋西北	马、牛、虎、象等	4 地区 4 处 12 件
第二阶段：东汉早期（25～125 年）	豫中、南与冀南	天禄、辟邪、虎、羊	2 地区 4 处 8 件
	甘陕与晋西北	翼马、羊	2 地区 2 处 4 件
	川渝	马	1 地区 1 处 1 件

时段	所在地区	类型	数量
第三阶段：东汉中期（126～189 年）	鲁中、南与皖西北	天禄、辟邪、狮、虎、羊	11 地区 11 处 18 件
	豫中、南与冀南	天禄、辟邪、象、虎、羊	4 地区 11 处 14 件
	甘陕与晋西北	辟邪	2 地区 2 处 3 件
	川渝	狮	1 地区 1 处 2 件
第四阶段：东汉晚期至三国时期（189～265 年）	豫中、南与冀南	辟邪	4 地区 4 处 6 件
	川渝	辟邪、天禄、狮、羊、马	5 地区 9 处 15 件

说明：上表收录汉代陵墓石兽，为目前流散于世界各博物馆及文物管理机构之收藏。一些无明确出土地的如山东博物馆、河南偃师商城博物馆等地收藏，基本可断定为当地出土，也已收入上表。国外博物馆和机构藏品，仅将能够明确出土地的材料收入上表，其他如意大利、美国、瑞士、瑞典等地收藏均未收入。

二、汉代陵墓石兽的阶段性特征

秦汉以降，经历了史前时期和先秦时期的长期发展与积累，中国雕塑艺术逐渐成熟。王子云在论及秦代雕塑艺术水准空前提高的时代背景时说："由于统一六国后疆土扩大，在文化艺术上，有了吸取各地各民族新的营养的可能，而更为重要的是社会变革，奴隶获得解放，劳动工匠的积极性和创造性得以相应的发挥。"而至西汉，则"除继承了战国和秦代的艺术成就以外，由于材料上的便利和工具上的进步，因而石雕刻艺术成就特别突出"①。汉代陵墓石兽艺术，随着汉帝国的积极扩张与频繁对外交流，在多样外来文化因素的影响下，吸收多方精华，融合东情西韵，风格南北交融，形成了自身独具特色的表达方式和造型语言，对后世雕塑艺术的发展产生巨大影响。

从具体的陵墓石兽遗存来看，西汉时期即已出现，但相对较为稀少，只在上述分区中第三区域即甘陕与晋西北地区有为数不多的分布。进入东汉时期，陵墓建筑得以充分发展，豪强大户纷纷广起墓冢，立石雕饰，留下了各个阶段的石兽遗存。这一时期，一方面由于工艺材料和制造工具的逐渐完善，雕刻技法及艺术造型能力大大提高；另一方面受到来自西方的雕塑艺术的影响，开始出现了镂雕技法，同时在题材和石兽品类上也得到了丰富。墓前石兽的面貌一改西汉时期的随形写意、粗犷、朴拙的艺术风格，逐渐变得比较注重细节刻画，纹饰趋于繁复而富有变化。

本书将汉代陵墓石兽分为四个阶段进行研究，即西汉时期、东汉早期、东汉中期、东汉晚期至三国时期②。需要说明的是，本文的分期标准并未完全依照朝代更迭或政治上的期别划分，而是从石兽的造型特征、表现形式及工艺水平几个标准进行界定，以期从中可以看出其造型特征及表现形式的嬗变。因此，本文中将东汉立国至章帝、和帝及安帝时期（25～125年）归入东汉早期，而将

① 王子云：《中国雕塑艺术史》，岳麓书社，2005年，第33页。
② 李发林曾将汉代圆雕艺术分为肇始、成长、发展、进步四个阶段，认为"汉代立体圆雕也可分早晚期，并且其分界线和汉画像石早晚期的分界线的时间也差不多"。西汉到东汉早期的陵墓圆雕石刻总的还有使人感到异常粗糙的印象，东汉中期仍有西汉大型石雕的遗风，在雕凿上仍然会去迁就石材原状，而到了东汉晚期则在形象及比例方面"颇有进步"。参见李发林：《汉画考释和研究》，中国文联出版社，2000年，第106～108页。

东汉顺帝、冲帝、质帝、桓帝及灵帝时期（126～189 年）归入东汉中期，最后将东汉少帝至三国（189～265 年）归为东汉晚期至三国时期（表 1 - 5）。

（一）西汉时期

这一时期石兽，集中于甘陕晋地区，以霍去病墓前石刻群中诸石兽为典型代表，其他遗存有咸阳石桥石虎、天水李广墓前石马及安邑石虎。西汉墓前石兽的设置形式及艺术风格，首先是受到了来自欧亚草原民族的鹿石传统影响①，然后承袭秦帝国时期制作大型石雕像的传统，并延续自战国时期开始出现于各地的取意于镇邪驱魔的兽类石雕的宗教意义。

在造型风格上，则呈现出一种承袭前代艺术发展基础上的自然延续状态，体现了一种新的艺术表现形式在其形成早期所共有的特点：比较简练而质朴粗犷。同时，西汉时期的石雕艺术，因其随形写意、因物象形的特征代表了中国文化传统中推崇天真自然、大朴不雕的艺术理想。如庄子所言"天地有大美而不言"②，认为保持天然质朴的状态、不事雕琢就是最高形式之美。在雕刻手法和艺术语言上，以大写意的手法着力刻画一种浑厚、雄健的气魄，体现了"惟汉人石刻，气魄深沉雄大"③。这是所谓的"大

---

① 西汉时期的陵墓石兽，目前学界均认为其来源与参照正是欧亚草原民族的艺术传统。如李零认为："中国早期的陵墓建筑……特别是墓前立石（包括鹿石和石人），其实正是草原地区的传统。"参见李零：《读〈丝绸之路草原石人研究〉——兼谈欧洲石人》，《入山与出塞》，文物出版社，2004 年，第 70～83 页。林梅村认为："石人石兽在中原突兀兴起，与欧亚草原文化，尤其是阿尔泰语系游牧人古代艺术不无联系。"参见林梅村：《秦帝国大型石雕艺术的兴起》，《古道西风——考古新发现所见中西文化交流》，生活·读书·新知三联书店，2000 年，第 99～156 页。

② 《庄子·知北游》："天地有大美而不言，四时有明法而不议，万物有成理而不说。"[清] 王先谦：《庄子集解》，《诸子集成》三，中华书局，1988 年。

③ 鲁迅：《鲁迅书信集》下卷，人民文学出版社，1976 年，第 837 页。

表 1 - 5　　　　　　汉代陵墓石兽分区分期表二

时段	所在地区	类型	代表作	特征	
第一阶段：西汉时期	甘陕与晋西北	马、牛、虎、象等	霍去病墓前石刻群	随形写意、古拙、凝重浑朴、圆雕结合浮雕、线刻方式刻画，尚未出现透雕和镂空雕	
第二阶段：东汉早期（25～125年）	豫中、南与冀南	天禄、辟邪、虎、羊	洛阳孙旗屯石辟邪、伊川彭婆石辟邪	造型写实、朴实自然、典雅庄重，已出现透雕及镂空雕技术，表面处理以浮雕减地阴线刻为主	描绘写实具象，羽翼纤毫毕现
	甘陕与晋西北	翼马、羊	城固张骞墓石兽		造型写实、自然
	川渝	马	四川郫县石马		造型简练、浑厚
第三阶段：东汉中期（126～189年）	鲁中、南与皖西北	天禄、辟邪、狮、虎、羊	嘉祥武氏祠石狮、临沂石羊岭石羊	造型夸张，威猛奔放，动态十足，装饰华丽，表现手法丰富多样，以高浮雕装饰与刻画	造型方正平直，细节刻画传神
	豫中、南与冀南	天禄、辟邪、象、虎、羊	南阳宗资墓石兽、许昌襄城石辟邪		动态十足，夸张神奇，雕刻技法多样
	甘陕与晋西北	辟邪	咸阳石兽		神态生动，优美流畅，表面打磨细致
	川渝	狮	杨君墓前石狮		神态生动，优美流畅

时段	所在地区	类型	代表作	特征	
第四阶段：东汉晚期至三国时期（189～265年）	豫中、南与冀南	辟邪	唐河石羊、沁阳石辟邪	粗壮雄健，体态矫健，质朴无华，简洁概括，表面刻画仍以高浮雕为主	装饰质朴无华，手法简洁概括
	川渝	辟邪、天禄、狮、羊、马	芦山樊敏墓石兽、雅安高颐墓石兽、重庆忠县石辟邪		粗壮雄健，体态矫健，神态生动，刚柔并致

汉气象"的风格特征正式确立的时期，可归为第一阶段，也标示了墓前设置石兽制度的滥觞。

西汉时期陵墓石兽的这种特征，一方面与其承袭的艺术传统、通行的艺术样式有关，也与大时代的社会理想、审美习俗有关；另一方面也是因为当时所使用的材料和工具的限制和影响。西汉时期，虽然当时冶铁技术已具相当发达程度，但是从遗存石雕作品来看，石雕工匠使用的雕凿工具及技术水平仍处于初级阶段。当时的石雕工匠，没有足够锐利的工具完成石雕的镂空、透雕及打磨工艺，其作品的造型很大程度上受到石质材料的限制，尚不能充分自由发挥。但古代石雕工匠会尽量选用与雕塑对象外形比较接近的石材，以求用最为简略的加工、少量的雕凿完成对对象的刻画。

如霍去病墓前石雕群以"为冢象祁连山"立意，依原石天然形态因势象形雕凿而成，其中以墓前神道旁镇守石兽——立马雕塑（马踏匈奴）尤为突出。这件作品系选用一巨大整石，用象征手法描绘了呼啸嘶叫的战马将匈奴将士踏翻在地蜷缩于马下的情节，以一个瞬间动态来表现整个战争场景，将对宏大场景的叙事浓缩于具有典型特征的情节之中。石雕造型基本依原石之形，整个形态塑造得方正平直，战马头、腿均与马身轮廓浑然一体，显得古拙朴实、雄浑大气。而将马下仰身而卧的匈奴将士处理在战马四肢的空余部位，避免了镂空雕刻的难度，也更好契合了整个雕塑的风格。对细节部位的刻画，石雕工匠以浮雕结合线刻的手法来表现，在匈奴将士的面部最突出的部位如头发、胡须等作夸张变形的处理，表现其绝望挣扎而狼狈不堪的神色。从这件作品来看，当时的石雕工匠已经能够以质朴而简洁的造型语言，通过圆雕手法塑型，以浮雕、线刻绘意，达到形神兼备、惟妙惟肖的效果。类似手法在霍氏墓群雕中比较多见，如跃马，石雕工匠在其最具表现力的关键部位头部、前肢等处施以粗粝的雕凿，以浮雕及线刻手法来表现战马头部微微左仰、跃势欲起的神态。而跃马后腿蜷曲而卧，仅仅以大略的线条勾勒出基本动势，下部并不雕凿，仍将其融入石材的巨大体量中去。这种动静结合、虚实对比的效果，强化了跃马蓄势待发、即将由卧姿而一跃而起这一瞬间的动态，具有强烈的艺术效果和表现力。如卧象，伏地而卧的大象就是在一块略具雏形的巨石上加工而成，石雕工匠将最能体现其特征的象鼻做高浮雕刻画，在简练、朴拙与细致刻画之间产生对比，增添其艺术魅力。如石雕蛙，从大处着眼，以意选石，仅仅在原石的尖端以线刻出蛙嘴、蛙眼就完成了对作品的刻画，其点睛之笔犹如点石成蛙。

又如山西安邑石虎，其造型语言质朴而简练的特征体现在雕刻工匠对形象的准确把握与大胆取舍上。头部，作为能够充分表现对象面貌与情感的部位，雕刻工匠大胆着手，以高浮雕结合线刻的方式对其眼部、嘴部进行刻画。而对其四肢与身躯则概括抽象为一个整体的形态，就整个巨石略加雕琢而成，将伏地而卧之虎塑造得沉着稳健。

图 1 - 62　甘泉宫石熊　　　　　图 1 - 63　刘胜墓石俑

其他石雕作品，有西汉武帝时期设置于甘泉宫的石熊（图 1 - 62）①，上林苑昆明池中汉武帝元狩三年（前 120 年）"发谪吏穿昆明池"② 所建造牛郎、织女石像与石鲸鱼，以及太液池中之石鱼、石龟等③。近年来，昆明池牛郎（图 1 - 64）、织女（图 1 - 65）石像已被发现，现藏于陕西省长安县草堂寺④。牛郎石像通高 258 厘米，右手置胸前，左手贴腹，作踞坐状；织女石像通高 228 厘米，作笼袖姿态。这对石像，均用花岗岩雕成，其雕凿手法依然如上述石雕，以简练、朴实的圆雕结合适量的浮雕刻画，将雕塑对象刻画得浑然一体、浑厚沉着。1968 年，同时期的西汉中山靖王刘胜墓出土两对石雕男女俑（图 1 - 63）⑤，造型与雕塑手法与昆明池牛郎、织女石像非常类似。这两对石俑置于刘胜墓内安放尸体的后室门道及侧室门道之中，表

① 林梅村：《丝绸之路考古十五讲》，北京大学出版社，2006 年，第 89 页，图 5 - 14。
② ［汉］班固：《汉书》卷六《武帝纪》，中华书局，1962 年，第 177 页。
③ 何清谷：《三辅黄图校注》，三秦出版社，2006 年，第 387 ~ 388 页。
④ 孙振华：《中国美术史图像手册·雕塑卷》，中国美术学院出版社，2003 年，第 46 页，图 0145、0146。
⑤ ［美］巫鸿：《礼仪中的美术——巫鸿中国古代美术史文编》，生活·读书·新知三联书店，2006 年，第 131 页，图 7 - 9。

图 1－64 　昆明池牛郎石像   图 1－65 　昆明池织女石像

现的是门两侧侍立、守卫的仆从形象①。

所以，从上述西汉时期的石雕遗存来看，正是由于这种材料和技术手段的限制，产生了所谓的"客观简朴性"②，使得中国古代石雕艺术于它出现的初期阶段就具备了简练、意象的美学特征。

（二）东汉早期

自东汉建国（25 年）至安帝时期（107～125 年），为陵墓石兽制度正式形成的初期阶段。这一时期的石兽遗存，主要分布于关中地区、河南的洛阳及其周边地区、受关中影响的四川成都地区。由于该阶段的石兽遗存均无明确的纪年及可佐证年代的随葬材料出土，故苏健以淮阳北关一号汉墓（东汉安帝时期安寿亭侯刘崇墓，卒于 125 年）出土的石雕辟邪承盘为分段标志③，认为洛阳孙旗屯一对石兽、伊川彭婆石辟邪可归为东汉早期遗存。

---

① 中国社会科学院考古研究所等：《满城汉墓发掘报告》，文物出版社，1980 年，第 30 页，图一七。

② 孙振华：《中国美术史图像手册·雕塑卷》，中国美术学院出版社，2003 年，第 4 页。

③ 苏健：《洛阳新获石辟邪的造型艺术与汉代石辟邪的分期》，《中原文物》1995 年第 2 期。

按照这两处石兽为标准，则可将与其相类似的临潼康桥石川河石羊、城固张骞墓石兽、偃师石兽、四川郫县石马及现藏于美国纽约大都会博物馆的一对石兽归为这一时期之物。

东汉时期，由于经济、交通和对外交流的发展，来自西域（包括北印度、中亚、波斯或南亚地区）的文化因素的影响日盛。特别是自东汉明帝遣使求佛法及楚王英大兴浮屠以后，外来宗教佛教正式传入中原地区并得到了汉帝国官方的承认①。随之而传人的佛教艺术中的狮子形象也对当时的陵墓石兽产生了影响，而且外来的石雕制作技艺如高浮雕、镂空雕也在中国石雕中得到应用②。这一时期的石兽遗存，除了狮型兽开始出现之外，具有显著的西域文化艺术特征的天禄、辟邪的艺术形象也开始大量流行。这一时期石兽中如洛阳孙旗屯石兽双翼根部所装饰的连珠纹，为西汉以来中原地区造型中所未见的因素，多见于同时期的犍陀罗、马图腊艺术及波斯、中亚地区有翼兽装饰中，证实了来自西域的文化影响③。从这一时期石兽遗存所处的关中、洛阳及四川成都等地区来看，同样也是当时对外交流最为频繁、最容易接受外来影响的地区。

———————————————

① 相关记载如："世传明帝梦见金人，长大，顶有光明，以问群臣。或曰：'西方有神，名曰佛，其形长丈六尺而黄金色。'帝于是遣使天竺问佛道法，遂于中国图画形像焉。楚王英始信其术，中国因此颇有奉其道者。"参见［南朝宋］范晔：《后汉书》卷八八《西域传》，中华书局，1965年，第2922页。

② 来自西域如北印度、波斯、中亚等地的雕塑艺术以及佛教艺术品的影响，不但为中国石雕艺术提供了新的题材选择和图像样式，也为中国石雕艺术在技术上提供了参照甚至直接带来了工匠的交流。林梅村以江苏连云港孔望山摩崖造像群中的汉代圆雕石象的"永平四年四月"纪年铭文为标志，认为这是地面石雕中较早出现透雕风格的作品，因此认为："大型地面石雕的透雕艺术风格始于东汉永平四年（公元61年）。"参见林梅村：《古代中国与西方的海上交通》，《丝绸之路考古十五讲》，北京大学出版社，2006年，第93页。

③ 林梅村：《天禄辟邪与古代中西文化交流》，《汉唐西域与中国文明》，文物出版社，1998年，第96～101页。

这一时期的石兽遗存，具有以下三个方面的特征：

第一，造型写实逼真，具有朴实自然之美。如伊川彭婆石辟邪、洛阳孙旗屯石兽等，造型基本写实，适度糅合了狮虎特征，其身披之羽翼，基本忠实于鸟类原型做写实细致的模拟刻画，反映了早期石兽羽翼图像的直接来源。相类似的材料如河南永城酂城东汉墓出土的一系列画像石材料，上面描绘大量的升仙题材及带翼神兽，其羽翼同样以自然逼真的写实手法描摹鸟类翅翼①，河南地区其他画像材料如南阳市唐河针织厂虎食鬼魅画像②、四宫画像③及方城东关门兽画像④等也具有上述特征。

第二，庄重典雅，体现了墓前仪仗的威严感。如美国纽约大都会博物馆藏石兽，呈昂首挺胸状，阔步行进立于底座上，显得雄健威武。

第三，雕塑手法朴实，装饰以阴线刻画为主。上述几件石兽，对石材的应用已较西汉时期更为主动，在同一件作品中，圆雕、浮雕、透雕、线刻等技法都得了充分应用和展现。但是在石兽表面的处理上，仍然以减地阴线刻绘的方式来表达，尚未见光面打磨技术的应用，如偃师石兽、临潼石羊、四川郫县石马即为例证。

（三）东汉中期

自顺帝时期（126～144 年）至灵帝时期（168～189 年），这

---

①　中国画像石全集编辑委员会：《中国画像石全集 6·河南汉画像石》，河南美术出版社，2000 年，第 48～53 页，图版七○～七六。

②　中国画像石全集编辑委员会：《中国画像石全集 6·河南汉画像石》，河南美术出版社，2000 年，第 2、10 页，图版三、一○。

③　中国画像石全集编辑委员会：《中国画像石全集 6·河南汉画像石》，河南美术出版社，2000 年，第 15 页，图版二○。

④　中国画像石全集编辑委员会：《中国画像石全集 6·河南汉画像石》，河南美术出版社，2000 年，第 31 页，图版四四～四五。

一时期，各地材料蔚为丰富，遍布汉代石兽遗存的主要区域，如山东、河南、陕西、河北、安徽等地。山东嘉祥武氏祠前石狮因有明确纪年可知为东汉桓帝建和元年（147 年）；临沂石羊岭石羊为顺帝永和五年（140 年）；平顶山墓石辟邪据《汉吉成侯州辅碑》残文，可知墓主人州辅死于桓帝永寿二年（156 年）①；城固李固墓前石兽及南阳宗资墓前石兽因其墓主人生平可了解其大致年代分别为桓、灵时期②；曲阜孔林石兽，发现者依据其距东汉博陵太守孔彪墓不远，认为应为其墓前石兽，故可知雕造于东汉灵帝建宁四年（171 年）③；洛阳孟津石象雕饰华丽、繁复，具有这一阶段的特征，杨宽认为或为恭陵、宪陵、文陵之物，故也归入这一阶段。除去上述材料，尚有洛阳孟津石辟邪、南阳东关石辟邪、南阳王村石兽、南阳芩彭村石辟邪、许昌榆林石辟邪、许昌襄城石辟邪、咸阳石辟邪、泗水鲍王村石兽、临淄刘汉所作石狮、山东博物馆藏石兽与石羊、青州石羊、淄博石羊、博兴兴福村石兽、河北内丘十方村石兽、内丘吴村石兽、安徽临泉石兽等。

这一阶段，东汉帝国已立国近百年，国家趋于稳定，经济、文化、科学技术等方面都大为发展。但政治上则愈加腐败，形成了宦官与外戚专权的格局。特别是桓、灵之际，豪强官宦财富充分积累，纷纷大起墓冢，雕刻之风日炽。这一时期石刻造型不但承袭了西汉至东汉早期石兽豪迈博大的气势，更是通过细节的描绘充溢着夸张、神奇的浪漫色彩。滕固认为："东汉时代，生活丰裕，习尚浮文，把一种典雅优丽的素质赋予充溢活力的艺术作

① ［宋］洪适：《隶释》，《隶释·隶续》，中华书局，1986 年，第 178 页。

② 李固死于桓帝建和元年（147 年）："畏固名德终为己害，乃更据奏前事，遂诛之，时年五十四。"［南朝宋］范晔：《后汉书》卷六三《李固列传》，中华书局，1965 年，第 2087 页。

③ 冀亚平：《孔彪碑——饮冰室藏》，浙江古籍出版社，2006 年。

品上；即于其时代崇高向上的精神中调味了一层丰厚的享乐色彩。所以其雕刻的特质蔓延着缠绵的情绪；而其形式，用起伏中节的线纹润色实物，倾向于璀璨的理想。"① 这一时期的材料，尤以洛阳孟津石辟邪、宗资墓前石兽和许昌榆林、襄城石辟邪及内丘石辟邪最为典型，其形态融合狮虎特征，身躯以大跨度的 S 形曲线塑造，昂首挺胸，怒目圆睁，头微微倾斜而张口怒吼，身披羽翼，恰如"延颈协翼、势如凌云"②。这些石兽，均身披刻画精细的半月形羽翼，雕饰细致而华丽，整体风格与南京麒麟铺刘宋石麒麟非常接近，为南朝石兽年代最为接近、形态最为相似的范本。

其时陵墓石兽呈现以下几方面的特征：

第一，造型夸张，富于想象，表现神怪灵异、变幻莫测之感。如洛阳孟津石辟邪及宗资墓前石兽皆具此特征，特别突出的是其身披之双翼，为高浮雕状减地雕饰呈半月形，翼尖上翘呈向前回翻的趋势，使得石兽犹如飞奔驰骋于云气之间。安徽阜阳城郊赵王营曾出土过一件铜铸狮型辟邪形器座（图 1 - 66）③，仍具有上述造型特征。该辟邪的造型风格，灵巧活泼，飞动洒脱，相对第二期末的淮阳北关石雕天禄（承盘）更加生动传神，也更加接近孟津出土的石辟邪。苏健认为其铸造年代当晚于石雕天禄，早于孟津石辟邪，故将其定为顺帝前期遗物④。

第二，威猛奔放、开张扬厉，体现一种生动、夸张的灵动之感。如咸阳石辟邪、嘉祥武氏祠前石狮、许昌榆林石辟邪等，威

① 滕固：《霍去病墓上石迹及汉代雕刻之试察》，《滕固艺术文集》，上海人民美术出版社，2003 年，第 279 页。

② ［汉］蔡邕：《篆势》，《汉魏六朝书画论》，湖南美术出版社，1997 年，第 39 页。

③ 刘海超：《阜阳博物馆藏品简介》，《文物天地》2000 年第 1 期。

④ 苏健：《洛阳新获石辟邪的造型艺术与汉代石辟邪的分期》，《中原文物》1995 年第 2 期。

图 1 - 66　阜阳辟邪形器座

图 1 - 67　武梁祠荆轲刺秦王画像

图 1 - 68　南阳斗牛画像

图 1 - 69　马踏飞燕

猛雄奇而又动感十足。这种对动势的刻画、夸张的表现在这一时期的汉代艺术中极为常见。如武梁祠石刻画像中荆轲刺秦王图像（图 1 - 67）①，各种形式、各个方向的动态将人物的各种动势描绘得纷繁复杂，非常完美地体现了主题。又如河南南阳斗牛画像石（图 1 - 68）②，相向对持的人和牛，动态夸张变形，欲聚还离的情节和气氛产生了一种纠缠强烈的运动感。在同时期其他材料艺术品中，如甘肃武威雷台出土铜奔马（马踏飞燕）（图 1 - 69）③，飞马三足腾空，一足踩在正在展翅疾飞的鸟背上，雕塑家以夸张的表现手法，以一个运动中的瞬间来描绘整个连贯的过程，具有

---

① 中国画像石全集编辑委员会：《中国画像石全集 1·山东汉画像石》，山东美术出版社，2000 年，第 56 页，图版八〇。

② 中国画像石全集编辑委员会：《中国画像石全集 6·河南汉画像石》，河南美术出版社，2000 年，第 172 页，图版二一〇。

③ 孙振华：《中国美术史图像手册·雕塑卷》，中国美术学院出版社，2003 年，第 78 页，图 0261。

强烈的运动感。

第三，装饰华丽、繁复瑰丽。孟津石辟邪、石象及宗资墓石兽皆属此类。其头部、羽翼细节的刻画，以繁复的高浮雕线刻形式排布，而且由于表面打磨工艺日臻成熟，使得这一时期的石兽更加栩栩如生。除此之外，在 1974 年四川灌县（现成都市都江堰市）都江堰所发现的秦蜀郡太守李冰石像（图 1 – 70）①上，仍可窥见这种细节的刻画和打磨细腻的风格。该雕像制作于东汉灵帝建宁元年（168 年），石像通高 290 厘米，重约四吨，作拱手直立姿势②。整个雕像以灰白色砂岩雕凿而成，造型粗壮稳重，雕刻手法朴实、洗练。其面部及周身衣纹以流畅生动的线条刻画得生动自然，再以细腻的打磨工艺进行加工，表现出一位肃穆恭俭而雍容大度的太守形象。

（四）东汉晚期至三国时期

东汉帝国最后阶段直至三国、西晋之交，是中国历史上一个大的动荡时期，即汉少帝、献帝时期（189~220 年）至三国时期（265 年）。这一时期的石兽，以四川、重庆、河南三地为主。可明确建造年代的如汉献帝建安十年（205 年）芦山樊敏墓石兽及建安十四年（209 年）雅安高颐墓石兽，芦山县还有其他石兽七件及石胚胎一件，仍可认为与樊敏墓石兽为同一时期之物。芦山樊敏墓及雅安高颐墓石兽由于其原始位置变动不大，且其墓葬建筑体系中的其他构件如石阙、墓碑等尚有部分存留，同时墓葬中也伴有较为丰富的随葬器物，前者有石阙、石碑、石兽、石俑及石楼等③，后者更有石阙、石碑、石兽及坟茔存世且基本位于原始

① 孙振华：《中国美术史图像手册·雕塑卷》，中国美术学院出版社，2003 年，第 56 页，图 0177。

② 四川省灌县文教局：《都江堰出土东汉李冰石像》，《文物》1974 年第 7 期。

③ 李军：《芦山的东汉石刻》，《四川文物》1994 年第 6 期。

图 1 - 70　李冰石像　　　　图 1 - 71　芦山石俑

位置。这些材料，无疑为我们了解当时墓葬形制、基本配置关系
及墓前石兽所处位置和作用提供了比较可靠的依据①。特别是芦
山樊敏墓附近所出镇墓石俑一对（图 1 - 71）②，其一为持锸执箕
的管理墓上祭祀及松柏的亭长，其二为执斧捉蛇的镇墓神③。这
两件石俑，高度在 120 厘米左右，以红砂石结合浮雕、线刻工艺
在大的体面上浅浮雕制作而成，其粗粝朴实、简洁的效果与其他
墓前石兽非常类似。

①　对东汉时期通行的墓前神道设置状况的复原，见本书第二章。
②　雅安市文物管理所等：《雅安汉代石刻精品》，四川人民出版社，2005 年，
　　第 57 页。
③　四川地区汉代墓葬中的这类形象，传统的看法认为有手持戟盾逮捕盗贼、守护墓
　　门的亭长，有手持绳索和斧钺逮捕盗贼的求盗，也有手持锄或帚从事亭的扫除任
　　务的亭父等。参见闻宥：《四川汉代画像选集》，群联出版社，1955 年；高文：
　　《四川汉代画像砖》，上海人民美术出版社，1987 年。也有学者认为这类形象的意
　　义应为执斧捉蛇、镇邪驱魔的镇墓神和专司管理墓上祭祀和种植松柏的亭长。参
　　见唐长寿：《四川崖墓画像石考释四则》，《四川文物》1988 年第 6 期；刘增贵：
　　《汉代画像阙的象征意义》，《中国史学》2000 年总第 10 号；〔日〕佐竹靖彦：
　　《汉代坟墓祭祀画像中的亭门、亭阙和车马行列》，《中国汉画研究》第一卷，广
　　西师范大学出版社，2004 年。笔者认为，后一类观点有效地解释了汉代墓地建造
　　体系中出现这类形象的意义和作用。

另外，这一时期遗存还有四川凉山好谷石羊，当时发掘报告撰写者认定为东汉晚期之遗物，并有标示献帝初平三年（192年）的越巂太守碑及其他石刻材料为佐证①。同时，在好谷石羊附近，考古工作者还发现了石阙顶三件，从阙顶的凹槽来看，可以肯定为重檐型墓阙，与石羊一起应该构成了当时西南地区较为通行的墓前神道样式。由此也说明，当时"中原文化的影响通过汉族官吏和民众已深入到相对边远的西南腹地"②，甚至影响到了更为边远的越巂郡等地。

除去上述可考材料外，其他遗存依据本身形制及造型特征仍可归入这一时期，计有禹县石辟邪、唐河石羊、沁阳石辟邪、叶县石辟邪等。重庆忠县石辟邪则为这一时期最晚阶段的遗物，其整体外形特征、大跨向前的动态、羽翼的表现形式均与芦山樊敏墓前石兽类似。唯其身躯更为修长与灵动，兼具四川石兽和河南石兽之特点，估计应为蜀汉甚至西晋早期墓葬之物。忠县石辟邪附近，曾先后发现了多处东汉中后期至魏晋时期石阙③，这也证实了当时四川、重庆等地石兽设置的通行惯例和形式特征。

这一时期的石兽，以下两方面的特征尤为显著：

一是石兽大多身披羽翼，形态融合狮虎特征，表现一种神异、威严的感觉。类似图像也出现于临近地区的一系列材料中，如雅安高颐墓阙身上的带翼兽，芦山姜城遗址出土的带翼兽城门

_____

① 凉山彝族自治州博物馆等：《四川凉山州昭觉县好谷乡发现的东汉石表》，《四川文物》2007 年第 5 期。

② 霍巍：《四川东汉大型石兽与南方丝绸之路》，《考古》2008 年第 11 期。

③ 重庆市忠县长江沿岸先后发现了众多汉代石阙，有丁房、无铭、乌杨及邓家沱石阙等，并在其临近的万州发现武陵石阙，目前均陈列于重庆中国三峡博物馆和忠县文管所等地。据记载，陈列于忠县土主庙的丁房阙是宋代时从原忠州西南 15 里处迁来，在汉晋时期应该和无铭阙、乌杨阙及邓家沱石阙相邻不远，上述石阙均应与乌杨石辟邪具有一定的关联关系。

构件，芦山王晖画像石棺上的带翼龙浮雕，雅安点将台汉墓出土的辟邪插座，以及重庆忠县邓家沱石阙身上的天马、天禄浮雕等。霍巍等在《战国秦汉时期中国西南的对外文化交流》中列举了大量材料，并指出："四川地区在进入到东汉以后，有翼神兽的图案流行各地，从高级官吏如高颐、樊敏等，直到一般士民阶层，都流行在死后的世界中表现这类有翼神兽。其目的，大概是企图通过这类有翼神兽，将自己带入到理想中的'天国'，这与汉代流行肩生双翼或身具羽毛的'羽人'（即仙人）图像，应是基于共同的神仙观念。"[1]　而且，以狮型带翼石兽形象出现较多，不但在墓前石兽中出现，而且在其他墓地画像中也有类似题材出现，如四川新都王稚子二阙画像中的狮子与大象浮雕等[2]。带翼狮子和狮子图像在这个阶段大量出现，说明了随着汉代中西文化交流的频繁，来自西方的文化影响日益深入。

　　二是石兽总体造型以简练、质朴为主。这一时期的石兽造型语言，较前一阶段表现已显得比较省略简练。四川、重庆、河南三地材料中，以四川地区遗存最为丰富、突出，这与当时整个四川地区少受战乱困扰、相对稳定的局势息息相关。同时，河南南阳及其周边地区依然有石兽材料存世，仍然表现出很大的地域差别，河南石兽较为华丽而矫健，四川石兽则相对质朴而雄健。特别是雅安蜀郡太守高颐墓前石辟邪，表现为"粗壮雄健，质朴无华，简洁概括，整体造型平直浑圆，刚柔并致"[3]。石雕工匠运用了适度夸张的手法，塑造一个形类狮虎、肩生羽翼的神化动物。向前迈开的前肢略显松软，而正蓄势而起的后肢则相对粗壮健

---

① 　霍巍、赵德云：《胡人俑、有翼神兽、西王母图像的考察》，《战国秦汉时期中国西南的对外文化交流》，巴蜀书社，2007年，第166页。

② 　沈福伟：《中西文化交流史》，上海人民出版社，2006年，第69页。

③ 　苏健：《洛阳新获石辟邪的造型艺术与汉代石辟邪的分期》，《中原文物》1995年第2期。

硕，将石兽正缓慢迈步而前的动态刻画得栩栩如生，显现其雄浑
庄重和令人震惊的威慑力量。这虽然是一个时代结束阶段的表
现，但也充溢着汉代艺术所特有的雄浑博大、威猛奔放的气势，
体现出一派激昂奋进的大汉气象。

三、小结

汉代陵墓石兽的区域分布，基本表现出与汉代画像石的一致
性。笔者将其划分为四个区域：鲁中、南与皖西北地区；豫中、
南与冀南地区；甘陕与晋西北地区；川渝地区。各个区域内石兽
表现出较为明显的风格特征及地域特色，也与各地经济、文化发
展状况相一致。

从汉代陵墓石兽的发展来看，西汉时期为第一阶段，是陵墓
石兽肇始期。在制作工艺上，因雕凿工具及技术水平等条件限
制，无法完成石雕的镂空、透雕及打磨工艺，显现出拙朴、简洁
的风格。第二阶段为东汉早期，技术的发展及石雕工艺的进步使
得透雕、镂空雕得到应用。同时，外来的狮子形象及带翼兽图像
对当时的陵墓石兽产生了影响。第三阶段为东汉中期，石兽造型
通过精细的打磨工艺、细节的细致刻画，表现出细致而华丽的风
格。东汉晚期至三国时期为第四阶段，其中以四川地区石兽丰富
而突出，融合狮虎特征的有翼神兽材料多见而密集，说明了随着
汉代中西文化交流的频繁，来自西方的文化影响日益深入。

第二章 汉代陵墓石兽制度及其渊源

在本章中，将以陵墓神道石兽为着眼点，对两汉时期的陵墓石刻制度进行初步讨论，分析其制度内容、起源及对后世的影响。

陵墓神道石兽，是陵墓石雕群中最具代表性和特殊意义的一部分，是被视为"象征生命"之"石象生"的重要组成部分。这些石制兽类，通常被设置于供墓主人灵魂出入的神道两侧和通往墓地大门的起始点，标示着墓主生前所享有的护卫、仪仗礼仪，并起着提供役使、驱逐凶胁的作用①。

两汉时期的陵墓石兽造型规范和设置制度，早在春秋、战国时期，就已初现端倪。西汉初期承袭秦制，有了比较规范的陵寝制度，开始设置具有"起居、衣冠、象生"之备的陵墓附属设施。自西汉中期开始，先秦时期各地墓葬中散见的以镇邪驱魔为目的的镇墓俑、兽开始出现于墓冢地面，成为陵墓石兽最早的形式。而至东汉，随着陵寝制度的逐渐完善，

---

① 杨宽认为，墓前神道列置石人是作为墓主人的警卫和仪仗侍从，陈列石兽是为了象征吉祥和驱除鬼怪。参见杨宽：《关于古代陵寝制度若干问题的探讨》，《中国古代陵寝制度史》中编，上海人民出版社，2008年，第143页。

图 2 - 1　秦始皇骊山陵

厚葬观念的不断普及，帝王陵墓前开设神道，通过对宫苑建筑体例及仪仗护卫雕刻造像的全力仿效，陵园墓前列置石人和石兽更是形成完善的制度，并为朝野上下广为效仿，蔚为风行。这直接开启了南北朝陵墓制度之标准，并为中国古代陵墓石刻制度奠定了完善的规制基础①（图 2 - 1）②。

第一节　中国古代陵墓石兽的起源

中国古代先民们相信，死亡并不是生命的终结，而仅仅是灵魂与肉体的分离而已，而这个脱离了肉体的灵魂又具有与活着的

---

① 王鲁豫将中国古代陵园石雕艺术的发展基本分为三个时期。一、诞生期。从战国时代开始出现到秦代基本明确设立陵墓石雕时期，但这一时期没有固定的造型规范和制度，除从文献记载中可以得知以外，尚无明确的实物佐证。二、规制期。从西汉建立基本造型规格制式、产生基本艺术风格和品类特征，经东汉时期的竞相发展，陵墓石雕规制逐渐趋向丰富和完善，并于南北朝时期发生南北分化而各具独自特色的时期。南方一脉的艺术风格走向辉煌的极致，而后终结；北方一脉的基本规制和艺术风格为唐代继承。三、完备期。唐代继承北朝规制而进一步全面确立这一造型体系，成为陵园石雕艺术发展的中转点。唐代以后，宋元明清至民国初年，这一体系始终保持风格多样前提下的完备状态。参见王鲁豫：《汉晋南北朝墓前石雕艺术》，北京广播学院出版社，1992 年，第 1 页。

② 杨宽：《中国古代陵寝制度史》，上海人民出版社，2008 年，彩图。

人同样的意识和意志。这种灵魂不灭、魂魄分离、鬼犹求食的观念由来已久，影响并支配了古代的丧葬礼俗和祭祀活动，并随之产生了原始的墓葬礼仪制度。

考古发掘所获材料表明，自距今五六千年前的仰韶先民在安置逝者的瓮棺上钻小圆孔以供灵魂出入①（图2-2）②，原始部民在埋葬族人的冢穴中遍撒赤铁矿粉，在木制棺椁内撒置朱砂③等材料用以强化"永生"开始，就诞生了最早的墓葬习俗及原始礼仪。而随着社会的进步，"以生人为殉"殉葬制度的逐渐淡化并被各类"象生"所替代，则出现了陶制、木制乃至石制的俑殉④，开始有了作为明器的俑类雕塑艺术的产生。随着保护魂魄、镇邪驱魔思想的发展到死后和来世升仙观念的逐渐成熟，出现了设置于墓室之内的各类镇墓俑、兽及仿效仙界情形的刻铭。

到目前为止，全国各地的各类考古发现已将中国陵墓石刻的源头追溯到公元前13世纪甚至更为遥远的新石器时代晚期。在红山文化、巫山大溪文化、石家河文化及山东滕州大汶口遗址、安徽含山凌家滩遗址中都相继出土了最早的玉质或石质动物、人物，如玉龙、玉猪、玉人面、人头像等。1999年，在湖北三峡库区柳林溪遗址还发现了坐式人像，说明我国雕塑工艺发展源远流长⑤。至商王武丁时期，中原地区已经出现了较为规范成型的石雕

---

① 中国社会科学院考古研究所：《中国考古学·夏商卷》，中国社会科学出版社，2003年，第99页。

② 仰韶文化儿童瓮棺，约公元前3500年，长65厘米。1978年河南临汝阎村出土。〔美〕巫鸿著，李清泉等译：《中国古代艺术与建筑中的"纪念碑性"》，上海人民出版社，2009年，第157页，图2.37。

③ 从远古时期的原始先民开始到夏商周三代，均有以朱砂来求吉避凶的做法，古人用朱砂涂在收殓之尸骨周围或铺于棺底，其中考古所见周代墓葬铺有厚达8厘米的朱砂。参见李玉洁：《先秦丧葬制度研究》，中州古籍出版社，1991年。

④ 李玉洁：《先秦丧葬制度研究》，中州古籍出版社，1991年，第169页。

⑤ 王方：《对成都金沙遗址出土石雕作品的几点认识》，《考古与文物》2004年第3期。

图 2-2　仰韶文化儿童瓮棺

图 2-3 安阳殷墟虎首虎爪人身大型圆雕

艺术的雏形，在墓葬设置中作为"人殉"及"人牲"①的替代品或礼仪，以起勒铭、标示之用（图 2-3）②。林梅村认为："先秦石刻艺术家大概从制作编钟编磬的梓庆或梓人分化而来。凡此表明，中国纪念碑式大型石雕首先在中原兴起。"③ 这就为后来中国石雕艺术的发展奠定了初步的基础。

一、先秦时期陵墓石刻及陵墓石兽的起源

中国古代殡葬制度，及至春秋时期，虽然经历长时间的不断发展且规模日益扩大，却仍然尚为简朴。如《易经·系辞》

---

① 中国古代用人殉葬，有"人殉"和"人牲"两种，在商代中晚期甚为普遍，安阳的考古发掘及出土甲骨卜词语中有大量发现。参见黄展岳：《中国古代的人牲人殉》，文物出版社，1990 年，第 53～132 页。

② 中国社会科学院考古研究所：《殷墟的发现与研究》，科学出版社，1994 年，第 376 页，图二四〇；刘敦愿：《美术考古与古代文明》，人民美术出版社，2007 年，第 125 页，图 2。

③ 林梅村：《秦帝国大型石雕艺术的兴起》，《古道西风——考古新发现所见中西文化交流》，生活·读书·新知三联书店，2000 年，第 148 页。

所描述："古之葬者，厚衣之以薪，葬之中野，不封不树。"①
它的充分发展和基本确立应该在春秋晚期到战国中期。春秋战国
之交，是中国古代史上一个非常特殊的巨变时期。其时，周天子
威权陵夷、礼崩乐坏；各地诸侯势力不断扩张，竞相争霸而征战
不止。出于对传统权威的挑战和树立自身权威的需要，使得丧葬
建筑的宏伟程度和规模不断扩大，并且开始出现坟丘状墓葬和墓
上建筑。《周礼·冢人》"凡有功居前，以爵等为丘封之度与其树
数"②，反映的就是当时遍及各诸侯国的普遍现象。而自三代起就
已形成规范的丧葬等级制度，"至于战国，渐至颓陵，法度衰毁，
上下僭杂。终使晋侯请隧，秦伯殉葬，陈大夫设参门之木，宋司
马造石椁之奢"③。特别是在当时比较强盛的魏、楚、秦、中山等
国，大规模坟丘状墓地普遍推行，墓上建筑广泛兴起④。至此，
许多君主和大贵族都在地面起高台坟丘，有些还在墓室之上建起
高大的"享堂"，并开始有了"陵"这一称谓，作为君王坟丘的
专用名称⑤（图2-4、5）⑥。同时，传统的祖先祭拜的形式和内
容开始发生变化，有了从庙到墓、从祀宗到祭祖的演变。祭拜的
中心也开始有了从集合性的以祖先崇拜为主的宗教建筑"宗庙"

① 杨树达：《周易古意》，上海古籍出版社，2006年，第106页。

② ［清］孙诒让撰，王文锦、陈玉霞点校：《周礼正义》卷四一，中华书局，1987
　年，第1694页。

③ ［南朝宋］范晔：《后汉书》卷三九《赵咨列传》，中华书局，1965年，第1314～
　1315页。

④ 这一时期的代表墓葬有河北平山中山王墓、河南耀县顾围村魏国墓地、河北邯郸
　赵国贵族墓、安徽寿县蔡侯墓及湖北随县曾侯乙墓等。参见阎崇东：《两汉帝
　陵》，中国青年出版社，2007年，第16页。

⑤ 《史记·孝景本纪》记载："五年三月，作阳陵。"索隐："景帝豫作寿陵也。按：
　《赵系家》赵肃侯十五年起寿陵，后代遂因之也。"［汉］司马迁：《史记》卷一一
　《孝景本纪》，中华书局，1959年，第443页。

⑥ 杨鸿勋：《战国中山王陵及兆域图研究》，《考古学报》1980年第1期，图五、八。

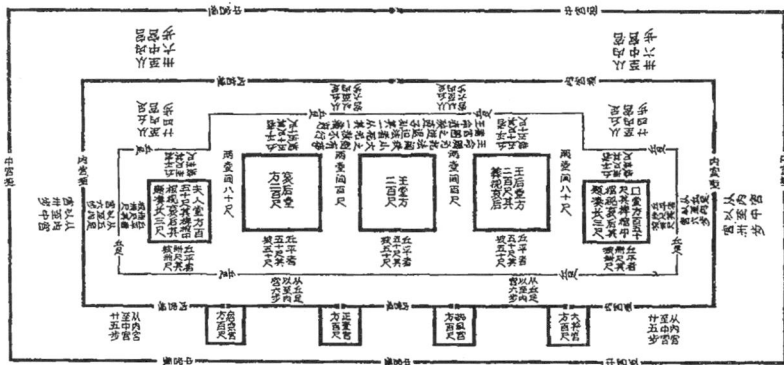

图 2-4　中山王陵兆域图

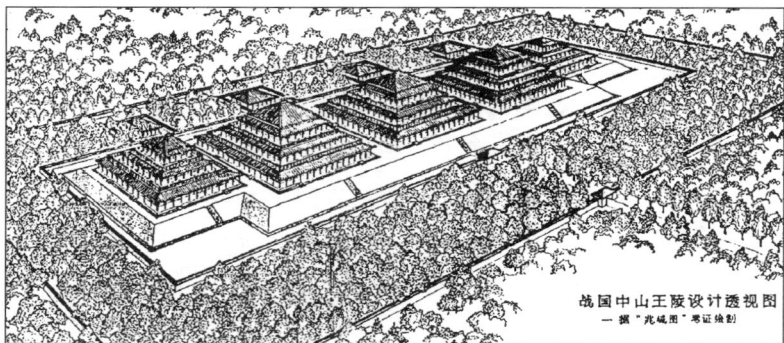

图 2-5　中山王陵全景图

转移到为彰显个人权威而设的"墓地"的趋势①，正如东汉王充所言："古礼庙祭，今俗墓祀。"②

随着高台陵丘及墓上建筑的出现，至战国晚期到秦帝国时期，在楚地最早出现的各类镇墓俑的影响下，吸纳其以镇墓驱邪

① 〔美〕巫鸿：《从"庙"至"墓"——中国古代宗教美术发展中的一个关键问题》，《庆祝苏秉琦考古五十五年论文集》，文物出版社，1989 年，第 98~111 页。
② 〔汉〕王充：《论衡》，上海人民出版社，1974 年，第 469 页。

为目的的设置意义（图2-6）①，一
些地方开始出现了以镇墓、驱避为主
要目的的墓上及墓前石雕。虽然，这
一时期的石雕象生，仅见于文献中的
零星记载而且无固定的规范和设置形
式，但其造型样式及使用功能已经开
始接近于两汉时期分列于墓前的石刻
兽类。随后，伴随着陵墓制度的不断
发展并日趋成熟，墓葬装饰对各类立
石、勒铭以及宫苑雕刻设置的借鉴，
石雕侍卫、神兽等开始出现于陵园墓
地及墓前神道。

图2-6 战国彩漆木
双头镇墓兽

由于年代久远，先秦时期各地的陵
墓地上建筑及陵园设施均早已湮没不
见。目前仅可从历代典籍及文献中搜寻到关于陵墓石兽的一些语焉不

① 战国时期南方的楚国普遍流行漆镇墓兽，漆镇墓兽主要出土于河南、湖北、湖南
三省的战国楚墓中，尤其以战国中期墓葬出土的居多。主要安置于较为大型的墓
葬中，一墓仅放置一个漆镇墓兽于墓葬的头箱内，为墓主人起镇墓驱邪的作用。
镇墓兽以其方形器座和以凸眼、口吐长舌为典型特征的兽面及高耸的双鹿角为突
出特征。较为典型的战国时期的楚地镇墓兽形象有：1986年湖北省荆州市江陵雨
台山6号墓出土彩漆木双头镇墓神兽，以背向的两只兽头雕刻为变形的龙面，兽
头两眼鼓突，长舌外露，两头各插一对巨型真鹿角。底座上装饰以几何纹方块并
雕刻菱形纹、云纹、兽面纹等。参见湖北省博物馆：《湖北出土文物精粹》，文物
出版社，2006年，第134页，图77。又如河南信阳战国墓地1号、2号墓出土的
木雕"强梁"守墓神，高均在1米以上，位于墓室的后室，为墓主人起镇墓驱邪
的作用。作为专司吞噬鬼怪、镇墓驱邪的神异怪物，形状似人身，呈坐状，首部
似兽头，头顶上部插彩绘双鹿角，张其巨型大口，白色牙齿外露，两侧还分别有
一颗獠牙，朱红色的长舌从口中吐出，下垂至其胸部，口中咬着一条巨大的木雕
蛇，作啖食状。参见河南省文物研究所：《信阳楚墓》，文物出版社，1986年，图
四一，图版五八、五九、一〇九。

详的记述，这些记述为我们提供了关于先秦时期各地陵墓石刻、石兽的粗略状况。如《吕氏春秋·安死》："今有人于此，为石铭置之陇上。"① 据此看来，起码在《吕氏春秋》成书的战国末期已经有了在墓圹之上立石为铭的习俗。《史记·吴太伯世家》集解引《越绝书》记载有吴王阖闾墓上白虎传说：吴王阖闾之冢"卒十余万人治之，取土临湖。葬之三日，白虎居其上，故号曰虎丘"②。这段文献指出，"虎丘"之得名与阖闾墓上"白虎"有关。类似记载也见于后世著作《述异记》："吴王阖闾葬于吴县，三月有白虎居其上，号曰虎丘。"③ 虎丘与阖闾墓之关系，据清代学者顾炎武考证，虎丘之名并非与墓上白虎有关，而应该与吴王阖闾之墓因山而高大者有关联④。而杨宽在此基础上认为："虎丘之名未必与阖闾葬于此地有关。"⑤《述异记》还介绍了春秋时期越国名臣文种⑥墓前石刻："广州东界有大夫文种之墓，墓下有石为华表柱、石鹤一只。种即越王勾践之谋臣也。"⑦ 但文种墓地石刻，除此记载之外，尚无其他文献及明确证据可证实，故历来对该文所述石表柱、石鹤，均认为后人附会成分更多一些。北魏郦道元在其

---

① 陈奇猷：《吕氏春秋新校释》，上海古籍出版社，2006 年，第 542 页。

② ［汉］司马迁：《史记》卷三一《吴太伯世家》，中华书局，1959 年，第 1468 页。

③ ［南朝梁］任昉等：《述异记·世说新语》，吉林出版集团有限责任公司，2005 年，第 265 ~ 278 页。

④ 顾炎武《日知录》卷一五"陵"条："……而吴王阖闾之墓亦名虎丘。盖必其因山而高大者……"转引自杨宽：《中国皇帝陵的起源与变迁》，《中国古代陵寝制度史》上编，上海人民出版社，2008 年，第 14 页。

⑤ 杨宽：《中国皇帝陵的起源与变迁》，《中国古代陵寝制度史》上编，上海人民出版社，2008 年，第 14 页注释 1。

⑥ 文种（? ~前 472 年），字会、少禽，一作子禽，春秋末期著名谋略家，楚国郢城（今湖北江陵附近）人，后定居越国。越王勾践的谋臣，助勾践灭吴后，自视功高，为勾践所不容，受赐剑自刎而死。参见［汉］司马迁：《史记》卷四一《越王勾践世家》，中华书局，1959 年。

⑦ ［南朝梁］任昉等：《述异记·世说新语》，吉林出版集团有限责任公司，2005 年，第 278 页。

《水经注》中曾描述过西周宣王时名臣仲山甫[1]陵墓石兽："中山夫人祠南有仲山甫冢，冢西有石庙，羊虎倾低，破碎略尽。"[2] 郦道元所记仲山甫陵墓石兽究竟是西周时所作，还是两汉时因后人纪念其人所为，目前已无法得以详考。但是，随着相关考古工作的不断推进，一些新材料的出现，使得我们开始重新审视一些旧的看法和原有的结论。

20 世纪 20～30 年代，在河南安阳殷墟的发掘工作中，侯家庄、武官村一带的大墓及著名的商王武丁之妻妇好墓中相继出土一批较为大型的圆雕艺术品，如石虎、石牛、石龙、石双伏兽雕、虎首虎爪人身兽、大理石雕刻大石磬以及数量众多的玉雕人像等，其尺度巨大者甚至长达 1 米左右（图 2－7）[3]。这批玉雕人像及石兽，虽然在墓葬中的摆放地点可能有所变动甚至缺失[4]，所幸有侯家庄 HPKM1500 大墓的几件石雕尚留在原地，通过对其所处位置与组合关系的考察，其意义与作用应该可以得到揭示。从当时发掘所呈现的面貌来看，该墓为四条墓道大墓，四条墓道呈十字形交叉于正方形墓室（图 2－8）[5]。东、西、北三条墓道

---

[1]　仲山甫，即仲山父。周太王古公亶父的后裔，周宣王元年（前 827 年），受举荐入王室，任卿士（相当于后世的宰相），位居百官之首，封地为樊，从此以樊为姓，为樊姓始祖，所以又叫"樊仲山甫"、"樊仲山"、"樊穆仲"。正义引毛苌云："仲山甫，樊穆仲也。"《括地志》云："汉樊县城在兖州瑕丘县西南三十五里，古樊国，仲山甫所封也。"参见［汉］司马迁：《史记》卷四《周本纪》，中华书局，1959 年，第 145 页。

[2]　《水经注》卷二四《瓠子河》，参见［北魏］郦道元著，陈桥驿校证：《水经注校证》，中华书局，2007 年，第 575 页。

[3]　中国社会科学院考古研究所：《殷墟的发现与研究》，科学出版社，1994 年，第 371 页，图二三二。

[4]　安阳侯家庄等地的商代墓地在历史上曾经多次遭到盗扰，所以很多器物如大理石雕刻、体积较大的铜器都"不是在原处而是在被盗后墓道的填土中"。李济：《安阳》，《中国现代学术经典·李济卷》，河北教育出版社，1996 年，第 515 页。

[5]　中国社会科学院考古研究所：《殷墟的发现与研究》，科学出版社，1994 年，第 106 页，图五五。

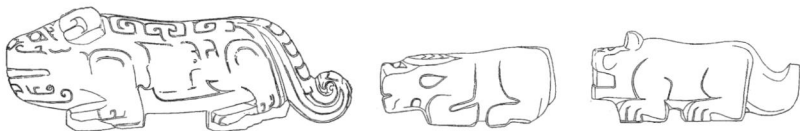

图 2 - 7　殷墟侯家庄大墓出土石虎、石牛及石龙

均有台阶，在西墓道中仍残留大理石门臼及一些礼仪类的木器，据此估计这三个墓道均有可以闭合的石门；而南向的墓道为缓慢的由外向墓室的斜坡形，说明南墓道应为墓主人所面对的主要出入通道。南墓道中残留了石虎、石牛及石龙，其排列方式为依次由南到北，两两相对，头北尾南东西并列而设置。特别是在排在首位的石虎南端 4.42 米处，陈列一件石俎，作为整个墓前礼仪程序的开端。当时的发掘报告撰写者已经认识到这些石刻制品所呈现的现象及其所象征的意义："石刻兽象是牺牲较永久的代用品，石俎是放置已经腐化了祭品的家具。"[①]

笔者认为，侯家庄大墓中的这些石雕象生的设置与组合关系，为之前所未见，其实具有与后世墓上建筑前所列置的石象生相类似的意义和作用：身处地下世界的墓主人，在分列于墓道两旁的镇墓石兽的护卫下，驱避了鬼魅的侵扰，来到墓道前端的石俎前

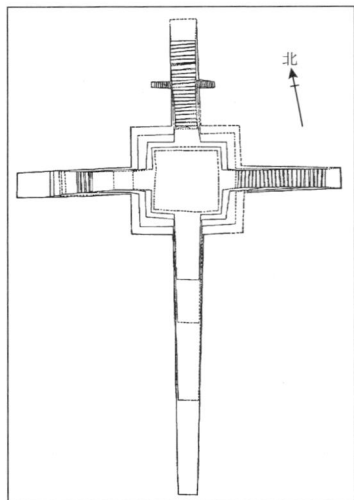

图 2 - 8　殷墟侯家庄
HPKM1500 大墓平面图

① 梁思永、高去寻：《侯家庄·1500 号大墓》，（台北）"中央研究院"历史语言研究所，1974 年，第 43 页。转引自中国社会科学院考古研究所：《殷墟的发现与研究》，科学出版社，1994 年，第 370 页。

去享用后人供奉给他的祭品。

　　类似的墓内设置，也见于西汉时期的墓葬中。陕西西安龙首原 92 号西汉墓[①]及西安十里铺西汉墓[②]中，均出土了带有羽翼的兽型器座。这类器座，虽然并不具备与后世墓上神道石兽类似的镇守职能，但是从其在墓葬中的位置及其与其他随葬器物的组合关系来看，它是沿着墓葬中轴线对称列置于墓道两侧的礼仪物品。在西汉中期诸侯王刘胜为自己所建规模宏大的崖墓中，这种中轴线对称设置的"神道"自陵山外一直贯通至墓内，抵达安放刘胜灵柩的中央墓室。而且，在其墓冢中出现的两对石俑，不论从其位置关系，还是从设置意义与表现形态上，都能够使我们将其与东汉各类陵园神道石雕联系起来考虑。

　　所以，从上述材料来看，汉代墓葬建筑体系的神道石兽与殷墟石雕兽乃至西汉墓内器座的设置理念与基本模式是有共同之处的。

　　另外，殷墟墓葬中各类大小不一的石雕类俑像也为人所瞩目，但是其后很长时间，各地尚未有类似的发现。直到 20 世纪晚期成都平原的几次考古发掘中，又出现了一些与之相类的石雕制品，非常引人注目。先是在广汉三星堆的考古发掘中[③]，后在成都市内的方池街四川省总工会建筑工地上[④]，均发现了形态特征类似的"双手倒缚的石雕奴隶跪像"（图 2 - 9）[⑤]。2001 年，在成都市西郊的金沙遗址发掘中，又出土了一批石雕殉俑，有石

① 西安市文物保护考古所：《西安龙首原汉墓》甲编，西北大学出版社，1999 年，第 120 ~ 122 页。

② 高曼：《西安地区出土汉代陶器选介》，《文物》2002 年第 12 期。

③ 四川省文物考古研究所：《三星堆祭祀坑》，文物出版社，1999 年；陈显丹：《广汉三星堆遗址发掘概况、初步分期——兼论"早蜀文化"的特征及其发展》，《南方民族考古》第二辑，四川科学技术出版社，1989 年。

④ 徐鹏章：《我市方池街发现古代文化遗址》，《成都文物》1984 年第 2 期。

⑤ 吴怡：《成都方池街出土石雕人像及相关问题》，《四川文物》1988 年第 6 期，图三。

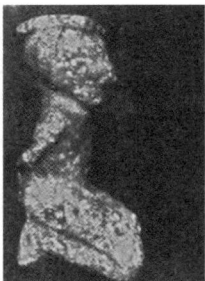

图 2-9　成都石雕奴隶俑　图 2-10　美国芝加哥美术馆藏三星堆文化石人

人、石虎、石蛇及石鳖等①。其中石雕人像多达 10 件，高度在
17～27厘米不等，均为跽坐状，双手被反绑于身后，应该也是表
现殉葬奴隶的形象，作为商代以来开始实施的人祭的代用品。而
且，当时的发掘者还认识到，三星堆及金沙石人可能来自西南
夷，其虎、蛇形象应是动物崇拜、神灵崇拜的反映，而金沙石雕
意匠直接继承沿袭了三星堆遗址石人、石虎、石蛇的象征意义②。

　　成都及邻近地区的这些发现，不但证实了在殷商时期，这种
制作石质俑像以代表"牺牲"的做法并不是偶然为之，而且为我
们了解殷墟石雕的来源提供了线索。巫鸿在比较上述三星堆石人
与殷墟妇好墓出土玉人时更得出了它来自三星堆文化的结论
（图 2-10）③，这个说法可与林梅村的认识相互补充，他认为出
现在殷墟大墓中体量巨大的双兽石雕在中原极为罕见，不一定属

_____

① 　成都市文物考古研究所等：《金沙淘珍——成都市金沙村遗址出土文物》，文物出
　　版社，2002 年，第 171 页；王方：《对成都金沙遗址出土石雕作品的几点认识》，
　　《考古与文物》2004 年第 3 期。

② 　参见王方：《对成都金沙遗址出土石雕作品的几点认识》，《考古与文物》2004 年
　　第 3 期。

③ 　〔美〕巫鸿：《眼睛就是一切——三星堆艺术与芝加哥石人像》，《礼仪中的美术
　　——巫鸿中国古代美术史文编》，生活·读书·新知三联书店，2006 年，第 70～
　　86 页，图 4-1。

于商文化，极有可能是当时北方草原部落向殷商王朝觐献的方物[①]。上述几类看法，均认为殷墟商墓中有来自各个地域及不同文化的物产。

综上所述，可以得出这样一个推断，殷商时期，在来自四面八方的多样文化因素影响下，中原地区具有纪念碑性质的墓内石雕或者墓上石雕的艺术雏形已经出现，并成为其后中国大型陵墓石兽起源的最为重要的本土文化因素。

但是，殷商时期列置于墓道中的石兽是如何呈现于墓上及墓园之中的，又是哪种文化动因催使产生了这种结果？研究者认为，战国时期开始出现了类似于后世墓碑的立石，应该与来自北方草原文化的影响有一定关系[②]。20世纪30年代，河北省平山县村民在当地七汲村发现一件石刻遗存，后据李学勤释读表明为战国时期中山国王陵墓前立石，被称为"监罟守丘刻石"[③]。虽然普遍观点认为作为北狄国家的中山王陵墓前立石传统应该与北方草原游牧民族传统丧葬习俗（图2-11）[④] 有关，但是这件材料也说明了在战国时期中原地区已经出现了竖立于墓上的石刻制品。同

① 林梅村：《欧亚草原文化对中国石雕艺术的影响》，《古道西风——考古新发现所见中西文化交流》，生活·读书·新知三联书店，2000年，第153页。

② 如李零在论及中国石刻艺术传统时认为："如果我们考虑到中国的石刻艺术传统，其早期主要还是表现在陵墓建筑上，这一点就更值得注意。因为中国的陵墓建筑，无论是土坑竖穴墓，还是木椁墓和洞室墓，它们和周围的葬俗可能都有一定关系，特别是墓前立石（包括鹿石和石人），其实正是草原民族的传统。"参见李零：《读〈丝绸之路草原石人研究〉——兼谈欧洲石人》，《入山与出塞》，文物出版社，2004年，第70~83页。林梅村也认为："石人石兽在中原突兀兴起，与欧亚草原文化，尤其是阿尔泰语系游牧人古代艺术不无联系。"参见林梅村：《欧亚草原文化对中国石雕艺术的影响》，《古道西风——考古新发现所见中西文化交流》，生活·读书·新知三联书店，2000年，第149~157页。

③ 河北省文物管理处：《河北省平山县战国时期中山国墓葬发掘简报》，《文物》1979年第1期。

④ 林梅村：《丝绸之路考古十五讲》，北京大学出版社，2006年，第41页，图3-5。

图 2-11 阿尔泰山区鹿石

时，也验证了前文所述《吕氏春秋》上"今有人于此，为石铭置之陇上"的记载。

还有一个重要的原因，可以归于中国古代丧葬思想的变化所导致其墓葬形制自身的演变。汉以后，传统的竖穴椁墓逐步开始演变为横穴室墓，在墓葬地下空间构筑立体埋葬空间，这一变化不但影响了墓葬建构体例，而且对墓地装饰及附属建筑的形成也有深远的影响。这个过程，有学者认为其墓中"通道"的形成与发展甚为关键：先是"椁内开通"使椁内各箱体连通并从最初的无方向性逐渐转变为有一定方向性设置的变化；再到"向外界开放"使得地下的埋葬空间与外界连通，墓内与墓外通道形成；最后是通过建造各种材质的多墓室构成"墓葬空间与祭祀空间的确立"，完善并确立了中轴线配置型室墓的格局①。所以，从整个墓葬建筑空间上考量，这种中轴型墓室构造的形成与逐渐完善，导致了墓葬空间与祭祀空间在结构上完全分离，在祭祀空间中开始形成了墓前神道，也开始有了墓前石兽存在的空间和理由。

而且，通过考察各时期墓内随葬器物的配置与位置关系，如前文所述侯家庄大墓、西安龙首原 92 号西汉墓、西安十里铺西汉墓及满城刘胜墓，我们仍然可以发现，中轴线型墓室空间形制与汉代墓上神道的形成应该是有前后因果关系的。这种改变对墓园基本建造体例产生的影响正是神道石兽所形成的一个重要因素。我们甚至

① 黄晓芬：《汉墓的考古学研究》，岳麓书社，2003 年，第 90~93 页。

可以理解为：中国陵墓神道石兽的出现，伴随着墓葬形制从椁墓到室墓的变化，其神道设置的意义和形态不断强化并且从封闭的地下逐渐浮现于地上，陵墓石兽也经历了从地下走向地上的过程。

这里，我们再回头审视《越绝书》及《述异记》中关于虎丘的记载，联系两汉时期与之类似的陵墓石虎遗存来看，是不是可以大胆推测：阖闾冢上之白虎，不但有可能存在，而且应该是后世安置于墓前为死者及其亡魂设置的具有辟邪压胜、镇墓驱祟意义上的石雕的雏形。在先秦及汉代人们的观念中，虎是可以辟邪驱魔的神物。《风俗通义》记载："虎者阳物，百兽之长，能击鸷性食鬼魅者也。"[1] 而且，在当时的丧葬仪式中，为保护丧者顺利下葬并保证其在地下世界不被食死者肝脑的鬼魅——"方良"（魍象）所侵害，习惯在护送丧者灵柩行进往墓地和入圹下葬之时，通常以人扮作方相氏形象举行仪式驱除被称为方良的鬼魅。如《周礼·夏官·方相氏》："方相氏掌蒙熊皮，黄金四目，玄衣朱裳，执戈扬盾，帅百隶而时难（傩），以索室驱疫。大丧，先柩。及墓，入圹，以戈击四隅，驱方良。"[2] 而在墓主人入圹之后，由于人们坚信魍象畏虎柏，所以墓地仍然需要有"虎和柏"之类的固定设置为墓主人镇守与驱祟。正好有北方草原民族的立石传统为墓前类似虎、柏之类的设置提供了形式上的参照，这种情况下，便出现了早期的墓地石兽[3]。

---

[1] ［汉］应劭撰，王利器校注：《风俗通义校注》下册，中华书局，1981 年，第 574 页。

[2] ［清］孙诒让撰，王文锦、陈玉霞点校：《周礼正义》，中华书局，1987 年，第 2493 页。

[3] 汉人应劭在《风俗通义》中所言墓前立兽是镇邪驱魔，作用是驱除食亡人肝脑的"魍象"，以防其对墓主人的侵犯："墓上虎柏，路头石虎。《周礼》：'方相氏，葬日人圹，驱魍象。'魍象好食亡者肝脑，人家不能，常令方相立于侧以禁御之，而魍象畏虎与柏，故墓前立虎与柏。"［汉］应劭撰，王利器校注：《风俗通义校注》下册，中华书局，1981 年，第 574 页。

二、秦帝国时期石刻及陵墓石兽

虽然远至殷商时期即有墓内安置镇守护卫的石雕兽类及石质殉俑的做法，但尚属个别现象。进入春秋战国以后，各地墓葬内部普遍开始有了安置各类殉俑及镇墓俑、兽的做法。特别是战国后期，一些诸侯国如中山、楚、秦等已经在其先王陵区设寝并在陵旁立庙。将为死去的先王所设立的"寝"从设在都邑中的宗庙中分离出来，设置在帝王陵墓边侧，在陵墓附近设庙为祭拜场地，作为一种陵寝建筑形式开始实施①。这样，出于对宫殿礼仪建筑的仿效，原来设立于陵墓内部的各类镇墓、驱邪作用的石质俑、兽逐步演变为墓上的大型圆雕。

墓上大型圆雕石兽的出现，一方面与陵寝制度的变革有关；另一方面也受当时流行的灵魂观念、墓葬思想所影响，需要制作各类俑像及神兽来供奉乃至驱邪镇魔。还有就是与当时铁器在中原各地普遍使用，社会生产能力、制作技术的提高密切相关。同时也与当时各国势力的扩展，活动范围的扩大、对外交往日益频繁有关。

尤其在战国晚期的秦国，不但是地理位置与戎狄杂处，而且本身的民族构成也是复杂多样，多种文化之间有着频繁的交流和相互影响。秦人的风俗习惯及墓葬形制，接受北方草原民族的翁

————————————————————————————

① 历来文献记载帝王陵墓设寝起自秦代，并推行于西汉。但是，据现有考古资料，其起始应在战国时期，起源更是远在商代。参见杨宽：《中国皇帝陵的起源与变迁》，《中国古代陵寝制度史》上编，上海人民出版社，2008 年，第 26 ~ 30 页。

仲、鹿石传统极为可能①。而且，其生产能力和技术水平也为大型石雕制品的制作提供了必要的条件。据文献记载和考古发现材料认定：当时的秦国，已经雕凿了一大批纪念碑性质的大型石人和石兽，仅在现在的四川成都一地就有都江堰镇水三神石②、《蜀王本纪》中所记蜀守李冰修建都江堰所造五石犀③和秦惠王造五石牛④等。文献中还记载了秦献公时期（前 384～前 362 年）在祭祀场所造大型泥塑人、兽。如《史记·封禅书》所云："栎阳雨金，秦献公自以为得金瑞，故作畦畤栎阳而祀白帝。"索隐引《汉旧仪》云："祭人先于陇西西县人先山，山上皆有土人，山下有畤。"⑤ 林梅村认为："西县人先祠'土人'似指大型泥塑人像。

---

① 对此问题，李零认为："汉代的墓前雕刻多半是石制，很多是模仿当时宫殿中的铜制品，特别是异国情调的东西，如翁仲原来是表现胡装的人像或神像，石兽也主要是表现异域朝贡的珍奇翼兽。这个传统比较连贯。"参见李零：《铄古铸今——考古发现和复古艺术》，生活·读书·新知三联书店，2007 年，第 14 页。近年更有学者认为，秦始皇陵开创的制作如此写实巨大的人物雕塑不是来源于本土传统，是受中亚的希腊化时期的雕塑艺术影响而产生的。参见〔英〕倪克鲁（Lukas Nickel）：《亚洲视野中的秦兵马俑》，《古代墓葬美术研究》第一辑，文物出版社，2011 年，第 23～40 页。

② 1975 年在都江堰曾发现过一件当时认定为汉代的石像，位于东汉灵帝时期造李冰石像不远处，为一水工形象的石人，发掘者认为应为东汉建宁元年（168 年）所造"三神石人"之一，也有学者认为其应为李冰当年建造都江堰作为外江水则的"三神石"之一。参见四川省博物馆：《都江堰又出土一躯汉代石像》，《文物》1975 年第 8 期；林梅村：《秦汉大型石雕艺术的起源》，《古道西风——考古新发现所见中西文化交流》，生活·读书·新知三联书店，2000 年，第 147 页。

③ 《华阳国志·蜀志》记载秦蜀守李冰治水都江堰，"于玉女房下白沙邮作三石人，立三水中。与江神要：水竭不至足，盛不没肩"。又记载："秦孝文王以李冰为蜀守外作石犀五头，以厌水精。"西汉扬雄《蜀王本纪》也记载："江水为害，蜀守李冰作石犀五枚，二枚在府中，一在市南下，二在渊中，以压水精，因曰石犀里也。"参见〔晋〕常璩：《华阳国志》，巴蜀书社，1984 年，第 202 页。

④ 《华阳国志·蜀志》记载秦惠王为取蜀而赠蜀王五头可以便金的石牛，而蜀王因之开金牛道。西汉扬雄《蜀王本纪》也有类似记载称秦惠王造五头石牛。参见〔晋〕常璩：《华阳国志》，巴蜀书社，1984 年，第 188 页。

⑤ 〔汉〕司马迁：《史记》卷二八《封禅书》，中华书局，1959 年，第 1362 页。

秦兵马俑和铜车马殉与秦神祠的大型泥塑人像一脉相承。"①

至秦帝国时期，这种铸造铜制神人、神兽的做法已经甚为普遍，秦始皇统一六国后，即大兴土木，营建宫室，"收天下兵，聚之咸阳，销以为钟镰，金人十二，重各千石，置廷宫中"②。其原因是秦始皇帝所见："有大人长五丈，足履六尺，皆夷狄服，凡十二人，见于临洮。……反喜以为瑞，销天下兵器，作金人十二以象之。"③ 而据《水经注》所引《广雅》及《三辅黄图》记载，秦始皇造桥时刻石为力士孟贲像以祭之及渭桥北首有忖留神像等，均为当时建造大型雕塑像的证据④。以上均表明了秦帝国时期，在地面建筑之上建造大型铜像、石像已成习俗并为之风行。

其间，石雕兽首次使用于陵墓地面石刻，则见于文献中关于秦始皇骊山陵墓石麒麟的记载。据记载，骊山石麒麟，体形庞大，高达 3 米以上。《三辅黄图》卷五有关于西汉时期离宫五柞宫中青梧观石麒麟来源于骊山秦始皇陵的记载："有石骐骥二枚，刊其肋文字，是秦始皇骊山墓上物也，头高一丈三尺。"⑤ 秦始皇骊山陵前石兽，文献记载虽仅此孤证，然有司马迁《史记·张释

———————————

① 林梅村：《秦汉大型石雕艺术的起源》，《古道西风——考古新发现所见中西文化交流》，生活·读书·新知三联书店，2000 年，第 147 页。

② ［汉］司马迁：《史记》卷六《秦始皇本纪》，中华书局，1959 年，第 239 页。

③ ［汉］班固：《汉书》卷二七《五行志》，中华书局，1962 年，第 1472 页。

④ 《水经注》卷一六引《广雅》："秦始皇造桥，铁镦重不能胜，故刻石作力士孟贲等像以祭之。"又引《三辅黄图》："桥之北首，垒石水中，故谓之石柱桥也。旧有忖留神像。"参见［北魏］郦道元著，陈桥驿校证：《水经注校证》，中华书局，2007 年，第 403 页。

⑤ 何清谷：《三辅黄图校注》，三秦出版社，2006 年，第 387～388 页。同样的记载亦见于《西京杂记》卷三："五柞宫有五柞树，皆连抱，上枝荫覆数亩。其宫西有青梧观，观前有三梧桐树。树下有石骐骥二枚，刊其肋为文字，是秦始皇骊山墓上物也，头高一丈三尺。东边者前左脚折，折处有赤如血。父老谓其神，皆含血属筋焉。"参见［晋］葛洪撰，周天游校注：《西京杂记》，三秦出版社，2006年，第 316 页。

之冯唐列传》关于汉文帝效法秦始皇骊山石椁，利用北山之石做自己死后的陵寝及石棺的记载①，可得知秦帝国有用石质材料建造陵墓的习俗，可作当年石兽可能存在的旁证。对于秦始皇骊山石麒麟，早年杨宽有不同的看法，他认为古代帝王陵前列置石麒麟的制度成型于东汉，"这种石麒麟（《三辅黄图》石麒麟），未必真是'骊山墓上物'，可能也是东汉的制作"②。但是，随着考古发掘工作的不断推进、新材料的不断丰富，为我们审视一些原来的结论提供了新的思路。1986 年，陕西凤翔秦景公墓出土一件大理石马头③，这一石兽残件则更进一步证实了早在春秋晚期，秦人已经开始制作大型石雕艺术作品。而且，在陕西凤翔秦公九号陵园又出土了 3 件小石俑，高度均在 20 厘米左右，造型粗犷，雕凿手法朴拙。虽然其放置地点和作用不详，但至少为我们提供了先秦时期已经开始制作石人石兽的新证据④。

　　20 世纪 70 年代末到 80 年代早期，秦俑坑考古队在秦始皇骊山陵西北部的郑庄发现了一处规模巨大的石料加工厂，东西长 1500 余米，南北宽约 500 米，总面积达 75 万平方米。遗址分为石料堆放区、加工区及房屋建筑区三大部分。发掘者认为这个石料厂是当时专门为建造秦始皇骊山陵所设⑤。在秦陵 K9801 陪葬坑中，还发现了打磨细腻的石质铠甲，体现了较高的工艺水准

---

①　《史记·张释之冯唐列传》：（汉文帝）"顾谓群臣曰：'嗟乎！以北山石为椁，用纻絮斫陈，蕶漆其间，岂可动哉！'集解："今案：大颜云'北山青石肌理密，堪为碑椁，至今犹然。故《秦本纪》作阿房或作郿山石椁是也'。"参见［汉］司马迁：《史记》卷一〇二《张释之冯唐列传》，中华书局，1959 年，第 2753 页。

②　杨宽：《中国皇帝陵的起源与变迁》，《中国古代陵寝制度史》上编，上海人民出版社，2008 年，第 83 页。

③　王学理等：《秦物质文化史》，三秦出版社，1994 年，第 50 页。

④　王学理等：《秦物质文化史》，三秦出版社，1994 年，第 262～265 页。

⑤　秦俑坑考古队：《临潼郑庄秦石料加工场遗址调查简报》，《考古与文物》1981 年第 1 期。

图2-12　秦陵K9801
陪葬坑石铠甲

（图2-12）①。据史料记载，秦始皇继位后不久，于公元前246年即着手营建自己的陵墓，灭六国后，更是征召各国工匠齐聚咸阳，开始大规模建造②。来自四面八方的各国工匠，带来了各个区域的文化因素和造型特征，骊山石麒麟很有可能就是延续战国时期开始出现于各地的取意以镇墓驱避的兽类石雕意匠，并作为象生安置于墓上。据此，笔者认为《三辅黄图》中所记秦始皇骊山陵石麒麟是有可能的。

三、小结

当然，对古代文献材料所记叙内容的辨别使用，一直是中国考古学及中国古代美术史研究中的一个重要话题。中国上古史，正如顾颉刚所认为，是"层累地造成的中国古史"③。对上述先秦时期各宫苑、陵墓石兽，同样也需仔细甄别辨析。首先是因为先秦至两汉时期各类史书和文献材料很多是后世对前世的记叙，这样就会有误传甚至谬传。其次，由于文献材料著录

---

① Roberto Ciarla, Araldo De Luca, *L'armataeterna*, *L'esercito di Terracotta del Primo Imperatorecinese*, White Star, 2005, p. 179.

② 《史记·秦始皇本纪》："始皇初即位，穿治郦山，及并天下，天下徒送诣七十余万人。"［汉］司马迁：《史记》卷六《秦始皇本纪》，中华书局，1959年，第265页。

③ 顾颉刚：《与钱玄同先生论古史书》，《古史辨自序》，河北教育出版社，2003年，第3~9页。

者本身所处的立场、所持的思想观念以及其行文时倾注其间的主观态度，也会导致文字的不确定性。再者，这些史书及文献中，有很多不同程度的神话、附会的成分掺杂其间。正鉴于此，对文献材料的考释必须谨慎结合考古材料、实物资料的证据使用，才能得出正确的结论。前述几种文献中关于先秦陵墓石兽的记述虽难全部确信，但是，上述考古发掘所获材料提供的证据表明：在秦帝国时期，作为祭祀、宫苑装饰、陵墓题铭雕凿了很多大型石雕艺术品。据林梅村统计，基本上可以确认有以下十几件，这些石雕分别用于帝王封禅勒铭（琅琊祭天台及泰山刻石等）、宫殿（咸阳宫青石五枝灯）、皇家园林（兰池石鲸鱼）、帝王陵园（骊山石麒麟）、桥梁（渭桥秦力士像①）等地方②。而这些石兽的存在，无疑从另一个角度为我们提供了先秦时期陵墓石雕兽可能存在的佐证。

第二节　中国古代陵墓石兽规制的形成

一、霍去病墓前石刻群与石兽规制的形成

中国古代陵园石雕，开始由偶尔为之过渡到具有特定造型规范及制式特征的常规设置，起自何时，众说纷纭。唐人封演认为

---

① 该像为林梅村认定的"石柱桥忖留神像"，亦即本书前述之"咸阳石桥石虎"。本书从姜彦文观点，认为该石虎系西汉时期陵墓石兽遗存。参见姜彦文：《地缘性与分区：汉代陵墓圆雕石兽考察》，《第二届全国高等艺术院校美术史学教育年会交流论文汇编》，四川美术学院美术学系，2007年。
② 林梅村：《秦帝国大型石雕艺术的兴起》，《古道西风——考古新发现所见中西文化交流》，生活·读书·新知三联书店，2000年，第100页。

源于秦汉时期："秦汉以来帝王陵前有石麒麟、石辟邪、石马之属，人巨墓前有石羊、石虎、石人、石柱之属，皆所以表饰坟垄如生前之象仪卫耳。"① 而《宋书·礼志》则认为起于汉代，与当时盛行朝野的厚葬之风不无关系，故云："汉以后，天下送死奢靡，多作石室、石兽、碑铭等物。"② 上文我们谈到，陵墓前设置的石质人、兽类雕塑，不但秦始皇陵及西汉诸帝王陵前可能存在，而且先秦时期也曾出现过类似的设置。只不过当时的石雕兽类，或模仿北方草原民族传统，或模拟石象生，或取意驾象畏虎，属随意而为，尚无明确的制度和规格标准。根据现有考古发现，具有比较明确的成序列设置的最早实物仅见于西汉霍去病墓（汉武帝茂陵陪葬墓）周围石刻群。

　　从陵墓制度的演变来看，墓前石兽的出现，同时也与墓葬形制的演变及墓上建筑与陵寝规模的扩大密切相关。秦汉时期的陵寝制度，东汉蔡邕在《独断》中这样描述："宗庙之制，古者以为人君之居，前有'朝'，后有'寝'，终则前制'庙'以象朝，后制'寝'以象寝。'庙'以藏主，列昭穆；'寝'有衣冠、几杖、象生之具，总谓之宫。"蔡邕并指出，陵旁设寝起自于秦始皇陵，并为西汉统治者所继承："古不墓祭，至秦始皇出寝，起之于墓侧，汉因而不改，故今陵上称寝殿，有起居、衣冠、象生之备，皆古寝之意也。"③

　　根据现有研究成果，秦始皇陵设寝、设庙，并非首创，而是在承袭秦国制度基础上的进一步发挥。作为灭六国后新建之秦帝国的起始之帝，需要建立一个专事祭祀自己的庙作为宗庙的替

① ［唐］封演撰，赵贞信校注：《封氏闻见记校注》卷六"羊虎条"，中华书局，2005 年，第 58 页。

② ［南朝梁］沈约：《宋书》卷一五《礼志》，中华书局，1974 年，第 407 页。

③ 蔡邕《独断》，转引自杨宽：《古代陵寝和陵园布局的研究》，《中国古代陵寝制度史》下编，上海人民出版社，2008 年，第 210 页。

代，而且具有非常重要的意义，所以秦始皇陵墓中对祭奉自己的
"庙"的建设非常刻意且重视。同时，在其陵旁兴建了代表"寝"
的庞大建筑，并作为一种陵寝制度开始实施。而秦汉交替时，这
种制度的顺利延续，与西汉皇室及开国元勋在灭秦之前均为闾巷
贫民有很大的关系。刘邦及其追随者，起于市井阡陌，历来没有
设立宗庙的权利和习惯，祭拜祖先的传统应该为墓祭而非庙祭。
这样，不论从维持其统治尊严出发或是习惯使然，汉承秦制显得
非常自然而明显。西汉伊始，高祖刘邦"原庙"便建于其长陵以
北，且陵内设"寝"共同构成其陵墓的规模，开始确立了西汉
"陵旁立庙"的制度①。史书中将其粉饰为其子惠帝孝道，为了便
于先王的灵魂在其陵墓接受祭拜典礼②。这样，从战国晚期历秦
到西汉初期的变革和完善，陵、寝、庙三者就结合在了一起，构
成了整个陵区的规模。

　　从汉文帝起崖墓依山为霸陵开始，利用石质材料这种更为坚
固、造价更为高昂的原料来建造墓葬，并影响了各级各类官吏豪
族甚至普通平民墓葬的建造③。其后的满城一号汉墓，归属于汉

---

① 《汉书·韦贤传》记载："自高祖下至宣帝，与太上皇、悼皇考，各自居陵旁立
庙，又园中各有寝、便殿。日祭于寝，月祭于庙，时祭于便殿。寝，日上四食；
庙，岁二十五祠；便殿，岁四祠。又月一游衣冠。"参见［汉］班固：《汉书》卷
七三《韦贤传》，中华书局，1962 年，第 3103 页。
② 《汉书·叔孙通传》记叔孙通对汉惠帝说："愿陛下为原庙渭北，衣冠（汉高祖刘邦
衣冠）月出游之，益广宗庙，大孝为本，上乃诏有司立原庙。"参见［汉］班固：
《汉书》卷四三《叔孙通传》，中华书局，1962 年，第 2124 页。
③ 石质材料的广泛使用，固然因其坚固、耐用且可以体现墓主人身份地位，同时又
因其与当时社会普遍流行的生死观相联系的材料选择有关。巫鸿认为西汉时期
大量使用石质材料制作墓葬及墓葬石刻是有其合理的思想基础的："石材一方面
与死亡有关，另一方面又与升仙有关。""西汉时期诸侯王突然风行建造崖墓，以
及墓前纪念性石雕的出现，应同样与预期死后达到永恒的观念有关。"参见〔美〕
巫鸿：《玉衣或玉人》，《礼仪中的美术——巫鸿中国古代美术史文编》，生活·读
书·新知三联书店，2006 年，第 134 页。

武帝同父异母兄弟中山王刘胜，该墓的建造时间在公元前 113 年以前①。刘胜墓引起我们关注的地方在于其依天然山势所营造的相对而立的神道门阙（陵山前方的两座山丘）与墓前神道（象征门阙的山丘之间界定了一条东西走向的中轴线通道，与墓室相垂直，在视觉上延伸进入崖墓内部与山崖内长达 20 余米的通道相贯通并且直抵中央墓室）的关系。比照其后陵墓建造体例的格局，刘胜墓的这种结构设计其实正处于从墓道开通到墓前神道呈现于地面的这一关键节点。

至西汉武帝时，伴随着帝王及贵族陵墓区建筑体系的完全成型，陵墓神道及墓前石兽开始普遍出现。所以，巫鸿认为，武帝时期，在秦始皇陵中尚深埋地下的大型雕塑，开始有了转移到地面上的倾向，成为神道两旁的护卫，仿若皇亲国戚、勋将功臣仍然围绕在皇帝身边行君臣之礼②。但汉武帝茂陵神道及墓上建筑均已湮灭不见，唯有陪葬墓之一的霍去病墓作为目前仅见墓前石刻群的西汉墓葬，为我们了解当时的状况提供了依据（图 2－13）③。

骠骑将军霍去病，为西汉武帝时期名臣，公元前 117 年逝世。汉武帝为表彰霍去病征服匈奴战功，纪念其人，亲自为其在自己未来的陵墓（茂陵）东面选定了墓址并"为冢象祁连山"④。

---

① 中国社会科学院考古研究所等：《满城汉墓发掘报告》，文物出版社，1980 年。

② 〔美〕巫鸿著，李清泉等译：《中国古代艺术与建筑中的"纪念碑性"》，上海人民出版社，2009 年，第 149~151 页。

③ Victor Ségalen, *Mission Archéologique en Chine (1914)*, Paris, P. Geuthner, 1923.

④ 《史记·卫将军骠骑列传》记载："骠骑将军自四年军后三年，元狩六年而卒。天子悼之，发属国玄甲军，陈自长安至茂陵，为冢象祁连山。"〔汉〕司马迁：《史记》卷一一一《卫将军骠骑列传》，中华书局，1959 年，第 2939 页。

图 2 - 13　陕西兴平茂陵霍去病墓及墓前立马

《史记·卫将军骠骑列传》索隐引姚氏[①]说："冢在茂陵东北，与卫青冢并。西者是青，东者是去病冢。上有竖石，前有石马相对，又有石人也。"[②]《汉书·霍去病传》颜师古注："在茂陵旁，冢上有竖石，冢前有石人马者是也。"[③] 霍去病墓前石刻群，现存石刻 16 件，可识别形象的有 14 件，共塑造各类形象 12 种，分别为立马（马踏匈奴）、卧马、跃马、卧牛、卧虎、卧象、猪、蟾、鱼（两件）、蛙、野人、怪兽食羊、野人搏熊，其中以马踏匈奴、怪兽食羊、野人搏熊等几件石雕尤为突出[④]。整个墓前石雕群，均采用巨大整石，利用原石的天然形态，因势象形雕凿而成各类

---

① 据顾铁符考证，姚氏即南北朝时期陈国人姚察（533～606 年），著有《汉书训纂》30 卷。《陈书·姚察列传》中记载姚察曾出使北周，到过关中、渭北一带，记《西聘道里记》。他亲自考察过霍氏墓，而姚氏所处时代距西汉武帝时期并不太远，估计当时墓地状况应该变动不大。参见顾铁符：《西安附近所见的西汉石雕艺术》，《文物参考资料》1955 年第 11 期。

② ［汉］司马迁：《史记》卷一一一《卫将军骠骑列传》，中华书局，1959 年，第2940 页。

③ ［汉］班固：《汉书》卷五五《卫青霍去病传》，中华书局，1962 年，第 2489 页。

④ 李松：《中国美术·先秦至两汉》，中国人民大学出版社，2004 年，第 355 页。

石兽形象广竖于墓圹顶端及四周①。

历来研究者普遍认为，霍氏墓所设列石兽、石人，与东汉时期各陵墓前对称设列在神道两旁的石兽并无制度及形态上的渊源关系②。其实，霍氏墓所残留石兽，不但如孙机所言"种类驳杂，是一种新风气开始出现时的情况的反映"③，也如王鲁豫所认为，霍去病墓前石刻显示了西汉时期陵园墓前石雕的艺术性格，也即是规制和反规制的统一④。

细观霍氏墓前石刻，我们可以发现，石刻群应该是由两类不同性质和不同作用的石雕所构成。一类如"马踏匈奴"立马，该立马高约 1.7、长近 2 米，为整石圆雕。其原始位置在墓前不远处，表现形式为静立姿态，脚下踏着仰身而卧的匈奴俘虏，尺度大小符合一般早期墓前石雕的制作规律，为墓前镇守石兽，估计应为"前有石马相对"的石马之一，另一件已无存。关于这件石马，从前文所引色伽兰当年拍摄照片可以看出，马踏匈奴石像在 20 世纪初仍与石碑一起竖立在坟丘南侧，表现出与后世陵墓神道石刻类似的设置形式。

对此，孙机曾很有见地地指出："其中马踏匈奴一像造型较严肃，可能含有铭功的意义。……但总的来说，这里的石雕种类驳杂，是一种新风气开始出现时的情况的反映。"⑤ 林通雁根据马子云早年的调查记录，并结合文献资料，对霍氏墓前石雕布局进行了推测：该墓地东部的石雕有立马、跃马、石人、人及石熊等，均为墓前两两相对而置，其组合关系为石马在前，石

① 傅天仇：《陕西兴平县霍去病墓前的西汉石雕艺术》，《文物》1964 年第 1 期。

② 参见杨宽：《中国古代陵寝制度史》上、中编，上海人民出版社，2008 年，第 78、148 页。

③ 孙机：《汉代物质文化资料图说》，上海古籍出版社，2008 年，第 481 页。

④ 王鲁豫：《汉晋南北朝墓前石雕艺术》，北京广播学院出版社，1992 年，第 16 页。

⑤ 孙机：《汉代物质文化资料图说》，上海古籍出版社，2008 年，第 481 页。

人居后，石人和人与石熊高度相当，有相对列置的性质；而且，他认为立马是清代为霍去病立碑时从墓地东迁移至此，所以推测霍氏墓原建有祠堂，祠堂在墓室东部，与石雕一致；而其他石雕如石蛙、石鱼等，则位于墓顶，构成象征特定意义的群雕①。

　　笔者认为，霍去病墓前这两件分别相向而立的石马，其表现形式、位置关系、表达意思均与东汉时期陵墓神道石兽有一定的相似性及承袭关系。这种常规性设置方式直接影响了东汉时期陵墓神道石兽制度。只是在西汉武帝时期，这种设置尚未形成正式且广为推行的规制，属于制度形成初期萌芽状态的表现。

　　而另一类，则如姚氏所云"石人"，为散落于墓东路旁东侧的"野人、野人搏熊"等。这类"石人"形象及其他石刻（即马子云所说分布在墓冢之四周的许多磨制与未磨制之石②），作用和意义则与后世迥然有异。估计当时墓葬建筑者的意图是以巨石广竖于墓圹顶端及四周，用石雕群体来构成与"祁连山"③相类似的图像，而且以这些立石来模拟祁连山自然环境中的丰富生命内涵。司马迁所言"为冢象祁连山"，正是表明了墓葬设计者和建造者用象征的手法再现墓主征战沙场、降伏匈奴的丰功伟绩这一构想。这第二类石雕群的设置，不论是在墓前建筑的构成意义上，还是在图像意义上，都与东汉时期的陵墓石兽有一定区别，应该并无完全的直接渊源关系。

　　同时，霍去病墓前石雕群，从其反映的内容、造型风格与特

---

① 林通雁：《论西汉长安的陵墓雕塑艺术》，《中国陵墓雕塑全集·西汉》，陕西人民美术出版社，2009年，第61～65页。

② 马子云：《西汉霍去病墓石刻记》，《文物》1964年第1期。

③ 霍氏墓之祁连山，据林梅村考证，并非现在甘肃祁连山，而应该是现在新疆巴里坤山。参见林梅村：《吐火罗人与龙部落》，《西域研究》1997年第1期。

征、雕刻工艺及表现手法来看，确实与同处关中的西汉时期各地墓葬出土的动物形象明显不同，更接近于北方草原民族的传统①。有学者提出其与中国传统艺术迥异，其厚重扁平的处理方法与萨珊王朝时期石刻浮雕类型相似②。对此，林梅村曾有专文论述，认为霍氏墓前石雕群来自匈奴习俗③，墓前立所谓的杀人石以表战功或纪念，为匈奴及北方草原民族传统，见于《隋书·突厥列传》所载："表木为茔，立屋其中，图画死者形仪及其生时所经战阵之状。尝杀一人，则立一石，有至千百者。……大抵与匈奴同俗。"④ 其渊源可追溯到青铜时代欧亚草原游牧民族实施狩猎及战争巫术时所列置的大型碑形石刻"鹿石"（Olenniye Kamni）⑤，青铜时代墓地鹿石和石人，遍布整个欧亚草原⑥。我国新疆阿尔泰地区广大范围内现在尚可见到很多类似遗存，一些石人石棺墓前竖立有巨石或代表俘虏的石人，用以装饰坟墓或寓意服侍死者⑦。故认为："霍氏墓前这 150 多块巨型花岗岩大概是送葬的南匈奴将士按自己的风俗习惯为霍去病设置的，以示其生前奋勇杀

① 阎文儒：《关中汉唐陵墓石刻题材及其风格》，《考古与文物》1986 年第 3 期。

② 〔英〕苏利文著，徐坚译：《艺术中国》，湖南教育出版社，2006 年。

③ 林梅村：《欧亚草原文化对中国石雕艺术的影响》，《古道西风——考古新发现所见中西文化交流》，生活·读书·新知三联书店，2000 年，第 149～157 页。

④ 〔唐〕魏征等：《隋书》卷八四《突厥列传》，中华书局，1973 年，第 1864 页。

⑤ "墓前立石（鹿石和石人）一直是草原地区的传统（鹿石约流行于前 13 世纪～前 7 世纪，石人约流行于前 3 千纪～14 世纪），它在中国和中国以外的整个欧亚草原分布极广。"参见李零：《入山与出塞》，《入山与出塞》，文物出版社，2004 年，第 12 页。

⑥ 欧亚草原，指东起黑龙江、松花江流域，西抵多瑙河、伏尔加河流域的广阔区域。北部以游牧、狩猎和半游牧区为主，南部则是东亚北方旱作农耕区和内陆沙漠绿洲区。活动其间的主要是各类游牧民族。参见刘迎胜：《开展内陆欧亚学的研究》，《欧亚学刊》第一辑发刊词，中华书局，1999 年。

⑦ 关于遍布阿尔泰地区及天山区域的墓地石人及其渊源关系，参见林梅村：《吐火罗人的起源与迁徙》，《丝绸之路考古十五讲》，北京大学出版社，2006 年，第 12～34 页。

敌的英雄气概。霍去病墓前带有浓郁草原艺术风格的石雕也许是匈奴工匠的作品。"①

据此看来，霍去病墓前石刻群应该是由上述两类不同要求（由"前有石马相对"所构成的陵墓早期常规制度设置与"为冢象祁连山"所形成的非制度化的设置）所产生的两类作品共同构成。在同一陵墓中，由共同的造型语言、风格特征一起完成了对霍去病墓的构建。霍去病墓石刻群的出现，不但标示了汉代大型纪念碑性雕塑从单一的设置向多样组合型石雕群的变化，也预见了其后帝王及贵族陵墓前建制神道及石刻的出现，对陵墓石雕的组合、布局乃至形制等规范化设置产生了直接影响。

二、西汉时期其他陵墓石兽遗存及规制

目前所见西汉时期的陵墓石兽遗存，除霍氏墓石刻群外，尚有咸阳石桥石虎、天水李广墓前石马及山西安邑石虎。这三处石兽，在本书第一章已作详细介绍和说明，故此处不再赘述。而文献中有《西京杂记》关于汉初名臣张良墓前石马的记载："见张丞相墓前石马，谓为鹿也。"② 郦道元所著《水经注》中有汉广野君郦食其庙"门有两石人对倚……石人西有二石阙，虽经颓毁，尤高丈余。……基前有碑"的记载③。《西京杂记》及《水经注》成书年代距西汉时期均不太遥远，上述记载且有考古发现

---

① 林梅村：《欧亚草原文化对中国石雕艺术的影响》，《古道西风——考古新发现所见中西文化交流》，生活·读书·新知三联书店，2000 年，第 157 页。

② ［晋］葛洪撰，周天游校注：《西京杂记》卷五，三秦出版社，2006 年，第 251 页。

③ ［北魏］郦道元著，陈桥驿校证：《水经注校证》，中华书局，2007 年，第 403 页。

相类似材料为佐证，故可为西汉时期高级官吏墓前已开始列置石兽的依据。同时，南朝文献《述异记》中还有一段记载可为补充："丹阳大姑陵，陵下有石麟二枚，不知年代，传云秦汉间公卿墓则以石麒麟镇之。"① 而且，文献中有关于与霍去病同一时期的名臣霍光墓僭越规制的记载②，说明了当时高级官吏已有墓前开神道立阙的做法。综上所述，在西汉时期，陵墓前已开始设置石兽，初步形成了最基本的组合形态，即设有门阙、石碑、石柱及石象生等，并将石兽等象生按照"夹对"、"翼列"等对称形式排列于陵墓前，但这种方式和设置尚未形成定制和普遍推行的习俗。

三、小结

当然，正如同我们在前面所探讨过的，一种制度形成的初期，旧的习惯和新的制度是有一个融合过程的。从霍去病墓前石刻群来看，正好反映了这样一个现象。霍氏墓石刻群中，具有不同于常规设置的另一种以取意于"为冢象祁连山"所要求的非制度性设置，较为随意。这种有异于常规情况的设置方式的出现，在很大程度上应归结于来自北方草原民族匈奴人的传统习俗。它恰好反映了在制度开创形成的早期，标准规格、设置制度的尚未完全成型，以及规制与非规制的冲突状况和这两种状态的相互妥协与调和情况。

---

① ［南朝梁］任昉等：《述异记·世说新语》，吉林出版集团有限责任公司，2005年，第278页。

② 《汉书·霍光传》："（霍）禹既嗣为博陆侯，太夫人显改（霍）光时所自造茔制而侈大之。起三出阙，筑神道，北临昭灵，南出承恩，盛饰祠室，辇阁通属永巷，而幽良人婢妾守之。"参见［汉］班固：《汉书》卷六八《霍光金日磾传》，中华书局，1962年，第2950页。

第三节　中国古代陵墓石兽规制的完备成型

一、东汉时期陵墓石兽

东汉时期帝王陵墓前有无神道石兽，现在已无明确的实物遗存证实，唯见文献中有只言片语的记载。但就目前的考古发现并结合文献记载考察，墓前立石兽之风至东汉时已成制度。东汉墓前石刻，据杨宽总结，具有以下两个方面的特点："第一个特点是，墓地上的石刻群往往布置在祠堂或祠庙的前面，说明石刻群的出现该与当时盛行的上墓祭祀的礼俗有关"；"第二个特点是，墓地上石刻群往往成对布置在墓前大道（神道、隧道）的两旁"①。

"上墓祭祀"及"祠堂祭拜"的礼俗，自西汉以来一直在豪强大族中流行。东汉明帝出于统治的需要，将其用于实施陵寝制度改革，彻底废除宗庙祭祀，取消了原在朝廷和宗庙中举行的"上计"礼和"酎祭"礼，用以"上陵礼"为主要内容的新的陵寝制度来改革宗庙制度②，推行上陵朝拜祭祀仪式。于是，"庙"的地位和作用被降到最低，"墓"则成了祭拜祖先的新的中心。这样，帝王陵寝建筑的规模不断扩大，不但将墓葬中的寝殿建造成宫殿式样，仿效宫殿模式设立了大殿、司马门

① 杨宽：《中国皇帝陵的起源与变迁》，《中国古代陵寝制度史》上编，上海人民出版社，2008 年，第 79 页。

② 《后汉书·明帝纪》中记东汉明帝永平元年（58 年）："永平元年春正月，帝率公卿已下朝于原陵，如元会仪。"参见［南朝宋］范晔：《后汉书》卷二《明帝纪》，中华书局，1965 年，第 99 页。

等设施，更在陵园大门之前开筑了便于朝臣朝拜的大道，即墓前神道①，还按照宫殿仪礼制度设立了为故去先皇警卫、仪仗的石像群，其中有官吏、士卒等形象，还有象征祥瑞、驱除妖魔的神兽形象②。此风一开，朝野上下，广为仿效。自帝王陵墓到豪强大墓，均开始按照一定的组合性设置制度与造型效果营造③。

东汉时期墓前设列石人石兽，是仿效宫苑城阙仪仗类石雕所制。汉代宫苑石雕，虽然目前尚无遗存及考古发现证实，但关于天禄、虾蟆等大型圆雕作为宫门装饰和仪卫的专门设置的记载，见于《后汉书·灵帝纪》："复修玉堂殿，铸铜人四，黄钟四，及天禄、虾蟆。"章怀太子李贤专门以河南南阳宗资墓石兽为对比讲到这对天禄和虾蟆："天禄，兽也。时使掖廷令毕岚铸铜人，列于仓龙、玄武阙外，钟悬于玉堂及云台殿前，天禄、虾蟆吐水于平门外。事具《宦者传》。案：今邓州南阳县北有宗资碑，旁有两石兽，镌其膊一曰天禄，一曰辟邪。据此，即天禄、辟邪并兽名也。汉有天禄阁，亦因兽以立名。"④ 近年来，在四川西北部的雅安市芦山县城区姜城遗址，出土了一件形体巨大并被确认为

---

① 唐章怀太子李贤注曰："墓前开道，建石柱以为标，谓之神道。"［南朝宋］范晔：《后汉书》卷四二《光武十王列传》，中华书局，1965 年，第 1450 页。

② 杨宽：《中国皇帝陵的起源与变迁》，《中国古代陵寝制度史》上编，上海人民出版社，2008 年，第 79 ~ 83 页。

③ 发现于河南洛阳东郊的东汉墓园遗址，为我们提供了东汉晚期二千石官员的墓园面貌的依据。参见中国社会科学院考古研究所洛阳汉魏城队：《汉魏洛阳城西东汉墓园遗址》，《考古学报》1993 年第 3 期。

④ ［南朝宋］范晔：《后汉书》卷八《灵帝纪》，中华书局，1965 年，第 353 页。类似记载还见于《后汉书·董卓列传》："取洛阳及长安铜人、钟虡、飞廉、铜马之属，以充铸焉。"注曰："《音义》云：'飞廉，神禽，身似鹿，头如爵，有角，蛇尾，文如豹文。'明帝永平五年，长安迎取飞廉及铜马置上西门外，名平乐馆。铜马则东门京所作，致于金马门外者也。"参见《后汉书》卷七二《董卓列传》，中华书局，1965 年，第 2325 ~ 2326 页。

城门神兽的东汉时期石雕神兽（图 2 - 14）①，无疑为上述记载提供了证据。

《水经注》中记载东汉中山简王墓（永元二年，90 年）前石兽：“范晔《汉书》云：中山简王焉之窆也。厚其葬，采涿郡山石，以树坟茔，陵隧碑兽，并出此山。”② 这里的“陵隧碑兽”表明了当时王陵前神道设列有墓碑及石兽。《水经注·阴沟水》所记谯城南曹嵩冢：“冢北有碑，碑北有庙堂……夹碑东西，列对两石马，高八尺五寸，石作粗拙，不匹光武隧道所表象马也。”③ 从这段记载中我们可以得知，光武隧道（即东汉光武帝刘秀陵墓神道）前是存在成对的石象、石马的，在郦道元为《水经》作注时仍然可以见到，现在已不复存在。而且郦道元将其与曹嵩冢前所列置石马相比较，认为其制作非常精美。所幸有前文所述洛阳象庄东汉石象，为我们提供了光武帝陵前石象、马曾经可能存在的依据。这只石象，杨宽在对洛阳汉魏故城以西的东汉陵墓区域遗存进行调查时，发现于当地农民的肥粪池旁边，当时石象的四条腿下半部已深陷于泥淖之中（图 2 - 15）。他认为：“这样成对的石象只有皇帝陵园的神道两旁才可能出现，臣下的坟墓前是不准许陈列石象的。”并进而指出：“这对石象正是‘神道’门口的主要石刻，有可能是东汉晚期恭陵、宪陵、文陵‘神道’上的东西。”④

---

① 雅安市文物管理所等：《雅安汉代石刻精品》，四川人民出版社，2005 年，第 70 页。

② 《水经注·易水》，［北魏］郦道元著，陈桥驿校证：《水经注校证》，中华书局，2007 年，第 282 页。

③ 《水经注·阴沟水》，［北魏］郦道元著，陈桥驿校证：《水经注校证》，中华书局，2007 年，第 553 页。

④ 根据杨宽的调查，这件石象保存于洛阳白马寺西北象庄，据当地人介绍，原来是成对设置。参见杨宽：《古代陵墓和陵园布局的研究》，《中国古代陵寝制度史》下编，上海人民出版社，2008 年，第 205 页。

图 2 - 14　芦山姜城遗址城门神兽　　图 2 - 15　洛阳白马寺象庄东汉石象

　　由于年代久远及朝代更迭，目前已不能得见东汉时期各帝王陵墓石兽，但豪强大族墓地留下了不少石刻及石兽遗存。而且，就上述遗存考察，不论在哪种类型的墓前石刻组合形制当中，石兽均为常见的必须设置。而文献及金石著录也为我们留下了不少相关记述，可与考古发现互为印证①。前文所述唐人所著《封氏闻见记》中有关于东汉时期太守杨震墓前石鸟雕刻来历的记载及汝南彭氏墓头立石人石兽的典故②。北宋欧阳修《集古录跋尾》、沈括《梦溪笔谈》及赵明诚《金石录》中有关于河南南阳宗资墓石兽的记载。对东汉各地陵墓石兽著录最为丰富的古代文献，当属郦道元所注《水经》各卷，其中著录了大量石兽遗存，为我们提供了东汉晚期豪强大族陵墓石兽丰富而翔实的记载。《水经注》中记载的陵墓石兽，主要分布于黄河、淮河、海河流域，范围涵盖了河南、湖北、山东、江苏、河北、安徽等地，其墓主人分别

---

①　历代文献中对东汉时期各地陵墓石兽的著录见于北魏郦道元《水经注》、宋欧阳修《集古录跋尾》、宋沈括《梦溪笔谈》及宋赵明诚《金石录》等。

②　《封氏闻见记》卷六"羊虎条"记载："后汉太尉杨震葬日，有大鸟之祥，因立石鸟像于墓。……《风俗通》又云：'汝南彭氏，墓头立石人石兽……'"《后汉书·杨震列传》所记同："先葬十余日，有大鸟高丈余，集震丧前，俯仰悲鸣……于是时人立石鸟像于其墓所。"［南朝宋］范晔：《后汉书》卷五四《杨震列传》，中华书局，1965 年，第 1767～1768 页；［唐］封演撰，赵贞信校注：《封氏闻见记校注》，中华书局，2005 年，第 58 页。

为太守、太尉、将军、常侍等高级官吏，类型则包括石虎、石羊、石马、石狮、石象、石驼、石牛、天禄（鹿）辟邪石兽等，其中以石虎、石羊、石马、石狮、天禄（鹿）辟邪石兽为多，石牛、石驼、石象仅见一次①。目前各地汉代石兽遗存，大多属于东汉中后期产物，特别以河南和四川等地居多，而尤以河南洛阳、南阳等地所出最为著名，这也证实了当时的文献记载。

二、陵墓石兽制度的成型与完备

西汉中期以后，由于土地私有制度的完善，私营工商业的兴起，促使社会上层官僚富户的财富充分积累，整个社会竞相攀比，奢靡成风。特别在汉武帝推崇"独尊儒术"之后，儒学思想渗透到社会的方方面面，而孝道思想在当时被极为推崇，儒家典籍《孝经》借孔子之口："夫孝，天之经也，地之义也，民之行也。"② 朝廷中推行"以孝治天下"，提倡孝道、褒奖孝行，把孝悌思想纳入教育、取仕等制度中，并确立了以"察孝廉"为主要内容的选官制度。墓葬空间及建筑设置，作为能够充分彰表孝行的丧葬礼仪活动和永久表现其孝道的展示场所，就变得非常重要。加上西汉时期流行朝野的灵魂观念和求仙、升仙观念的推波助澜，使得厚葬之风盛行于朝野，成为风俗，并在汉帝国的广大疆域内迅速推行、流传开来。如《盐铁论》所云："今生不能至其爱敬，死以奢侈相高；虽无哀戚之心，而厚葬重币者，则称以

---

① 参见《水经注》各卷《清水》、《易水》、《颍水》、《汳水》、《阴沟水》、《睢水》、《粉水》、《比水》、《潨水》中的记载。其中清水、颍水、汳水、阴沟水、潨水、睢水都源于或主要流经河南，易水流经河北，粉水、比水则在湖北。［北魏］郦道元著，陈桥驿校证：《水经注校证》，中华书局，2007 年。

② ［宋］邢昺：《孝经注疏》，《十三经注疏》下册，中华书局，1980 年，第 2549 页。

为孝，显名立于世，光荣着于俗。故黎民相慕效，至于发屋
卖业。"①

同时，延续多年的丧葬礼俗发生了一系列重大变革：室墓代
替了椁墓并成为墓葬的主流模式；不但日常生活用品和模拟器成
为随葬品，更出现了专用的祭器；石室墓和砖石墓广为流行，大
量制作祠堂、石兽、石碑铭等；墓地上除封土成为主要的标志性
建筑外，更普遍存在茔界、祠堂②。这表明了当时墓上及墓室内
的祭祀活动已在豪强大族中蔚然成风。

东汉中后期，豪强并起，强宗大族势力日益扩张，僭越礼
制更是成为平常，纷纷大起高坟大冢。东汉王符在《潜夫论·
浮侈篇》中对当时社会中所盛行的"子为其父，妇为其夫，竞
相仿效"厚葬风俗做了如下描述："今京师贵戚，郡县豪家，
生不极养，死乃崇葬；或至刻金镂玉，襦、梓、楩、楠、良田
造茔，黄壤致藏，多埋珍宝、偶人车马，起造大冢。广种松柏，
庐舍祠堂。"而且，这种风气不但是京畿重镇如此，更是遍及全
国："东至乐浪，西至敦煌，万里之中，相竞用之。"③ 今天考
古发现所见各地东汉中后期陵墓石阙及石兽就是这种情况下的
产物。

东汉时期的墓地结构，通过目前的考古发现所得到的认识，
并结合历史文献记载，可以为我们复原出当时比较普遍的基本特
征和配置："墓地茔域的界限以一对石阙为标志，阙门之间向内
延伸的神道形成墓地的轴线。在靠近阙门的神道两侧有成对的石

---

① ［汉］恒宽：《盐铁论》卷六，《诸子集成》，上海书店出版社，1986年，第
 32页。
② 杨爱国：《幽明两界——纪年汉代画像石研究》，陕西人民美术出版社，2006年，
 第31页。
③ ［汉］王符：《潜夫论·浮侈篇》，上海古籍出版社，1990年，第20页。

图 2 – 16　山东长清孝堂山东汉墓石祠

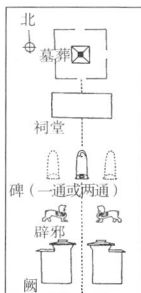

图 2 – 17　东汉墓地复原图

兽或石人。神道尽头即是墓葬，地上有封土，地下有墓室。在封土前面有时还会建祠堂（图 2 – 16）①，树墓碑。"这种墓地结构标示了逝者从生到死的转化，象征着墓主人死后通过由石阙所代表的幽明两界的分隔，进入到死后的世界②（图 2 – 17）③。这个过程，在汉代很多画像砖、画像石中均有所表现（图 2 – 18）④：护送墓主人的车马行列经过代表幽明分界的门阙，并经过墓地神道，

---

① 杨泓、郑岩：《中国美术考古学概论》，中国社会科学出版社，2008 年，第 146页，图 4 – 44。

② 汉代墓地的石阙及石阙画像，有认为其为"天门"，也有认为是"地下世界的入口"，笔者更赞同"天门"的说法。参见赵殿增、袁曙光：《"天门"考——兼论四川汉画像砖（石）的组合与主题》，《四川文物》1990 年第 6 期；〔日〕佐竹靖彦：《汉代坟墓祭祀画像中的亭门、亭阙和车马行列》，《中国汉画研究》第一卷，广西师范大学出版社，2004 年，第 35 页。

③ 巫鸿这段对东汉时期墓地结构的描述是基于《水经注》中对东汉安邑长尹俭墓地的记载，现保存较为完整的东汉时期墓葬如四川雅安地区的益州太守高颐墓及芦山县郊外的巴郡太守樊敏墓，尤其是高颐墓，其兽、阙、碑、墓均基本完好，为我们复原当时的状况提供了更为可靠的材料。参见〔美〕巫鸿著，李清泉等译：《中国古代艺术与建筑中的"纪念碑性"》，上海人民出版社，2009 年，第 249 ~251 页，图 4.1；赵彤：《四川省雅安高颐阙考释》，《四川文物》1989 年第 2 期。

④ 山东苍山城前村汉代画像墓前室东壁门楣正面画像：迎接送葬车马。中国画像石全集编辑委员会：《中国画像石全集 3 · 山东汉画像石》，山东美术出版社，2000年，第 92 页，图版一〇四。

图 2 – 18　山东苍山迎接送葬车马画像

在墓主人即将居住的地下世界的镇守与护卫（墓前石兽及镇墓神、亭长等）的注视下，通过他"魂"的居所，也是他接受祭拜和祭品的地方——祠堂，最后安葬于保存遗体的"魄"的去处——墓葬。

在上述汉代墓葬的基本规制中，神道石兽、石人作为一般性设置，成为惯制。当然，由于各地的习俗和文化背景差异，以及墓主人身份地位、财力的差异，也有不同的组合形式，其中石祠、石兽与石碑是一类组合形式，如山东嘉祥武氏祠①等。石阙、石兽与石碑则是另一类更为普及常见的组合形式，如著名的四川雅安高颐阙（图 2 – 19）②、芦山樊敏阙③及四川渠县④、重庆忠县⑤等地诸阙。但同时，也

图 2 – 19　雅安高颐阙

① 　高文：《中国汉阙》，文物出版社，1994 年，第 67 页。

② 　图 2 – 19 系笔者在雅安高颐阙考察时实地拍摄。

③ 　徐文彬等：《四川汉代石阙》文物出版社，1992 年，第 34 ~ 35 页。

④ 　〔法〕色伽兰著，冯承钧译：《中国西部考古记》，中华书局，2004 年，第 5 ~ 12 页。

⑤ 　孙华：《四川忠县丁房阙辩》，《文博》1990 年第 3 期；李峰：《重庆忠县邓家沱石阙的初步认识》，《文物》2007 年第 1 期。

有个别用石柱代替石阙的形式，如《水经注》所记河南获嘉县汉桂阳太守赵越墓前石刻形制，以石碑、石柱及石羊、虎、牛等为主①。另外，20世纪60年代，在北京西郊石景山发现秦君墓石柱两件，同时发现的还有石阙顶一件、石柱础二件，以及面部已经残毁的石雕双人一件等大批石刻②。墓前石刻组合种类的不同，应该与墓主人的财力和身份地位有关。据此，杨晓春认为东汉时期各地墓葬所用石刻种类繁多且有所变化，表明了当时的墓地建筑尚未形成完全真正统一的标准规制，仍然处于规制成型的初期阶段③。

阙，原是设置于城垣、宫室的大门，一般为两两相对而设立的建筑。如晋人崔豹《古今注》所云："阙，观也，古者每门树两观于其前，所以标表宫门也，其上可居，登上则可远观，故谓之观。人臣将朝，至此则思其所阙多少，故谓之阙。其上皆丹垩，其下皆画天气仙灵、奇禽怪兽，以昭示四方焉。"《白虎通义》中也有："门必有阙者何？阙者，所以饰门，别尊卑也。"西汉刘熙《释名》这样解释："门阙，天子号令赏罚所由出也。"最早在西周，已有阙的建制："从四亭于城垣之上，两两相对。"阙既是城垣、宫殿的出入口，更是代表统治者声威、权力的标志物。自西汉中期开始，由于陵墓对宫苑建筑的仿效而被移植到墓地建造中，及至东汉遂成为定制④。《后汉书·礼仪志》注引《古今注》对东汉帝陵制度的描述如下：光武帝原陵"垣四出司马门"，明帝显节陵及其后章、和帝至质帝静陵计八陵或有垣或

---

① ［北魏］郦道元著，陈桥驿校证：《水经注校证》，中华书局，2007年，第226页。
② 北京市文物工作队：《北京西郊发现汉代石阙清理简报》，《文物》1964年第11期。
③ 杨晓春：《南朝陵墓神道石刻渊源研究》，《考古》2006年第8期。
④ 在贵族官宦墓地起建阙门彰示死者等级和身份，目前学界普遍的共识是起于公元前2世纪，见于《汉书》对霍光死后其夫人为其"起三出阙"的记载，但是也有一些记载将墓前起阙的时代推进到更早的东周墓地及秦始皇骊山陵前现已无存的门阙。参见〔美〕巫鸿著，李清泉等译：《中国古代艺术与建筑中的"纪念碑性"》，上海人民出版社，2009年，第249~251页。

无垣皆"四出司马门"。而桓帝宣陵、灵帝文陵无明确记载,献帝禅陵则不再起坟①。《古今注》中所指四出即四方的意思,四出门阙,即四方各设一阙。可见,"四出门阙"为帝王陵墓所独有的制度,当时各级官吏墓阙,虽无记载,但从考古发现及文献记叙考察,似乎只允立一阙。墓前立阙制度,早年冯汉骥考证认为:是"象征墓主人的官阶和地位的表征之一。在汉代,官阶至'两千石'以上者墓前方可立阙,例如现在尚保存的四川汉代墓前的石阙(如有名的八阙),其墓主是作过太守以上的官吏的"②。但是从现在所掌握的材料来看,并不完全如此,有一些官阶在两千石以下的官僚也在其墓前立阙③,由此说明当时墓前立阙制度已经是一种较为普及的现象。

从目前材料来看,汉代墓葬建筑中的石阙设置与墓室建造中的石阙画像,一方面起到了与现实生活中门阙类似的限定范围、区别尊卑的作用;另一方面则具有某种特定的象征意义,它是对现实生活中门阙、宫阙的模仿并成为体现升仙思想的天门,与神道石兽一起完成了当时的墓地营建。

从山东、河南、四川、重庆等地所遗存的汉代石棺及画像砖、石材料中,我们可以看到很多石阙的画像④。罗二虎曾统计了西南地区大量的带有石阙图像的画像石棺和画像砖,这些石阙

---

① [晋] 司马彪:《后汉书志》第六《礼仪下》,中华书局,1965 年,第 3149 ~ 3150 页。
② 冯汉骥:《四川的画像砖墓及画像砖》,《文物》1961 年第 11 期。
③ 如山东平邑功曹阙,参见刘敦桢:《山东平邑县汉阙》,《文物参考资料》1954 年第 5 期。
④ 如山东苍山东汉墓石室画像(李发林:《山东画像石研究》,齐鲁书社,1982 年,第 91 ~ 101 页);四川郫县新胜 1 号、2 号、3 号砖石墓石棺(李复华、郭子游:《郫县出土东汉画象石棺图象略说》,《文物》1975 年第 8 期;四川省博物馆等:《四川郫县东汉砖墓的石棺画象》,《考古》1979 年第 6 期);四川简阳鬼头山东汉石棺(霍建金:《简阳县鬼头山发现榜题画像石棺》,《四川文物》1988 年第 6 期);四川成都扬子山东汉 1 号墓画像砖(于豪亮:《记成都扬子山一号墓》,《文物参考资料》1955 年第 9 期)。

图2-20　四川彭山双河崖墓一号石棺双阙画像

形象，或出现于距离其墓门最近的地方（在画像砖墓、画像石墓中），或在墓门及墓穴门外两侧（在画像崖墓中）[1]。上述门阙图像，大多与墓前神道接引逝者灵柩及升仙图像有关。所以，在墓葬空间中的门阙建筑或门阙画像其实是天门的象征，作为升仙的入口，标示了幽明两界的分隔（图2-20）[2]。从这一点上，也可以解释东汉时期，设置于门阙两侧的陵墓石兽造型愈加神异与变幻莫测。当时的墓前石兽，除了担当仪卫、神兽、驱避凶邪之用外，还具有协助墓主人灵魂与天感应并引导灵魂升天的功能[3]。

三、陵墓石兽制度的衰落与变革

　　从东汉晚期历魏晋及至南北朝时期，墓前石兽制度经历了

---

① 罗二虎：《汉代画像石棺》，巴蜀书社，2002年，第188页。

② 中国画像石全集编辑委员会：《中国画像石全集7·四川汉画像石》，河南美术出版社，2000年，第119页，图版一五二。

③ 对于中国古代陵墓石兽雕塑的通天功能的论述，参见〔美〕张光直：《美术、神话与祭祀》，（台北）稻乡出版社，1993年；〔美〕张光直：《考古学专题六讲》，生活·读书·新知三联书店，2010年；王可平：《凝重与飞动——中国雕塑与中国文明》，国际文化出版公司，1988年。

"从繁荣经衰落到复兴的完整过程"①。在东汉末年至魏晋之际，由于战乱不止造成民生凋敝，形制复杂、费工费时的石阙、石祠逐渐退出墓地建筑体系，甚至一度完全废除墓地神道及石兽等。降至西晋初年，墓上建筑又重新恢复，但是普遍采用更为简略的石表、石柱来装饰陵墓，多采用石兽、石碑、石柱三种组合来规范神道石刻②。

两汉时期厚葬之风盛行，从豪强大族到平民百姓均竞相攀比，甚至"唯死不惧义，重死不顾生，竭财以事神，空冢以送终"③。不但费工伤农、劳民伤财，而且对公私财富及国家财力均造成极大伤害。朝廷也认识到厚葬危害，有意崇俭推行薄葬。早自东汉光武帝起，明帝、章帝、和帝直至安帝均多次下诏禁止厚葬④。至汉献帝时期，摄政当权的曹操以"天下雕弊"为由发布"薄葬令"，下令禁止厚葬及立碑，从朝廷的角度彻底废弃东汉初期所确立的陵寝制度⑤。建安二十五年（220 年）所立遗诏又说："天下尚未安定，未得尊古也。……收敛时以衣服，无藏金玉珍宝。"⑥

而至汉末魏晋之际，一方面由于多年的战乱，造成社会民生凋敝，各个阶层已经没有物力、人力从事厚葬；另一方面，朝代更迭、统治阶层的来源与社会基础所附加的政治因素也要求废除上陵礼之类的"淫祀"而重新恢复周之古礼。在这种

---

① 王鲁豫：《汉晋南北朝墓前石雕艺术》，北京广播学院出版社，1992 年，第 35 页。

② 杨晓春：《南朝陵墓神道石刻渊源研究》，《考古》2005 年第 8 期。

③ ［汉］王充：《论衡》，上海人民出版社，1974 年，第 352 页。

④ 杨树达：《汉代婚丧礼俗考》，上海古籍出版社，2000 年，第 82～83 页。

⑤ 《宋书·礼志》记载："汉以后，天下送死奢靡，多作石室石兽碑铭等物。建安十年，魏武帝以天下雕弊，下令不得厚葬，又禁立碑。"参见 ［南朝梁］沈约：《宋书》卷一五《礼志》，中华书局，1974 年，第 407 页。

⑥ ［晋］陈寿：《三国志》卷一《武帝纪》，中华书局，1959 年，第 81 页。

情况下，墓葬的规模及丧葬礼仪制度随之发生改变，作为丧葬艺术重要组成部分的陵墓石兽的雕凿与安置也相应简化与消亡①。曹魏王朝的第一位统治者魏文帝曹丕则以拆除曹操陵园建筑来表示其崇古复礼之举，维护其制度。下诏曰："先帝躬履节俭，遗诏省约。子以述父为孝，臣以系事为忠。古不墓祭，皆设于庙。高陵上殿皆毁坏，车马还厩，衣服藏府，以从先帝俭德之志。"②

　　墓前祭祀活动既已停止，陵墓建筑及神道亦不复存在，神道前所列置的石兽就没有了存在的理由和空间。这个过程，在《宋书·礼志》中是这样记载的："汉文以人情季薄，国丧革三年之纪；光武以中兴崇俭，七庙有共堂之制；魏祖以侈惑宜矫，终敛去袭称之数；晋武以丘郊不异，二至并南北之祀。"③

　　魏晋之交，代表豪族的司马氏家族替代寒族代表曹魏政权成为新的统治阶层，政治主张即为转变。晋皇室自宣帝司马懿及武帝司马炎均重新开始重孝、重礼，对待丧葬仪礼的态度是："三年之孝、自古达礼"，而且"居亲丧皆毁瘠逾制"，可谓有过之而无不及④。但是，由于其统治的不稳定性，导致政策也是不断变动，先有晋宣帝颁布的"子弟群官皆不得谒陵"之遗诏⑤，又有武帝于咸宁四年（278 年）发布禁令严禁各墓葬制作石兽及竖立

---

① 关于汉魏之际丧葬礼仪及制度变化并导致墓葬艺术的演变，巫鸿认为：中国丧葬艺术的形成与盛兴是一个持续演进的过程，在这个进程中，偶然事件和人为因素常常导致一般性演化发生改变或加速与停顿。该文分析了东汉、魏晋之际中国礼制改革、丧葬仪礼变迁表象之后的社会根源与思想基础。参见〔美〕巫鸿：《汉明、魏文的礼制改革与汉代画像艺术之盛衰》，《礼仪中的美术——巫鸿中国古代美术史文编》，生活·读书·新知三联书店，2005 年，第 274～286 页。

② ［唐］房玄龄等：《晋书》卷二〇《礼志》，中华书局，1974 年，第 634 页。

③ ［南朝梁］沈约：《宋书》卷一五《礼志》，中华书局，1974 年，第 327 页。

④ 参见万绳楠整理：《陈寅恪魏晋南北朝史讲演录》第一节《魏晋统治者社会阶级的区别》，贵州人民出版社，2008 年，第 2～11 页。

⑤ ［唐］房玄龄等：《晋书》卷二〇《礼志》，中华书局，1974 年，第 634 页。

碑表。其后，晋室南渡不久，朝廷政策又开始有所松动。晋元帝司马睿时期，由朝廷专门下诏为顾荣设立碑铭的事件，标志着制作石兽、碑表的禁令逐渐有所松动①。但是，由于诸多原因，当时的墓葬仍然甚为简易②。随后又有为晋元帝陵开建寝殿、设神道及石麒麟，恢复谒陵之举③。但是陵寝规模仍然很小，陵墓多取穴山麓，不起坟或者偶尔起小丘坟，故当时陵墓神道装饰甚为简略。整个两晋时期，对待墓葬礼仪、墓前石刻与石兽设置的禁与不禁，一直是反反复复，多次更改④。在晋安帝司马德宗义熙年间又下达了不许设立碑铭的禁令⑤。

从目前所存遗物及田野发掘材料来看，两晋时期墓地遗存，尚未见大型石兽类雕刻，仅有为数不多的神道石柱遗物，分别为

---

① 《宋书·礼志》记载："晋武帝咸宁四年（278 年），又诏曰：'此石兽碑表，既私褒美，兴长虚伪，伤财害人，莫大于此。一禁断之。其犯者虽会赦令，皆当毁坏。'至元帝太兴元年（318 年），有司奏：'故骠骑府主簿故恩营葬旧君顾荣，求立碑。'诏特听立。自是后，禁又渐颓。大臣长吏，人皆私立。"参见 [南朝梁] 沈约：《宋书》卷一五《礼志》，中华书局，1974 年，第 407 页。

② 两晋交替，因晋室南迁遭到打压的南方豪族，因权力的解除甚至经济的瓦解而无法继续保持传统丧葬礼仪；来自北方的移民则又时刻不忘家乡，始终存在将墓葬回迁故里的思想。基于这两方面原因，东晋时期墓葬始终没有恢复到东汉时期的状况。参见安然：《东晋时期北方移民对南方墓葬影响的重新评估》，《汉唐之间文化艺术的互动与交融》，文物出版社，2001 年，第 269～272 页。

③ 《晋书·礼志》记载："逮于江左，元帝崩后，诸公始有谒陵辞告之事。"参见 [唐] 房玄龄等：《晋书》卷二〇《礼志》，中华书局，1974 年，第 634 页。

④ 《晋书·礼志》记载："成帝时，中宫亦年年拜陵，议者以为非礼，于是遂止，以为永制。至穆帝时，褚太后临朝，又拜陵，帝幼故也。至孝武崩，骠骑将军司马道子曰：'今虽权制释服，至于朔望诸节，自应展情陵所，以一周为断。'于是至陵，变服单衣，烦黩无准，非礼意也。及安帝元兴元年，尚书左仆射桓谦奏：'百僚拜陵，起于中兴，非晋旧典，积习生常，遂为近法。寻武皇帝诏，乃不使人主诸王拜陵，岂唯百僚！谓宜遵奉。'于是施行。及义熙初，又复江左之旧。"参见 [唐] 房玄龄等：《晋书》卷二〇《礼志》，中华书局，1974 年，第 634 页。

⑤ 《宋书·礼志》记载："义熙中，尚书祠部郎中裴松之又议禁断，于是至今。"参见 [南朝梁] 沈约：《宋书》卷一五《礼志》，中华书局，1974 年，第 407 页。

北京西晋幽州书佐秦君神道石柱①，河南博爱西晋乐安相河内苟府君神道石柱②，洛阳邙山出土西晋永宁元年（301 年）散骑常侍骠骑将军韩寿石柱③，重庆巴县东晋隆安三年（399 年）巴郡察孝骑都尉杨阳石柱④。这些石柱遗存，说明了当时石兽应该还是存在的，虽然自晋武帝司马炎即诏令严禁制作石兽及竖立碑表，但是当时仍有违禁私自设立的举措，只是数量上较东汉时期已大为减少。上述材料也正好契合这样一个事实：汉魏之际直至西晋，各帝王陵墓及豪强大族墓地石刻逐步减少，而东晋时期帝陵神道石刻至今未见。一般墓葬中更是即便有用石刻的例子，也是数量极少，而且大多位于当时的政治中心地区之外⑤。

　　直至南北朝时期，大规模兴建陵寝制度和厚葬习俗开始复兴。在北方，北魏入主中原后锐意汉化，孝文帝为其祖母文明皇后冯氏（葬于太和十四年即 490 年）仿中原之制建永固陵并设置神道⑥，随后孝庄帝静陵（葬于普泰元年即 531 年）对东汉时期陵寝制度

─────────

① 北京市文物工作队：《北京西郊发现汉代石阙清理简报》，《文物》1964 年第 11 期。

② 刘习祥、张英昭：《博爱县出土的晋代石柱》，《中原文物》1981 年第 1 期。

③ 黄明兰：《西晋散骑常侍韩寿墓墓表跋》，《文物》1982 年第 1 期。

④ 〔日〕曾布川宽著，傅江译：《六朝帝陵——以石兽和砖画为中心》，南京出版社，2004 年，第 9 页。

⑤ 虽然杨晓春根据《南齐书》所载南朝刘宋由襄阳而得石兽推测："但依对南朝陵墓石柱来源的初步认识，两晋时期襄阳一带的墓葬很可能是使用石兽的。"但目前两晋时期的石兽遗存尚无踪迹可寻，笔者认为这说明了当时使用石兽为极少数和当时墓葬制度进一步简化的状况。参见杨晓春：《南朝陵墓神道石刻渊源研究》，《考古》2006 年第 8 期。

⑥ 《魏书·皇后列传》记载："太后与高祖游于方山，顾瞻川阜，有终焉之志。因谓群臣曰：'舜葬苍梧，二妃不从。岂必远祔山陵，然后为贵哉！吾百年之后，神其安此。'高祖乃诏有司营建寿陵于方山，又起永固石室，将终为清庙焉。太和五年起作，八年而成，刊石立碑，颂太后功德。太后以高祖富于春秋。"参见〔北齐〕魏收：《魏书》卷一三《皇后列传》，中华书局，1974 年，第 328～329 页。

图 2 - 21　　南朝梁文帝建陵遗址

进行内容上的简化模仿与造型形式上的恢复①，在陵墓神道两旁
成对设列石人、石狮等，此后大规模的神道石雕群开始在北方诸
政权中发展起来。

　　在南方，则有刘宋王朝大肆营建陵寝，开始出现以大幅拼镶
砖画为墓壁装饰的大墓，并设立寝庙，开置神道。遂有宋文帝之
子孝武帝刘骏为文帝刘义隆长宁陵设神道并广置神道石兽之举，
重新出现了列置于帝王陵墓神道的石柱、石兽、石碑等石雕群。
整个六朝时期的陵墓神道石刻，据罗宗真统计，目前散布于江苏
南京附近的六朝帝陵附近共有 33 处（图 2 - 21）②，组合方式为
标准的成对设置于陵前神道的有翼神兽、石碑及石柱③，"前列石

①　1976 年冬，在洛阳郊区邙山公社挖出一件高 314 厘米的持剑石人及石人头残件，
　　据判定为静陵神道门吏。参见黄明兰：《洛阳北魏景陵位置的确定和静陵位置的
　　推测》，《文物》1978 年第 7 期；宫大中：《试论洛阳关林陈列的几件北魏陵墓石
　　刻艺术》，《文物》1982 年第 3 期。
②　〔美〕巫鸿：《透明之石》，《礼仪中的美术——巫鸿中国古代美术史文编》，生
　　活·读书·新知三联书店，2005 年，第 673 页，图 31 - 2。
③　罗宗真：《六朝考古》，南京大学出版社，1994 年，第 92 页。

兽，左右对立，后为墓阙，再后则为碑碣"[1]。相对于汉代陵墓石刻有明显的区别：首先体现在其表现主题的简化，六朝神道石刻中，汉代流行的石人、羊、马、虎及石阙等题材很少雕凿，取而代之的是成对设置的有翼神兽和石柱，制度相对整齐，这亦是六朝陵墓石刻的一大显著特点；其次，在形态特征上有别于汉代的少装饰而质朴、遒劲的特点，六朝石兽的雕塑手法和表现语言则更为细腻，雕刻精美富于装饰性，但仍然不失生动、雄浑的气魄。

四、小结

从西汉武帝时期开始出现于墓前的石兽，随着丧葬礼俗逐渐完备和墓葬形制的基本确立，尤其是东汉明帝时上陵礼的推行，墓地建筑体系开始仿效宫苑建造，在墓地开建神道，设立门阙并列置石人、石兽，确立了东汉时期墓前石兽的基本制度。这种模式，为其后中国陵墓建筑配置及具体形制提供了标准范式，并影响了六朝时期帝王陵墓建制及石刻规制的形成。

---

[1]　朱偰：《建康兰陵六朝陵墓图考》，中华书局，2006 年，第 8 页。

第三章　东汉墓前石刻中的有翼神兽

在东汉时期的一些大型陵墓前面，设置有神道并分别于两侧列置一些石人、石兽等。其中有一类带有羽翼的神兽石刻形象，特别引人注目，是本章讨论的对象。在第二章中，笔者已对汉代墓前石兽（以下简称"石兽"）的区域分布及各个时期的表现进行了较为全面的梳理，本章将在此基础上，以东汉为时间段，对各类陵墓前石兽中带有羽翼的神兽做专门的研究，分别对墓前有翼神兽的基本类型、发展源流等问题做进一步的探讨。

第一节　东汉墓前有翼神兽的基本类型

有翼神兽，是在各类狮虎类猛兽身躯基础上添加飞展的羽翼，这些羽翼的刻画，或夸张变形、飞舞灵动，或具象写实、规整严密，以突出其神怪、灵异的感受。笔者根据目前所知东汉时期有翼石兽遗存羽翼形制的不同，将其分为半月形（A型）、长条形（B型）羽翼两种类型进行研究。半月形翼石兽，仅见于中

图 3 - 1　东汉时期陵墓有翼神兽分布图

原地区，墓主人身份等级均较高，数量上略少于长条形翼，时段
上则略早。长条形翼石兽，主要分布于河南、四川、山东等省，
特别以四川、河南较为密集，按照其羽翼的细节特征，又可细分
为四个亚型进行研究（图 3 –1）。

一、A 型：半月形翼石兽

这种类型石兽的最大特点是：在石兽的胸前两侧附加羽翼，
为高浮雕状，其翼根部大多减地雕饰呈半月形。羽翼前端线条窄
小而密集，后端逐渐向外扩张，略呈半月形，再用数道圆弧线作
为装饰，翼尖上翘，并呈向前回翻的趋势。此型石兽资料，散见
于国内外博物馆。在全国范围内，半月形翼石兽主要分布于河
南、河北两省（表 3 –1）。

表 3－1　　　　　　　　东汉半月形翼石兽统计表

省份	地区		尺寸（米）		重量（吨）	资料来源
			高度	长度		
河南	洛阳孟津县油坊街村西		1.9	2.97	8	王绣：《魅力洛阳·河洛地区文物考古成果精华》，大象出版社，2005年
	南阳东汉宗资墓前	天禄	1.65	2.2		周到、吕品：《略谈河南发现的汉代石雕》，《中原文物》1981年第2期
		辟邪	1.65	2.35		
	许昌市襄城县颍阳镇一中		2.16	2.8		张松利、张金凤：《许昌汉代大型石雕天禄、辟邪及其特点——兼论天禄、辟邪的命名与起源》，《中原文物》2007年第4期
	许昌市禹州					
河北	内丘县大孟镇十方村		1.4	1.8	1	巨建强：《河北内邱出土北朝石神兽》，《文物》2005年第7期
	内丘县十方村一件，收藏于法国巴黎吉美博物馆					王鲁豫：《河北内丘石雕神兽考察小记》，《美术研究》1987年第4期
	内丘县吴村一对，收藏于美国费城宾州大学博物馆					
安徽	安徽省临泉县腰庄		1.17	1.82		冯耀堂：《临泉出土东汉石雕天禄》，《中国文物报》1988年4月29日

（一）河南

在该省境内的洛阳、南阳及许昌等地，发现有一些 A 型石兽。作为东汉国都的洛阳，仅见一件，体形较为完整。1992 年 12 月，在洛阳孟津县老城乡油坊街村西约 500 米处出土一件石兽，其

图 3 - 2　洛阳孟津石兽

西北去汉光武帝陵（俗称"刘秀坟"）约 1 公里。当时该村村民在此修筑黄河渠至下河图南北走向的暗渠，挖至距地表约 5 米处，发现堆积有一些古代石刻，经清理得知有石阙构件残段、石兽残躯及残块等。现收藏、展示于洛阳博物馆一楼大厅入口处（图 3 - 2）①。

石兽系用一块完整的青灰色石灰岩雕成，石质细密坚硬。走兽昂首挺胸，瞋目竖眉，与其他东汉翼兽相比，其显著特点是张口吐舌且舌长及胸。头顶正中似有角，颈部及胸部突出雕饰排列有序的瓜棱状筋腱，两膊饰以向后卷翘的双翼，翼下微显几根肋骨，脊背凸起七个骨节，其两侧延及长尾和后肢股部平雕流畅对称的卷云纹，后腿间显睾丸，以示为雄性。其四足各有四爪，其中前肢左足抓一小兽。四肢立于长方形石板上，左前肢前伸，右前肢仃立，应为墓前左侧石兽。

从出土情况来看，这件石兽显然是因故移动位置，被推进了

① 苏健：《洛阳新获石辟邪的造型艺术与汉代石辟邪的分期》，《中原文物》1995 年第 2 期；王绣：《魅力洛阳·河洛地区文物考古成果精华》，大象出版社，2005 年，第 48～49 页。图 3 - 2 系笔者拍摄。

图 3 - 3　南阳宗资墓前石天禄　　图 3 - 4　南阳宗资墓前石辟邪

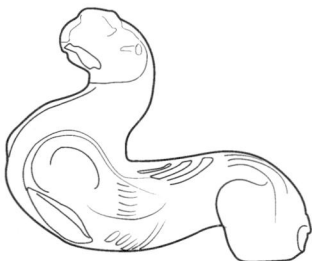

深沟，估计是早年即遭盗扰、毁坏①。一些部位因被撞击而遭到不同程度的损坏，如头顶独角、右耳、上唇、下颌、长舌下段、左翼、尾部及左前足下小兽头部和背部等。石兽高 190、长 297 厘米，重达 8 吨。

在河南南阳，还有一对有翼石兽遗存，传为东汉汝南太守宗资墓前石兽（图 3 - 3、4）②，现藏于河南南阳汉画馆。这对石兽，兽首及四肢皆残，其中一兽胸部似残留有长须（或舌）痕迹。其中一件为天禄，通高 165、长 220 厘米，其右翼前镌刻篆书"天禄"二字；另一件为辟邪，通高 165、长 235 厘米，其右翼前原镌"辟邪"二字，今已漫漶不清③。

许昌出土两件石翼兽④。其中一件于 2005 年 8 月出土于许昌市襄城县颍阳镇第一中学，现收藏于许昌博物馆（图 3 - 5）⑤。

---

① 2009 年 8 月 21 日，据中国国家博物馆霍宏伟博士告知，当时在该石兽出土地点附近，发现地下还埋有另外一件石兽，残损较为严重，推测应该和现存洛阳博物馆石兽为一对。

② 图 3 - 3、4 系笔者拍摄和绘制。

③ 周到、吕品：《略谈河南发现的汉代石雕》，《中原文物》1981 年第 2 期。

④ 张松利、张金凤：《许昌汉代大型石雕天禄、辟邪及其特点——兼论天禄、辟邪的命名与起源》，《中原文物》2007 年第 4 期。

⑤ 图 3 - 5 系笔者绘制。

石兽首、尾、四肢皆有残损，雄性，昂首挺胸，张口瞠目，长舌（或须，由于残损，舌、须特征不明显）贴胸，一角残损，但有明显痕迹，双翼生于两前腿近肩部，翼尾高浮雕，向后翘起，其他羽毛为浅浮雕，尾部采用排列有序的阴线来表现。从颈到尾的脊椎骨雕成连续的椭圆形，自腰脊处又生出六根羽毛向后覆盖整个臀部；紧接两翼尾处各生三根羽毛，向后紧贴腰侧；左后腿外侧根部又生出三根羽毛覆于表面；右后腿则无，肋骨凸起，四足交错。石兽通高 216、长 280、宽 110 厘米。兽体纹饰与现藏于南阳汉画馆的宗资墓前的天禄、辟邪类似。另一件原收藏于许昌市禹州文物考古管理所，现已移至河南博物院陈列（图 3－6）。下部已残，昂首挺胸，张口瞠目，双角双翼，短髭飞扬，长须八分，两耳呈扇贝状，脊椎雕作连珠形，肋骨凸起。双翼及其他羽毛的刻画尤其与南朝陵墓石刻前有翼天禄、辟邪相似。

（二）河北

1937 年之前，河北省内丘县曾发现多件带翼石兽，均于 1937 年被盗卖往美国及欧洲。其中，内丘县吴村所出一对后收藏于美国费城宾州大学博物馆（图 3－7）[1]；十方村出土一件，现收藏

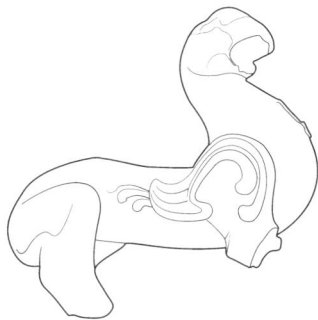

图 3－5　许昌襄城石兽

图 3－6　许昌禹州石兽

---

[1]　林树中：《海外藏中国历代雕塑》，江西美术出版社，2006 年，第 19 页，图 40。

图 3 - 7　美国费城
宾州大学博物馆藏石兽

图 3 - 8　法国巴黎
吉美博物馆藏石兽

于法国巴黎吉美博物馆（图 3 - 8）①。

　　吴村所出石兽曾著录于《抗议美帝掠夺我国文物》，当时曾误认为属南朝之物，原藏地在南京②。朱偰也曾认为："观其作风，雄浑沉着，显系六朝初期刘宋时代作品。"③ 林树中亦认为："此对石兽都只存头与身躯部分，腿尾均残，其造型特点是：胸腹部做瓜棱状突起，脊骨节鼓起，翼部用螺旋状平行线刻出，风格与南京麒麟铺刘宋石麒麟最为接近。其一独角（指在美国者），另一只角已残（指在法国者），可能是双角，当为刘宋帝陵之物。"④ 美国学者巴里·梯尔（Barry Till）认为该石兽应与南阳地区的石兽为同一类型，年代应为 2 ~ 3 世纪⑤。1952 年，在河北省内丘县城南大孟镇十方村北首，农民在耕地时于距地表约 0.3 米

---

① 王鲁豫：《河北内丘石雕神兽考察小记》，《美术研究》1987 年第 4 期；王鲁豫：《汉晋南北朝墓前石雕艺术》，北京广播学院出版社，1992 年，第 21 页；李零：《论中国的有翼神兽》，《入山与出塞》，文物出版社，2004 年，第 134 页。图 3 - 8 系笔者绘制。
② 文物出版社：《抗议美帝掠夺我国文物》，文物出版社，1960 年，图 54。
③ 朱偰：《丹阳六朝陵墓的石刻》，《文物参考资料》1956 年第 3 期。
④ 林树中：《六朝艺术》，南京出版社，2004 年，第 193 页。
⑤ Barry Till, "Some Observations on Stone Winged Chimeras at Ancient Chinese Tomb Sites", *Artibus Asiae*, vol. 42, 1980.

处犁出一件石兽，身长 150 厘米左右，为妥善保存，随即掩埋①。后又于 1999 年 5 月，在内丘县大孟镇十方村基建工程中，出土一件石兽（图 3 – 9）②，当时的报告称其与巴黎吉美博物馆所藏应为一对。笔者曾先后考察比较过这两件石兽，认为略有差异，它们应该是同区域、同时期的样式与遗存，但是不应该属配对设置。神兽为青石质，体形硕大。昂首挺胸，环目张口，舌尖上翘，长须垂胸，头顶双角已残损。小腹收敛，双翼贴身，尾较小。兽身纹饰对称均匀，线条粗犷。残高 140、体长 180、身宽 90 厘米，重约 1 吨。

（三）安徽

1985 年 2 月，安徽省临泉县腰庄农民在村前修路时，在距地表 0.8 米处发现石雕天禄一件，并及时送到县博物馆保存。石兽身形若虎，头似狮，头顶一独角，下垂脑后，张牙吐舌，下唇有须，长颈，两肩有半月形羽翼。昂首挺胸，长尾撑地，前后左脚向前跨进，给人以威武豪迈的气势。高 117、长 182 厘米。当地农民回忆，距该石雕西约 50 米处，原有一座高大的砖室墓，1958 年遭到破坏，曾出土陶楼、狗、灶以及铜镜、五铢钱等东汉文物。当地博物馆工作人员认为，这件天禄应是这座东汉墓前的石雕（图 3 – 10）③。

以上所述 A 型有翼石兽，除了收藏于美国费城宾州大学博物馆、法国巴黎吉美博物馆之外，在美国布法罗阿尔布莱特—诺克斯美术馆还收藏有一件④。这件石兽，于 2007 年夏在纽约苏富比拍卖行的亚洲艺术品拍卖会上被中国台湾收藏家所收藏，现陈列于

①　王鲁豫：《河北内丘石雕神兽考察小记》，《美术研究》1987 年第 4 期。

②　巨建强：《河北内邱出土北朝石神兽》，《文物》2005 年第 7 期。

③　冯耀堂：《临泉出土东汉石雕天禄》，《中国文物报》1988 年 4 月 29 日。图 3 – 10 系安徽省临泉博物馆于亚东馆长提供。

④　王鲁豫：《汉晋南北朝墓前石雕艺术》，北京广播学院出版社，1992 年，第 73 页。

图 3-9　内丘十方村石兽

图 3-10　临泉石兽

上海震旦博物馆（图 3-11）①。上述各墓前石兽来源，或长期立于地表上，散存于荒野之中；或为零星出土，未经过科学的考古发掘，亦无同时出土的伴出物。故本书讨论中并不以其为主要对象和依据。而同时，各个时期通过考古发掘工作在东汉陵墓中出土了类似的半月形翼石兽，为进一步探讨此类型石兽提供了可靠的发掘资料及较为准确的年代依据。

例如，河南省淮阳县北关纱厂东汉墓 M1 出土的石兽承盘（图 3-12）。1988 年 8~11 月，为配合河南省淮阳县纱厂扩建工

图 3-11　纽约苏富比拍卖石兽

图 3-12　河南淮阳石兽承盘

────────────────

① 图 3-11 系上海震旦博物馆提供。

程，对淮阳北关一号汉墓进行了发掘。该墓为砖石多室结构，多次被盗，残存有银器、铜器、玉器、石器、骨器、陶器等。其中有石兽承盘一件，兽立于圆形底座之上，昂首，四肢微屈。头生双角，瞋目张口，垂须及胸，肩生半月形羽翼，长尾卷曲及地。承盘通高46、圆座直径与石兽长度皆为22厘米。发掘者根据对随葬器物的分析认为，该墓年代当在东汉中期偏晚，即桓、灵帝之前，墓主人身份应为诸侯王或始封列侯①。

又如，1978年陕西省宝鸡市北郊东汉墓出土的一件滑石雕辟邪（图3-13）②。呈玉青色，圆雕而成，局部已残。为虎形翼兽，昂首张口，作怒吼状，头顶有一方形插孔，背部有一圆形插孔。昂首挺胸，其颌下有垂至胸部的须髯，脑后生有双角。辟邪肩生双翼，为半月形羽翼，后接长条形三叠翼，翼尖向下。高18.5、长18、宽6.7厘米③。与之类似的材料还见于20世纪50年代在山西太原汉墓中出土的一件汉代石兽，为独角带翼形，石兽挺立于石灯台之上，其羽翼为半月形，翼尖朝向后上方扬起（图3-14）④。

除上文所引三件石兽具有与前述A型有翼石兽相类似之半月形羽翼外，李零还介绍过几件东汉时期铜制辟邪座⑤，同样在其羽翼的起端以半月形弧线作为装饰。从以上几件遗存来看，东汉时期的中原地区，这类型石兽应属制作精美且等级较高的墓葬所

---

① 周口地区文物工作队等：《河南淮阳北关一号汉墓发掘简报》，《文物》1991年第4期。

② 该辟邪式石器座，石质已接近玉质，故也可认为是玉质辟邪器座。参见李零：《论中国的有翼神兽》，《入山与出塞》，文物出版社，2004年，第104~105页，图二七。

③ 中国玉器全集编辑委员会：《中国玉器全集4·秦·汉—南北朝》，河北美术出版社，1993年，第313页，图版264。

④ 《文物参考资料》1954年第9期，图版26。

⑤ 李零：《论中国的有翼神兽》，《入山与出塞》，文物出版社，2004年，第104页。

图 3 – 13　宝鸡辟邪式石器座

图 3 – 14　太原石兽

图 3 – 15　山西浑源铜壶麒麟纹

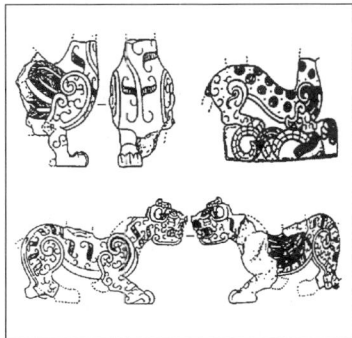

图 3 – 16　山西侯马陶范有翼兽

有。在更为久远的材料中，类似半月形羽翼或与其类似的羽翼形态可见于山西浑源李峪村出土战国铜壶上的麒麟纹（图 3 – 15）①，山西侯马战国铸铜遗址出土陶范上的有翼兽（图 3 – 16）②。

---

① 、李零：《论中国的有翼神兽》，《入山与出塞》，文物出版社，2004 年，第 95 页，图一〇。

② 山西省文管会侯马工作站：《1959 年侯马"牛村古城"南东周遗址发掘简报》，《文物》1960 年第 8、9 期；李零：《论中国的有翼神兽》，《入山与出塞》，文物出版社，2004 年，第 94 页，图九。

二、B型：长条形翼石兽

此型石兽的突出特点是，前腹两侧羽翼，多为三重，每重为三或四叠翼，翼形为长条形，翼尾为半圆形，翻卷向上或向下。"重"为"层"之意，即羽翼前后相叠，"叠"为羽翼上下叠压。根据羽翼朝向、数量的不同，大致可以细分为4种亚型。这一类型的石兽大多分布于河南、山东及四川等地（表3－2）。

表 3 – 2　　　　　　　东汉长条形翼石兽统计表

亚型	特点	石兽出土(收藏)地点	尺寸（米）		资料来源
			高度	长度	
Ba 型	三重三叠微翘翼	洛阳市涧西区孙旗屯（关林）	1.1	1.7	中国美术全集编辑委员会：《中国美术全集·雕塑编2·秦汉雕塑》，人民美术出版社，1985 年
		洛阳市涧西区孙旗屯（中国国家博物馆）	1.22	1.65	中国历史博物馆：《中国历史博物馆》，文物出版社，1984 年
Bb 型	三重三叠高翘翼	洛阳伊川彭婆东高屯村	1.14	1.72	洛阳古代艺术馆：《洛阳关林》，河南人民出版社，1985 年
		洛阳偃师商城博物馆	1.38	1.63	实地调查
		美国纽约大都会博物馆			林树中：《海外藏中国历代雕塑》，江西美术出版社，2006 年

亚型	特点	石兽出土 （收藏）地点	尺寸（米）		资料来源
			高度	长度	
Bb 型	三重三叠 高翘翼	美国旧金山 亚洲艺术博 物馆			王鲁豫：《汉晋南北朝 墓前石雕艺术》，北京 广播学院出版社， 1992 年
		美国堪萨斯奈 尔逊—阿特 金斯艺术馆			
		瑞典斯德哥 尔摩远东文 物陈列馆			
Bc 型	三重四叠 平行翼	四川雅安高 颐墓	1.51	2.33	耿继斌：《高颐阙》， 《文物》1981 年第 10 期
		四川雅安芦 山樊敏墓			实地调查
Bd 型	单列多叠 平行翼	山东曲阜孔林	1.8		王鲁豫：《汉晋南北朝 墓前石雕艺术》
		洛阳偃师商 城博物馆	1.1	1.08	实地调查
		山东泗水县 鲍王村			王思礼：《山东泗水县 鲍王村发现汉晋石 兽》，《考古通讯》 1958 年第 8 期
		山东博兴县 文管所			王鲁豫：《汉晋南北朝 墓前石雕艺术》
		重庆中国三 峡博物馆	1.8	2.8	实地调查

（一）Ba 型：三重三叠微翘翼石兽

该亚型石兽以河南洛阳涧西孙旗屯出土石辟邪为代表。1954年7月，洛阳市文物管理委员会在洛阳市涧西区孙旗屯配合防洪工程中发现石刻天禄、辟邪两件。其中，独角天禄（图3-17）[1]，肩生长条形双翼，后腿上部亦刻出羽毛。身形似狮虎，昂首阔步，威武矫健。石兽高122、长165厘米。现藏于中国国家博物馆。双角辟邪（图3-18）[2]，口部已残。高110、长170厘米。现藏于洛阳关林管理处（原名为洛阳古代艺术馆）。辟邪颈后有阴刻隶书题铭"缑氏蒿聚成奴作"7字[3]。从该石兽左翼的刻画中可以看出其显著特征为：翼根部卷曲，其外自上而下饰以5个连珠纹。羽翼分为三重，为浅浮雕加阴线刻，刻画细腻。最上一重羽翼与连珠纹相接，自上而下排列四行长条形羽翼，前三行翼似叶脉纹，尾部呈圆弧状，最下一行翼阴刻平直线条，翼尖向下；第二重有三行长条形翼，与上述一重前三行翼相接，翼尖上翘；最下一重羽翼仅有一条，斜出于三行羽翼之下，翼尖朝

图3-17　洛阳孙旗屯石天禄　　　　图3-18　洛阳孙旗屯石辟邪

---

① 中国历史博物馆：《中国历史博物馆》，文物出版社，1984年，第215页，图版见第119页。
② 中国美术全集编辑委员会：《中国美术全集·雕塑编2·秦汉雕塑》，人民美术出版社，1985年，第96页，图版九三。图3-18为笔者绘制。
③ 《文物参考资料》1954年第10期，封三，附有文字说明及题铭拓本；《文物参考资料》1954年第12期，封面。

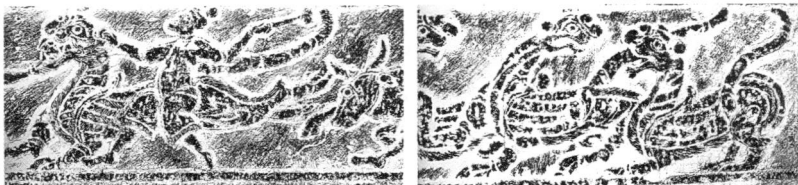

图 3－19　河南永城东汉画像石带翼神兽图像

下。该石兽为目前所见有翼神兽中刻画最为精细者，其模拟鸟类羽翼的完全写实描摹的做法在整个汉晋时期的石兽中尚不多见。1974 年河南永城酂城东汉墓中出土一系列画像石，现藏于河南省商丘博物馆。上面描绘有大量的升仙题材及带翼神兽，其羽翼的刻画相对于孙旗屯石辟邪略为简单，简化为二重三叠或一重三叠，微翘，但是其非常逼真的描摹鸟类翅翼的写实手法完全类同于孙旗屯石兽（图 3－19）[1]。

（二）Bb 型：三重三叠高翘翼石兽

此亚型石兽实例为 1963 年洛阳伊川彭婆东高屯村征集到的石兽（图 3－20）[2]。该石兽羽翼分为三重。最上一重贴近前胸下底，翼根部饰鳞纹，45 度角斜起三叠翼，翼尖向下；与之相连的第二重翼，呈侧立的直板状，其上为浅浮雕长条形三叠翼，翼尖上翘；最下一重为浅浮雕三条长翼，翼尖向下。石兽高 114、长172 厘米。

属于 Bb 型的石兽，尚有现藏于河南省洛阳偃师商城博物馆的翼兽（图 3－21）[3]，美国纽约大都会博物馆收藏东汉石辟邪

---

[1]　中国画像石全集编辑委员会：《中国画像石全集 6·河南汉画像石》，河南美术出版社，2000 年，第 48～53 页，图版七〇～七六。

[2]　图 3－20 系笔者绘制。洛阳古代艺术馆：《洛阳关林》，河南人民出版社，1985年，第 31 页；洛阳市地方史志编纂委员会：《洛阳市志》第 14 卷《文物志》，中州古籍出版社，1995 年，第 299 页。

[3]　图 3－21 系笔者拍摄。

一对（图3－22）①，美国旧金山亚洲艺术博物馆收藏石兽残躯（图3－23）②，美国堪萨斯奈尔逊—阿特金斯艺术馆收藏石兽（图3－24）③，以及瑞典斯德哥尔摩远东文物陈列馆收藏石兽等（图3－25）④。这几件早年被盗卖出境的石兽据介绍均出自河南洛阳及周边地区。而与其形式类似的羽翼图像也多见于河南各地所

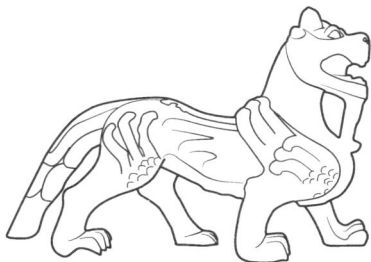

图3－20　洛阳伊川
彭婆石兽

图3－21　洛阳偃师商城
博物馆藏石兽

图3－22　大都会博物馆藏石辟邪

图3－23　旧金山亚洲艺术博物馆藏石兽

① 林树中：《海外藏中国历代雕塑》，江西美术出版社，2006年，第678～679页。图3－22系笔者绘制。
② 王鲁豫：《汉晋南北朝墓前石雕艺术》，北京广播学院出版社，1992年，图70。
③ 李零：《论中国的有翼神兽》，《入山与出塞》，文物出版社，2004年，第107页，图三一。
④ 王鲁豫：《汉晋南北朝墓前石雕艺术》，北京广播学院出版社，1992年，图72。

图 3 - 24　奈尔逊—阿特金斯
艺术馆藏石兽

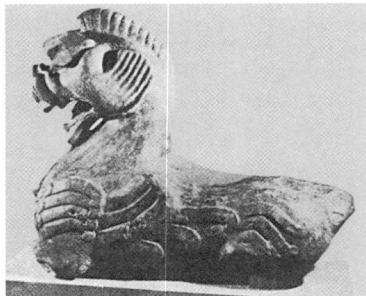

图 3 - 25　斯德哥尔摩远东
文物陈列馆藏石兽

发现的东汉时期画像石上，如南阳市唐河针织厂虎食鬼魅画像
（图 3 - 26、27）①、四宫画像（图 3 - 28）② 及方城东关门兽画像
（图 3 - 29）③ 等。

（三）Bc 型：三重四叠平行翼石兽

该亚型石兽以四川雅安高颐墓阙前石兽为典型例证（图
3 - 30）④。浅浮雕羽翼分为前后相连的三重。第一重贴近前胸，
第二重前端被第一重所压，略低于前。皆为 4 个较为平行的长条
形羽翼，翼尾呈圆弧状，上卷。第三重两行羽翼由第二重翼上部
斜出，后伸至臀部。同样，相距雅安不远处的芦山樊敏墓前石兽
仍具有这类羽翼，且整体造型几乎与前者一样。

与高颐墓阙前石兽及樊敏墓石兽之平行羽翼形态类似的例
子颇多，多见于陕西、河南及四川等地。例如，洛阳偃师华陶电

---

①　中国画像石全集编辑委员会：《中国画像石全集 6·河南汉画像石》，河南美术出
　　版社，2000 年，第 2、10 页，图版三、一〇。

②　中国画像石全集编辑委员会：《中国画像石全集 6·河南汉画像石》，河南美术出
　　版社，2000 年，第 15 页，图版二〇。

③　中国画像石全集编辑委员会：《中国画像石全集 6·河南汉画像石》，河南美术出
　　版社，2000 年，第 31 页，图版四四。

④　图 3 - 30 系笔者绘制。

厂汉墓 M133 出土的兽形石砚盖（图 3-31）。圆形盖面上圆雕一兽，兽作狮首虎躯，昂首怒吼，长躯盘成圆环状，颈尾相接，肩附双翼，四蹄短足。圆雕手法简洁明快，造型矫健有力。高 11.9、直径 15.9 厘米。由图片来看，羽翼似两重三叠平行长条形翼，最上一条长翼已残[1]。

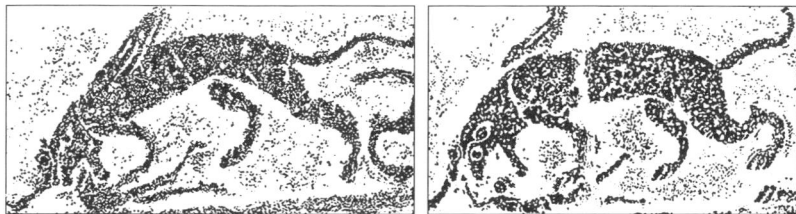

图 3-26　河南唐河针织厂虎食鬼魅画像

图 3-27　河南唐河针织厂
虎食鬼魅画像

图 3-28　河南唐河针织厂
四宫画像

图 3-29　河南方城东关门兽画像

---

[1]　王绣：《魅力洛阳·河洛地区文物考古成果精华》，大象出版社，2005 年，第 46 页。

图 3－30　四川雅安高颐墓前石兽

图 3－31　洛阳偃师兽形石砚盖

图 3－32　四川雅安天禄辟邪石柱础

图 3－33　四川雅安子母虎石柱础

　　1956 年 3 月，在四川雅安市河东乡沙溪村点将台汉墓，发现了七件东汉时期石刻，刻画有翼神兽的有三件，分别为天禄辟邪柱础、子母虎柱础、辟邪帷帐座①。天禄辟邪柱础（图 3－32）底座长 40、宽 20 厘米，在辟邪的背部中心有一长方形的石柱以承重。两只兽作相戏状，天禄较小，尾部在前，头反转位于辟邪颔下；辟邪体形较大，头部上扬作咆哮状，身子庇护着下方的天禄。两兽皆为单列长条形羽翼，从其羽翼上部斜出一条后伸至臀部的长翼。子母虎柱础（图 3－33）底座长 41、宽 20.5 厘米，仍是两兽交织图像，其中母虎背负一长方形短柱与底板相接，子

①　雅安市文物管理所等：《雅安汉代石刻精品》，四川人民出版社，2005 年，第 42～53 页，图版 43、51、52。图 3－32、33 系笔者拍摄。

虎则与母虎交颈卧于座上，两只虎翼均为单列长条形，且仍有斜伸至臀部的一条长翼。

从雅安这两件材料来看，其羽翼的基本形态及刻画方式均与高颐墓前石兽羽翼相似。

此类形象的羽翼，在四川地区数量较多，且题材类型丰富，以下仅举几例说明。例如雅安高颐阙阙身浮雕上各类型题材（图3－34）①，芦山县所发现东汉上计史令王晖墓画像石棺两侧所刻虬、螭（图3－36）②，四川德阳司马孟台阙画像（图3－35）③，四川泸州、芦山和重庆合川等地的画像材料（图3－37～39）④，以及陶制摇钱树座（图3－40）⑤和灯座上各类翼兽（图3－41）⑥，均有所表现，说明这种式样在东汉时期的四川地区是一种较为

图3－34 四川雅安高颐阙石兽浮雕

图3－35 四川德阳司马孟台阙画像

① 雅安市文物管理所等：《雅安汉代石刻精品》，四川人民出版社，2005年，第17、39、41页；徐文彬等：《四川汉代石阙》，文物出版社，1992年，第104页，图八三。
② 雅安市文物管理所等：《雅安汉代石刻精品》，四川人民出版社，2005年，第38～41页。
③ 中国画像石全集编辑委员会：《中国画像石全集7·四川汉画像石》，河南美术出版社，2000年，第67页，图版八二。
④ 中国画像石全集编辑委员会：《中国画像石全集7·四川汉画像石》，河南美术出版社，2000年，第153页图版一八九，第71页图版九〇，第51页图版六二。
⑤ 四川博物院藏东汉陶摇钱树座，图片系笔者拍摄。
⑥ 李零：《论中国的有翼神兽》，《入山与出塞》，文物出版社，2004年，彩版16。

图 3 - 36　四川芦山王晖石棺画像

图 3 - 37　四川泸州天禄画像

图 3 - 38　四川芦山樊敏阙画像

图 3 - 39　重庆合川画像石

图 3 - 40　东汉
陶摇钱树座

图 3 - 41　东汉
陶辟邪座

普遍的模式。

　　东汉时期此类型石翼兽的长条形羽翼，有研究者认为在西汉时期关中地区已经出现，这类石兽形象应该是从关中地区向四周传播，而四川地区受其影响更甚①。从陕西发现的一些西汉时期带翼兽艺术品中，可以清楚地看到这种影响。咸阳周陵新庄出土、现藏于咸阳市博物馆的西汉玉辟邪，其羽翼为两重三叠长条形翼，前短后长，翼尾多呈圆弧状，翻卷朝上（图3－42）②。东汉高颐阙前石兽羽翼与之近似，唯变两重翼为三重，在前两重翼之后又加一长条形翼，将三叠翼变为四叠翼。高颐阙前石兽羽翼不如西汉玉兽羽翼卷曲，而变得略微平齐，这种变化应该与石质材质本身特性及工艺水平有关。同样，现藏于西安博物院的西汉铜羽人，为长脸尖鼻，两长耳竖立，头发向后梳成锥形髻，屈膝坐，身披羽翼（图3－43）③。其羽翼的表现形式与高颐阙前石兽长条形羽翼相似。当然，如果将视野放入到更为广阔的欧亚大陆，我们会发现四川、关中等地这类形象的艺术源头其实在遥远的西亚④。

（四）Bd型：单列多叠平行翼石兽

B型石兽中，还有一类是单列翼翅，但有两叠，如山东博兴石兽；或三叠，如山东曲阜石兽、泗水石兽及偃师商城石兽；或四叠，如重庆忠县石兽等。

山东省博兴县兴福村曾出土一件石翼兽，后藏于博兴县文物管理所。所见著录图版较为模糊，似为两叠长条形羽翼（图3－44）⑤。

---

① 林梅村认为："60年代初，汉元帝渭陵寝殿遗址发现一批西汉玉兽，其中有玉人骑翼马和带翼玉狮等。所以东汉石狮的艺术源头可能也在关中地区。"参见林梅村：《古道西风——考古新发现所见中西文化交流》，生活·读书·新知三联书店，2000年，第163页。

② 刘云辉：《玉器》，文物出版社，2001年，第6页。

③ 图3－43系中国国家博物馆霍宏伟博士拍摄、提供。

④ 关于这类翼兽与西亚艺术的关系，在本章第三节对有翼神兽源流讨论中有专门论述，故此处不再赘述。

⑤ 王鲁豫：《汉晋南北朝墓前石雕艺术》，北京广播学院出版社，1992年，第48页，图62。

图 3-42　西汉玉辟邪　　图 3-43　西汉铜羽人　　图 3-44　山东博兴石兽

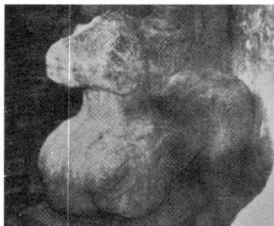

　　而单列三叠平行羽翼，以山东曲阜石翼兽为代表，虽残损较为严重，但仍可辨认（图 3-45）①。另外，1955 年春，在山东省泗水县鲍王坟东汉墓地附近发现四件石兽，其中三件有翼。鲍王坟东南 150 米处的石兽，从图片来看，似为单列三叠平行羽翼（图3-46）②。

　　与之相类的单列三叠或多叠羽翼的材料在东汉时期仍然较为多见，如现藏于河南偃师商城博物馆的东汉石羊，为蜷曲状双角，肩生单列三叠羽翼，其羽翼末端为圆弧状微微弯曲形（图 3-47）③。

　　前文所述雅安出土石雕中，有一只辟邪帷帐座，长 37、宽 22 厘米。辟邪呈蹲卧状向天仰啸，肩生羽翼，为单列长条形五叠翼，圆弧形翼尾，翼尾微微上翘（图 3-48）④。

　　又如江苏徐州汉彭城王刘恭墓出土鎏金镶嵌辟邪式砚盒（图 3-49）⑤，装饰豪华，器表鎏金，镶嵌红珊瑚、绿松石和青金石，其年代约在东汉明帝时（58~75 年）。据李零介绍，这件头上有

———————————————

①　王鲁豫：《汉晋南北朝墓前石雕艺术》，北京广播学院出版社，1992 年，图 67~68。

②　王思礼：《山东泗水县鲍王村发现汉晋石兽》，《考古通讯》1958 年第 8 期，图版捌：4。

③　图 3-47 系笔者拍摄。

④　中国美术全集编辑委员会：《中国美术全集·雕塑编 2·秦汉雕塑》，人民美术出版社，1985 年，第 98 页，图版九五。

⑤　2009 年中华世纪坛秦汉罗马文明展，图片系笔者拍摄。

双角的翼兽，是典型的"蝦蟆式"式样①。另外，在云南晋宁石寨山7号西汉墓中，出土一件有翼虎错金镶嵌银带扣，此带扣整体为"盾牌形"，外轮廓呈前圆后方形。通长10、前端宽6.1、尾端宽4.2厘米。扣的正中有模压而凸起的翼虎纹样，该翼虎即为单列三叠羽翼。右前爪上举持一树状物件，昂首翘尾，尾翼向斜后展开。虎的双目镶嵌黄色透明的玻璃珠，全身错有薄金片并镶嵌绿松石（图3－50）②。

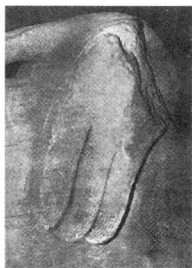

图3－45　山东曲阜石兽羽翼

图3－46　山东泗水鲍王坟石兽

图3－47　河南偃师商城博物馆
藏石兽羽翼

图3－48　四川雅安辟邪帷帐座

① 李零：《论中国的有翼神兽》，《入山与出塞》，文物出版社，2004年，第100～111页。
② 云南省博物馆：《云南晋宁石寨山古墓群发掘报告》，文物出版社，1959年，图版伍玖，2。

图 3-49 徐州汉彭城王刘恭墓
出土辟邪式砚盒

图 3-50 云南晋宁石寨山 M7 出土
翼虎银带扣

三、小结

通过对上述两种类型羽翼形态的归纳，可以看出：具有半月形翼的石兽，以河南洛阳、南阳及周边地区多见，另外在河北、安徽也有所见，分布相对集中于当时的政治、经济、文化中心一带。其刻画精美、装饰华丽、生动传神，具有很强的神异色彩，墓主人身份等级均较高。在数量上略少于长条形翼神兽，但这种羽翼形态出现时段很早。半月形羽翼，在北方草原民族艺术及中国先秦青铜器纹饰上已见端倪，在西汉时期的各类材料上也已基本成型，出现时段上略早于后者。

另一类为长条形翼石兽，主要分布于河南、四川、山东等省，特别以四川、河南较为密集。此类石兽整体形态比较浑厚、质朴且以写实描绘为主，羽翼较为规整厚重。其中 Ba 与 Bb 型主要见于中原地区，而 Bc 型主要以四川地区为主，Bd 型则分布比较广泛且其他材料上也多见。此类长条形羽翼形态，从图像特征上看，呈现出由关中地区为发祥地向四周扩散的分布特点。

第二节　东汉有翼神兽的题材类型

在本章第一节中，笔者对汉代列置于各级各类墓前石刻中的石兽进行了归纳总结，其中以有翼神兽特别精美与突出。据了解，东汉时期有翼神兽题材类型较多，而且应用广泛。除了作为神道石刻的有翼石兽外，其他不同质地的载体上亦出现大量翼兽形象，并成为汉代艺术形象中重要的因素。其中依其形象所仿来源的不同，又可分为龙、虎、狮、鹿、骆驼、马、羊等类型进行比较，从中可窥探其图像源流及图示意义。因其数量巨大，且前辈学者已有颇多论述，故仅按此分类略举数例。

一、龙型翼兽

翼龙题材在东汉时期的画像石、画像砖上有较多反映，而圆雕中几乎没有出现翼龙，估计还是本身题材与载体不大合适的原因。在画像石中，如山东嘉祥东汉画像石中有一对翼龙形象，相对而立，头向一致，肩生羽翼，如半月形，翅尖上扬，前端饰鳞纹，后饰若干平行线条（图3-51）①。四川地区画像石、画像砖上的翼龙形象表现得更为生动、夸张。重庆江北画像石上有一幅翼龙图像，造型较为夸张，龙身躯被拉长，肩上的羽翼短而粗壮

① 济宁地区文物组等：《山东嘉祥宋山1980年出土的汉画像石》，《文物》1982年第5期；中国画像石全集编辑委员会：《中国画像石全集2·山东汉画像石》，山东美术出版社，2000年，第98页，图版一〇七。

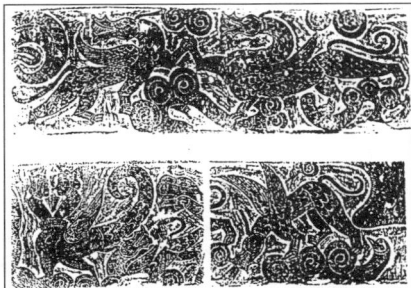

图3-51 山东嘉祥翼龙画像

图3-52 重庆江北翼龙画像

图3-53 四川新津
崖墓翼龙画像

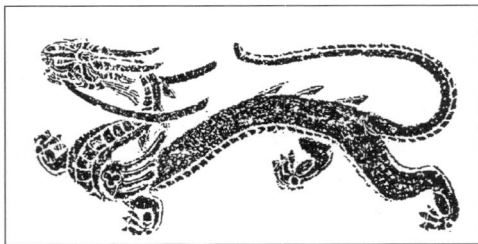

图3-54 四川芦山王晖
石棺翼龙画像

（图3-52）①；四川新津崖墓画像中，龙翼被拉长成一条细长的带状并向后翻卷飘动（图3-53）②；雅安芦山出土的东汉王晖画像石棺的两个侧面，各雕刻有一牝一牡两龙图像，龙肩生长条形单列四叠羽翼，翼尾上扬（图3-54）③。四川渠县冯焕阙青龙图像，龙身健硕雄壮，类于虎形，其羽翼为单层三叠式，并有一飞

---

① 中国画像石全集编辑委员会：《中国画像石全集7·四川汉画像石》，河南美术出版社，2000年，第48页，图版五六。

② 中国画像石全集编辑委员会：《中国画像石全集7·四川汉画像石》，河南美术出版社，2000年，第168页，图版二〇四。

③ 中国画像石全集编辑委员会：《中国画像石全集7·四川汉画像石》，河南美术出版社，2000年，第72~75页，图版九二~九三。

翼从其下飘出向前翻卷过头部（图 3 – 55）①。在渠县，这类型翼龙图像多见，分别见于渠县蒲家湾无名阙、赵家村无名阙、王家坪无名阙及沈氏阙②。在四川地区还多见有翼龙虎与西王母的组合图像。如彭山出土的一具画像石棺上，西王母双手拱于胸前，坐于龙虎座上，座下龙虎皆生双翼，高扬前爪，呈咆哮状（图 3 – 57）③。又如南溪二号画像石棺上，画面中的西王母身生羽毛，拱手坐在龙虎座上，龙虎均生双翼（图 3 – 56）④。另有四

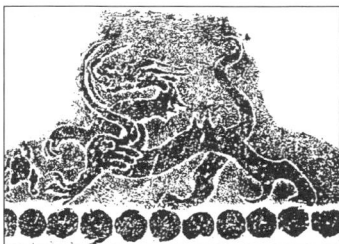

图 3 – 55　四川渠县冯焕阙翼龙画像

图 3 – 56　四川南溪二号石棺翼龙画像

图 3 – 57　四川彭山一号石棺翼龙画像

① 中国画像石全集编辑委员会：《中国画像石全集 7·四川汉画像石》，河南美术出版社，2000 年，第 64 页，图版七八。
② 参见徐文彬等：《四川汉代石阙》，文物出版社，1992 年。
③ 中国画像石全集编辑委员会：《中国画像石全集 7·四川汉画像石》，河南美术出版社，2000 年，第 116 页，图版一五一。
④ 中国画像石全集编辑委员会：《中国画像石全集 7·四川汉画像石》，河南美术出版社，2000 年，第 107 页，图版一三五。

图 3 – 58 四川郫县二号石棺翼龙画像

图 3 – 59 秦代龙纹画像砖

川郫县二号石棺"二龙夺璧"图像，刻画与彭山、渠县等地材料类似（图 3 – 58）①。

另外，在当时的四川、河南等地，这类翼龙材料颇多，本文暂举以上数例。

翼龙的形象，较之于其他类别，在中国艺术中出现较早。目前考古发现已经证实，早在秦代，已出现以翼龙为主体图案的画像砖。据传出土于西安东郊的龙纹画像砖，模印的龙纹图像与咸阳塔儿坡出土者相仿。其正面、上侧和右侧三面均有图像，正面及上侧面中央饰二龙穿璧纹，上下两边附有凤鸟和灵芝，右侧饰走龙一条。该砖现藏于西安市文物管理委员会，高 19、长 118、宽 37 厘米（图 3 – 59）②。飞龙背生双翼，羽翼为单列三叠或五叠翼，翼尖朝上。《周易·乾》云："初九：潜龙，勿用。……九五：飞龙在天，利见大人。"③ 秦代龙纹画像砖所表现的是"飞龙在天"的形象。龙是中国特有的动物造型，考古发现中有大量龙形实物出土，翼龙的概念应当是中国本土文化的产物。从文献资料来看，最迟在《周易》成书的周代已有了"飞龙"的记载。至于翼龙的图像渊源，应是飞龙概念在其发展过程中与其他文化传

---

① 中国画像石全集编辑委员会：《中国画像石全集 7·四川汉画像石》，河南美术出版社，2000 年，第 100～101 页，图版一二九。

② 中国美术全集编辑委员会：《中国美术全集·雕塑编 2·秦汉雕塑》，人民美术出版社，1985 年，第 35 页，图版三三。

③ ［宋］朱熹：《周易本义》卷一，上海古籍出版社，1987 年，第 1 页。

统的图像产生了交流，特别是受到来自北方民族的带翼格里芬形象中的翼翅形态的影响，并有了图形与表现形式上的相互借鉴及表现。

但是上述认识，由于目前所见材料的限制，尚有待于今后进一步论证。

二、虎型翼兽

此型墓前石翼兽数量较多，且分布广泛，主要有河南洛阳涧西孙旗屯一对石兽①、南阳东汉宗资墓前一对石兽②及重庆忠县乌杨一件石兽。于春注意到河南洛阳孙旗屯石兽双翼根部装饰了一串连珠纹，这是西汉以来中原地区有翼兽造型中所未见的因素。在同时期犍陀罗、马图腊艺术石刻制品及波斯、中亚地区的有翼兽遗存中，也有双翼根部装饰连珠纹之例，据此认为我国东汉大型有翼石兽可能受到这些地区有翼兽造型的影响③。笔者也注意到重庆忠县石兽脊背处也装饰有类似的连珠纹。另外，色伽兰早年于渠县所考察的石兽背部仍以类似手法刻绘，同样体现了上述文化因素的影响。

虎型翼兽形象，在汉代墓室壁画、画像石中均有广泛的反映。例如，在河南洛阳烧沟61号西汉墓墓门上额，就绘有"虎食鬼魅"壁画，该墓的年代约为西汉元帝至成帝之间（前48～前

---

① 中国历史博物馆：《中国历史博物馆》，文物出版社，1984年，图版见第119页；中国美术全集编辑委员会：《中国美术全集·雕塑编2·秦汉雕塑》，人民美术出版社，1985年，第96页，图版九三。

② 周到、吕品：《略谈河南发现的汉代石雕》，《中原文物》1981年第2期。

③ 于春：《我国出土战国至六朝时期的"有翼兽"及相关问题》，《中国四川西部人文历史文化综合研究》，四川大学出版社，2003年，第254页。

7 年）。老虎双翼略呈三角形，翼尖朝上（图 3 - 60）①。在山东安丘董家庄东汉晚期画像石墓内，后室东间北壁上就有翼虎的画像（图 3 - 61）②。在山东嘉祥出土的东汉画像石中，刻画有翼虎，双翼为细长条形，翼尖朝向后上方（图 3 - 62）③。在沂南画像石墓前室隔梁西面画像中，刻画一只有翼虎正在撕咬一只奔跑的兽类，双翼为多层羽翼，又生成长条形飞翼，翼尖朝向后上方（图 3 - 63）④。

孙作云曾认为山东沂南画像石墓前室北壁正中的"大傩图"："即郭璞之所谓'畏画'（吓鬼图）者，有以虎头衔蛇。"⑤ 并指出该墓室画像中的虎头就是《山海经・大荒北经》中所谓的疆良（强梁）："有神衔蛇、操蛇，其状虎首、人身、四蹄、长肘，名曰疆良。晋郭璞注曰：'亦在畏画中。'"⑥ 而洛阳烧沟 61 号西汉墓"虎食鬼魅"图像中的神虎亦为"强梁"，即《后汉书・礼仪志・大傩》中所指："强梁、祖明共食磔死寄生。"⑦ 并认为上述山东嘉祥、沂南等地画像中的"大傩图"、虎食鬼魅画像中的

---

① 河南省文化局文物工作队：《洛阳西汉壁画墓发掘报告》，《考古学报》1964 年第 2 期；洛阳市第二文物工作队：《洛阳汉墓壁画》，文物出版社，1996 年，第 87 页。

② 山东省博物馆：《山东安丘汉画象石墓发掘简报》，《文物》1964 年第 4 期；中国画像石全集编辑委员会：《中国画像石全集 1・山东汉画像石》，山东美术出版社，2000 年，第 116 页，图版一五五。

③ 济宁地区文物组等：《山东嘉祥宋山 1980 年出土的汉画像石》，《文物》1982 年第 5 期。

④ 南京博物院等：《沂南古画像石墓发掘报告》，文化部文物管理局，1956 年；中国画像石全集编辑委员会：《中国画像石全集 1・山东汉画像石》，山东美术出版社，2000 年，第 148 页，图版二〇〇。

⑤ 孙作云：《孙作云文集・美术考古与民俗研究》，河南大学出版社，2003 年，第 468 页。

⑥ 袁柯：《山海经校注》，巴蜀书社，1996 年，第 364 页。

⑦ 孙作云：《洛阳西汉壁画墓中的傩仪图》，《孙作云文集・美术考古与民俗研究》，河南大学出版社，2003 年，第 156 ~ 170 页。

图 3 - 60 洛阳烧沟
M61 翼虎壁画

图 3 - 61 山东安丘
翼虎画像

图 3 - 62 山东嘉祥翼虎画像

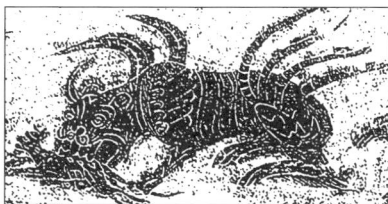

图 3 - 63 山东沂南翼虎画像

老虎均为"强梁"①。

苏健认为,虎型翼兽的形象与所谓的"穷奇"有关,曾提出两汉时期墓前石兽中天禄、辟邪的造型是从带翼虎型兽"穷奇"演变而来的②。

上述观点认为,墓葬中的这类翼虎形象代表了可以辟邪驱魔的神物。不论是孙作云所谓"强梁",还是苏健所认为由"穷奇"演变而来,均是起着保护丧者尸体和灵魂不被地下世界的鬼魅所侵害的作用。墓室中的"虎食鬼魅"及"大傩图"画像其实是墓葬大傩仪式的延伸。汉代丧葬仪式中,为保护丧者顺利下葬并保

---

① 孙作云:《洛阳西汉壁画墓考释》,《孙作云文集·美术考古与民俗研究》,河南大学出版社,2003 年,第 171 ~ 198 页。

② 苏健:《洛阳新获石辟邪的造型艺术与汉代石辟邪的分期》,《中原文物》1995 年第 2 期。

证其在地下世界不被专门吞食死者肝脑的鬼魅——"方良"（魍象）所侵害，都要举行大傩仪式。在护送丧者灵柩行进往墓地和入圹下葬之时，请方相氏举行仪式并"戈击四隅"驱除被称为方良的鬼魅[①]。而墓葬封藏之后，由于人们相信"虎者阳物，百兽之长，能击鸷性食鬼魅者也"[②]，并且相信魍象畏"虎和柏"，且由于带有羽翼的神虎"穷奇"或"强梁"更为凶猛，专食鬼魅，所以人们在墓葬中墓门位置及安葬丧者的主室内，刻画翼虎食鬼魅的图像，以其来护卫镇守，保护丧者。而墓上所设置的圆雕石翼虎同样是取意于此，成为替墓主人镇守与驱除鬼魅的固定设置。

　　虎形图像，在中国传统艺术中出现较早，在三代铜器上屡见。更早可上溯到商代玉器中，虎的形象已经非常成熟而典型，其为中国传统动物母题[③]，是毫无疑问的。但是，直到西周为止，尚未出现带翼的老虎。老虎与羽翼图像的结合出现于春秋时期，至战国时则较为普遍，体现了来自北方草原民族文化"斯基泰——西伯利亚动物纹饰"的带翼格里芬形象对中国传统艺术主题的影响。

　　综上，就虎型翼兽而言，其渊源应该是自身的文化因素，经过战国、秦汉时期逐渐受外来文化影响，同时在发展过程中对外来图像特征的借用和组合，产生了新的图像形式。

---

① 《周礼·夏官·方相氏》："方相氏掌蒙熊皮，黄金四目，玄衣朱裳，执戈扬盾，帅百隶而时难（傩），以索室驱疫。大丧，先柩。及墓，入圹，以戈击四隅，驱方良。参见［汉］郑玄注，［唐］贾公彦疏：《周礼注疏》卷三一，《十三经注疏》下册，上海古籍出版社，1997年，第851页。

② ［汉］应劭撰，王利器校注：《风俗通义校注》下册，中华书局，1981年，第574页。

③ "母题"（motif），在美术学中有三个层面的含义：第一，指构图中独特的、支配性的成分；第二，指设计中的一个单位，通过重复这个单位来形成一种图案或强调一种主题；第三，艺术作品的主题或题材。参见范景中：《〈木马沉思录〉简释》，《图像与观念——范景中学术论文选》，岭南美术出版社，1993年，第44页。

三、狮型翼兽

东汉狮型石翼兽包括河南洛阳孟津石兽、四川雅安高颐阙前石兽等。其特点是体形庞大，丰满肥硕。有研究者认为，雅安高颐阙前石翼兽是有渊源可寻的，它继承了西汉元帝渭陵"玉辟邪"的艺术风格，结合东汉中原地区大型石狮等石刻圆雕作品的出现，成为东汉大型有翼石兽发展风格的一种类型①。这个看法与前文所引林梅村所认为的四川地区大型石刻传统来自关中地区无异。

但是，最早出现于关中地区的这种艺术传统是本土文化自身衍生而来还是有其外来根源呢？在上述狮型翼兽中，尤以洛阳孟津石兽形态特征明确，可以为我们提供寻找答案的线索。

蔡鸿生曾指出，南朝王侯墓神道石兽口伸长舌的特点是印度风格的狮子"吐赤白舌"的反映②。其后杨晓春在南朝梁代僧人僧旻、宝唱等所辑佛教类书《经律异相》中找到了对印度狮子描述的相关记载（出自《涅槃》卷二五，又见于《大智论》）："师子王生住深山大谷，方颊巨骨，身肉肥满，头大眼长，眉高而广，口鼻旻方，齿齐而利，吐赤白舌，双耳高上，修脊细腰，其腹不现，六牙长尾，鬃髦光润，自知气力，牙爪锋芒，四足据地，安住岩穴，振尾出声。若有能具如是相者，当知真师子王。"因而进一步肯定了南朝王侯墓石兽是印度风格的狮子形象③。事实上，南朝王侯墓吐舌石兽的这些特点在洛阳孟津石兽上亦有所

---

① 于春：《我国出土战国至六朝时期的"有翼兽"及相关问题》，《中国四川西部人文历史文化综合研究》，四川大学出版社，2003 年，第 253 ~ 254 页。

② 蔡鸿生：《唐代九姓胡与突厥文化》，中华书局，1998 年，第 201 ~ 203 页。

③ 杨晓春：《南朝陵墓神道石刻渊源研究》，《考古》2006 年第 8 期。

体现，如"方颊巨骨，身肉肥满，头大眼长，眉高而广，口鼻窦方，齿齐而利，吐赤白舌，双耳高上，修脊细腰，其腹不现，六牙长尾……牙爪锋芒，四足据地"。

对比吐舌状翼兽，也有学者持不同看法，认为是融合来自西域的狮子形态与源自楚地的具有中国传统镇墓兽特征的长舌以及西亚"斯基泰风格"的羽翼装饰而形成的一种新的图像[1]。但是，笔者认为这种仅仅从图像风格特征上的相似来认定尚缺乏说服力，而狮子"吐赤白舌"不但有图像的直接证据，也有文献描述和表现意义的支持，相对源于楚地吐舌镇墓兽的看法应更为准确。所以，笔者认为，洛阳孟津石翼兽应为目前中原地区所见最早的吐舌型狮状翼兽，其原型应来自于印度狮子。

两汉时期其他质地的狮型翼兽出土数量较多，李零曾收集了大量资料，依其质地不同，分为铜器、陶器、石器、金器，较典型的计有陕西西安十里铺西汉墓出土的带翼狮器座（图3-64）[2]，陕西咸阳汉元帝渭陵寝殿遗址出土的西汉玉雕带翼狮（参见图3-42），故宫博物院藏带翼狮（图3-65）[3]，美国华盛顿赛

图 3 - 64　西安十里铺西汉墓
出土带翼狮器座

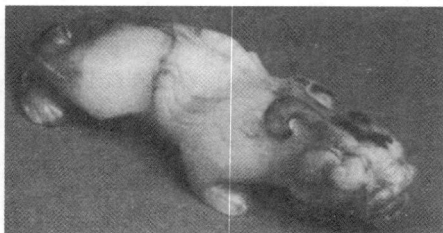

图 3 - 65　故宫博物院藏
带翼狮

---

[1]　孙长初：《六朝石刻辟邪艺术图像的释读》，《东南文化》2008 年第 2 期。
[2]　高曼：《西安地区出土汉代陶器选介》，《文物》2002 年第 12 期，图二。
[3]　李零：《论中国的有翼神兽》，《入山与出塞》，文物出版社，2004 年，第 99 页，图一六。

克勒美术馆藏带翼狮器座（图 3 - 66）① 等。

　　曾布川宽曾介绍一个见于西汉中山靖王刘胜墓出土鎏金铜案足上所刻绘狮子纹样，并认为具有斯基泰文化因素②。这类图像，在中国境内最早出现于当年的西域地区，可视为上述带翼狮子形象的直接来源。据介绍，在新疆所存留的塞人（斯基泰）墓地遗迹中，多次发现各类带有狮子图像的材料。1983 年，在新疆伊犁河支流巩乃斯河畔发现一批青铜器窖藏。其中有一件"高足承兽方盘"，被认为是先秦时期的塞人文物，盘面上有一对相向而立的狮子形象，可能是目前中国境内出现最早的狮子形象③。另外，在新疆阿拉沟公元前 4 ~ 前 2 世纪左右的木椁墓中也发现了带有对狮形象的"高足承兽方盘"（图 3 - 67）④，尤其突出的是这件方盘中的狮子还带有双翼，同时还伴出装饰有奔腾跳跃狮子纹样的金箔饰片。这些动物图像，被称为"斯基泰动物意匠"或"斯基泰风格"的艺术作品。

　　狮子原产于非洲，其分布区域沿地中海南岸，延伸于伊朗高原和印度西部，最北可达阿富汗。文献中出现狮子的记载，最早在战国时期⑤，但是在中国的动物图像当中，狮子出现相对较晚，主要来源于中亚、小亚细亚地区希腊化世界的艺术。

　　遍布于中亚草原的斯基泰人，受希腊艺术影响，广为流行以狮子形象为特定母题的图像，并以此为媒介最早将狮子形象传入中原。自西汉张骞通西域后，来自西域的狮子及其图像开始全面

① 李零：《论中国的有翼神兽》，《入山与出塞》，文物出版社，2004 年，第 103 页，图二一。
② 〔日〕曾布川宽著，傅江译：《六朝帝陵——以石兽和砖画为中心》，南京出版社，2004 年，第 75 页。
③ 穆顺英、王明哲：《新疆古代民族文物》，文物出版社，1985 年，第 6 页。
④ 〔匈牙利〕雅诺什·哈尔马塔主编，徐文堪、芮传明译：《中亚文明史》第二卷，中国对外翻译出版公司，2002 年，第 167 页，图 10。
⑤ 李零：《狮子与中西文化的交流》，《入山与出塞》，文物出版社，2004 年。

图 3-66　赛克勒美术馆
藏带翼狮器座

图 3-67　新疆阿拉沟出土
高足承兽方盘

图 3-68
印度石狮

进入中国艺术的视野。而随着西汉末年佛教传入中原地区，又接受了来自印度的佛教教义中狮子信仰、护法狮子的图像及其意义的影响。在公元前 3 世纪印度孔雀王朝时期，阿育王为炫示王权及弘扬佛法教义，在其国境内遍立石柱。石柱顶端均雕刻着蹲踞的雄狮，表示佛陀唤醒世人的"大力狮吼"（图 3-68）[①]。近年在四川渠县发现的赵家坪无铭阙石辟邪，其造型为其他汉代陵墓石兽中未见的"新标型"，与阿育王石柱雄狮接近，可以认为是其图像的延续，是吸收了佛教"守护神"的形象特征而成。

这种圆雕狮子造型，成为中国陵墓狮子雕塑的艺术原型，并在东汉时期成为中国各类型艺术品中常见的主题。而且，从东汉时期开始，狮型翼兽题材已基本成型，并形成固定形象的天禄与辟邪[②]。

四、鹿型翼兽

此类翼鹿图像，在东汉时期的画像石、画像砖、石阙及织锦

① 　王镛：《印度美术》，中国人民大学出版社，2004 年，第 33 页。
② 　李零：《论中国的有翼神兽》，《入山与出塞》，文物出版社，2004 年，第 100 页。

上均有表现。1967 年春，在山东省诸城县前凉台村西，发现一座
大型汉画像石墓。其中，在墓门门额石上刻绘有一只翼鹿，昂首
挺立，头生双角，肩生双翼，羽翼为两条略微弯曲的线条，朝向
后上方。石长 190、宽 43 厘米（图 3 - 69）①。山东嘉祥武氏祠祥
瑞图中的麒麟画像，其实就是一个带有独角的鹿形动物形象（图
3 - 70）②。

　　在四川地区，这类形象也较为常见，如四川彭山县义和乡出
土"戏鹿"画像砖，左侧为一男子峨冠博袖，骑鹿行进，鹿张口
奋蹄，体形高大，肩生长条形羽翼。砖高 25、长 45、厚 5 厘米
（图 3 - 71）③。四川成都曾家包东汉画像砖石墓门上有一对有翼
卧鹿（图 3 - 72）④。20 世纪 80 年代左右，在四川成都市西郊金
牛公社土桥镇西侧的曾家包，发掘 2 座东汉晚期的画像砖石墓。
其中，在 2 号墓石墓门外侧上部雕刻一对卧鹿，每只鹿头生一对

图 3 - 69　山东诸城翼鹿画像

图 3 - 70　山东嘉祥
独角鹿画像

---

① 任日新：《山东诸城汉墓画像石》，《文物》1981 年第 10 期，图三。
② 转引自〔美〕巫鸿著，柳扬、岑河译：《武梁祠——中国古代画像艺术的思想
　　性》，生活·读书·新知三联书店，2006 年，第 256 页，图 90。
③ 中国美术全集编辑委员会：《中国美术全集·雕塑编 2·秦汉雕塑》，人民美术出
　　版社，1985 年，第 136 页，图版一三三。
④ 中国画像石全集编辑委员会：《中国画像石全集 7·四川汉画像石》，河南美术出
　　版社，2000 年，第 42 页，图版四九。

图 3-71　四川彭山翼鹿画像

图 3-72　成都曾家包翼鹿画像

图 3-73　重庆忠县邓家沱翼鹿画像

图 3-74　新疆尼雅出土织锦

鹿角，肩饰单列四叠翼，翼尾上扬①。2001~2003 年，重庆忠县邓家沱遗址出土一座石阙残件。其中，在左阙斗石背面的图像中，由翼鹿、飞兔、鸾鸟及木连理等组成一组画面，翼鹿居中而立，头上见一耳一角，肩生长条形双翼，翼尾朝向后上方；在左阙斗石左侧面，雕刻有一只翼鹿，头生三角两耳，肩生短翼（图 3-73）②。

　　1995 年，在新疆尼雅地区古墓葬中，出土"恩泽下岁大孰"织锦（图 3-74）③。这是一件袍服的襟边饰锦，是目前发现幅宽

_____

① 成都市文物管理处：《四川成都曾家包东汉画像砖石墓》，《文物》1981 年第 10 期。

② 李锋：《重庆忠县邓家沱石阙的初步认识》，《文物》2007 年第 1 期，图一二。

③ 于志勇：《楼兰—尼雅地区出土汉晋文字织锦初探》，《中国历史文物》2003 年第 6 期，图版六。

基本完整、织出文字最多的织锦。织锦为五色经锦，蓝地，红、黄、白、绿四色显花，花纹为云纹、天鹿、辟邪、瑞鸟、羽人等。其中，天鹿呈伫立回首状，肩生三角形羽翼，翼尖朝向后上方。1998 年，在新疆尼雅遗址中，盗掘出土"元和元年"织锦（图3－75）①。这是一件锦囊的主要用锦，囊袋为长方形，长12、宽 5.5 厘米。袋身下部两面为五重"元和元年"经锦锦片缝缀而成，二片织锦蓝地，有白、绿、黄、红四色显花，纹样为有翼梅花鹿（"天鹿"或"白鹿"），羽翼呈直线条向后上方扬起，鹿的上部织有隶书"元和元年"字样。"元和元年"系东汉章帝元和元年（84 年），这是目前发现唯一有纪年的织锦。

　　鹿型翼兽，即所谓的麒麟纹，在汉代图像中常见。孙机曾撰文介绍几件鹿型翼兽，有山西浑源铜器纹饰，汉长安武库遗址出土玉雕，陕西、山东、江苏等地画像石刻，铜镜、铜牌等纹饰，画像砖纹样等，其中以故宫博物院藏山西浑源李峪村铜壶纹饰中的鹿型翼兽最为典型②（参见图 3－15），体现了鹿型图像的艺术渊源。山西在春秋战国时期属于三晋地区，境内多戎狄，与北方草原民族接壤且交流频繁。在相邻地区的陕西神木也曾出土过一件圆雕金鹿型怪兽，这是一件属于匈奴人墓葬的物品（图 3－76）③。与之类似的还有内蒙古西沟畔匈奴墓出土的大角鹿饰品（图 3－77）④。这类鹿型兽，与伊塞克王墓出土金带扣及彼得大帝宝藏中的大角鹿类似，应属于斯基泰艺术中流行的鹰首鹿式格

① 于志勇：《楼兰—尼雅地区出土汉晋文字织锦初探》，《中国历史文物》2003 年第 6 期，图版四。
② 孙机：《几种汉代的图案纹饰》，《文物》1982 年第 3 期。
③ 戴应新、孙嘉祥：《陕西神木县出土匈奴文物》，《文物》1983 年第 12 期，图版肆：1。
④ 伊克昭盟文物工作站等：《西沟畔匈奴墓》，《文物》1980 年第 7 期，图三：3。

图 3 - 75　新疆尼雅　　图 3 - 76　陕西神木　图 3 - 77　内蒙古西沟畔
　　出土织锦　　　　　　出土金翼鹿　　　　出土大角鹿

里芬①。

综上，笔者认为，汉代这类鹿型翼兽图像，其来源最早就是通过三晋地区，借鉴斯基泰—西伯利亚动物纹饰而形成的。

五、驼型翼兽

此型翼兽形象较为少见，在两汉时期墓葬、石阙上偶有发现。

陕西西安龙首原西北医疗设备厂福利区 92 号西汉墓②出土及美国芝加哥艺术研究所博物馆藏带翼陶器座（图 3 - 78）③，皆为卧状骆驼，彩绘。双目圆睁，吻部巨大、前突，背生向后的双翼，足三分，颈后有方形插孔，其头部造型类于驼、马。与之造型相似的还有陕西咸阳出土的东汉陶骆驼型翼兽，四肢着地，呈

①　参见李零：《论中国的有翼神兽》，《入山与出塞》，文物出版社，2004 年，第 125 ~ 128 页。

②　西安市文物保护考古所：《西安龙首原汉墓》甲编，西北大学出版社，1999 年，第 120 ~ 122 页。

③　李零：《论中国的有翼神兽》，《入山与出塞》，文物出版社，2004 年，第 97 页，图一四。

卧状。眼睛圆鼓，吻部巨大、突出，有弯角翘起，头部双耳竖立。肩生双翼，为四叠长条形翼，翼尾向下。兽通高20、长28厘米，现藏于陕西历史博物馆（图3-79）①。

东汉时期材料还见于四川雅安高颐阙，在其主阙楼部右后角上，与带翼的天马相对而设有一带翼兽。霍巍认为，雕刻的带翼兽系双峰骆驼，骆驼肩生四叠短翼，身后紧随一胡人，头戴尖顶，似为牵骆驼人（图3-80）②。另外，成都市新都区马家乡画像砖上同样有成都平原极为罕见的双峰骆驼，其身上中置建鼓，鼓上饰羽葆，前峰跪坐一人，曳长袖击鼓（该砖在整个画面中对侧还有一击鼓人，共同列入官吏仪仗队伍行列）（图3-81）③。在山东邹城画像石中，也出现了双峰骆驼和大象的图像，位于带

图3-78　美国芝加哥艺术研究所
博物馆藏西汉驼型翼兽器座

图3-79　陕西咸阳出土
东汉驼型翼兽器座

---

① 中国美术全集编辑委员会：《中国美术全集·雕塑编2·秦汉雕塑》，人民美术出版社，1985年，第132页，图版一二九。

② 参见霍巍、赵德云：《战国秦汉时期中国西南的对外文化交流》，巴蜀书社，2007年，第209页；图片采自中国画像石全集编辑委员会：《中国画像石全集7·四川汉画像石》，河南美术出版社，2000年，第71页，图版八九。

③ 中国画像砖全集编辑委员会：《中国画像砖全集·四川汉画像砖》，四川美术出版社，2006年，第39页，图版五六。

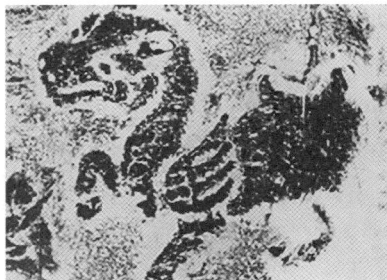

图 3 - 80　四川雅安高颐阙骆驼画像

图 3 - 81　成都新都骆驼画像

有羽翼的神兽之后①。

　　由以上几例来看，这类形象的来源应与外来文化有关。但是，西安龙首原西汉墓出土的卧状骆驼带翼陶器座，从它在墓葬中的位置及其他随葬器物的组合形式来看，则是典型的中国传统丧葬礼仪性设置。从这一点上看，再次证明了早期中国艺术形象来源的多样性和文化特征的丰富性。

六、翼马

　　翼马题材在西汉时期已经出现。1966 年，陕西咸阳西汉渭陵附近出土一件羽人骑天马玉雕，天马肩饰单列长条形三叠翼（图3 - 82）②。关于这件玉雕，林梅村认为可能是中国与犍陀罗地区交流的产物，其艺术原型来自中亚流行的波斯马神——德洛娃斯

① 中国画像石全集编辑委员会：《中国画像石全集 2・山东汉画像石》，山东美术出版社，2000 年，第 70 页，图版七九。

② 中国美术全集编辑委员会：《中国美术全集・雕塑编 2・秦汉雕塑》，人民美术出版社，1985 年，第 72 页，图版七〇。

帕女神像①。

　　有关东汉翼马的资料数量较
多，形象极为生动，或驻足而立，
或呈飞奔状。在陕西汉中城固张骞
墓前，有一对石兽，其头部及前肢
已无存，仅残留紧接臀部的后肢，
双肩饰有羽翼。有学者认为，此为
东汉补刻的石翼马②。

图 3 – 82　陕西咸阳出土
羽人骑天马玉雕

　　1959 年，在内蒙古呼伦贝尔盟
东汉鲜卑墓葬中，出土一对飞马纹
鎏金铜带饰。两件带饰形状相同，马呈飞奔状，长条形羽翼上
扬，翼尖朝后。铜带饰分别长 10.2、10.4 厘米，最宽处 6.5、
6.7 厘米（图 3 – 83）③。1974 年，洛阳偃师寇店李家村发现一座
东汉时期窖藏，其中有 1 件鎏金铜翼马，该马呈昂首伫立状，肩
生横"山"字长条形羽翼，翼尖略向上扬。马高 6、长 4.5 厘米

图 3 – 83　内蒙古呼伦贝尔出土飞马纹铜带饰

---

①　林梅村：《松漠之间——考古新发现所见中外文化交流》，生活·读书·新知三联
　　书店，2007 年，第 54 页。
②　林梅村：《古道西风——考古新发现所见中西文化交流》，生活·读书·新知三联
　　书店，2000 年，第 162 页。
③　中国美术全集编辑委员会：《中国美术全集·雕塑编 2·秦汉雕塑》，人民美术出
　　版社，1985 年，第 141 页，图版一四〇。

图 3 – 84　洛阳偃师出土铜翼马

图 3 – 85　四川昭觉麒麟画像

（图 3 – 84）①。

　　1983，在四川省凉山彝族自治州昭觉县好谷乡出土一件可确定为东汉灵帝光和四年（181 年）的浮雕神兽石刻。该石刻材质为红砂岩，采用减地浅浮雕手法雕刻"麒麟"与"凤凰"图像（图 3 – 85）②。"凤凰"已残，"麒麟"图像保存完好，头生独角，四蹄，长尾，肩胁部生出长翼。霍巍将其称之为"天马"，与芦山、雅安发现的墓前石兽相比较，其羽翼粗肥、线条圆润的雕刻方式极为相似，具有中亚与西亚一带有翼神兽风格的特征。而且，除头上长角、身出羽翼之外，神兽的头部、四肢、四蹄以及其他特征均与马无异③。

　　上述这些翼马形象，从其表现看，应该是体现神异的天马。但明确题铭"天马"的汉代图像，直到 2006 年才在重庆三峡地区的考古发掘中为人所见。重庆市忠县邓家沱石阙残件中的有翼马画像，位于石阙左阙斗石的右侧面，整幅图案为一昂首而立带翼马，马身饰卷云纹，马背上部正中浮雕纵长方形榜题，榜文隶

①　中国美术全集编辑委员会：《中国美术全集·雕塑编 2·秦汉雕塑》，人民美术出版社，1985 年，第 143 页，图版一四三。

②　俄比解放：《四川省昭觉县出土的汉代画像砖石》，《考古与文物》1994 年第 3 期。

③　霍巍：《四川东汉大型石兽与南方丝绸之路》，《考古》2008 年第 11 期。

书"天马"二字，与该阙左侧面的"天
禄"图像相对应（图3–86）①。

霍巍、赵德云对四川地区东汉时期的
翼马资料做过较为全面的收集和整理，根
据图像来源不同，将其大致分为三类：第
一类是汉代石阙上雕刻出的天马图像，多
系高浮雕，造型生动。如重庆忠县邓家沱
石阙天马，四川雅安高颐阙主阙楼部右侧
面上人物相随的翼马（图3–87）②，四川
绵阳杨氏阙右阙左后角刻绘的神态轻盈似
仙女的御者相伴的带翼马（图3–88）③，

图3–86　重庆忠县
邓家沱天马画像

乐山麻浩一号崖墓内"勒天马图"中的带翼马④。第二类是画像
石、画像砖上的天马图像，如新津县二号石函上"天马图"中间
刻绘的一身着长袍者所牵之马（图3–89）⑤，彭山三号石棺上站
立于山峦之间的带翼天马图像⑥，简阳三号石棺一侧仙人胯下所
骑天马等。除此之外，新津出土的石棺画像上还有"栓马"、"翼
马"等与二号石函上"天马图"构图方式非常接近的翼马形
象⑦，马的形象均为肩部有两翼。第三类可能与天马有关的考古
材料为陶制灯台、陶俑之类，如成都青白江跃进村汉墓出土的人

① 李锋：《重庆忠县邓家沱石阙的初步认识》，《文物》2007年第1期，图一一。
② 徐文彬等：《四川汉代石阙》文物出版社，1992年，第110页，图一〇六。
③ 徐文彬等：《四川汉代石阙》文物出版社，1992年，第85页，图三四。
④ 中国画像石全集编辑委员会：《中国画像石全集7·四川汉画像石》，河南美术出
版社，2000年，第6页，图版八。
⑤ 中国画像石全集编辑委员：《中国画像石全集7·四川汉画像石》，河南美术出版
社，2000年，第170页，图版二〇六。
⑥ 高文：《四川汉代石棺画像集》，人民美术出版社，1998年，图一一五。
⑦ 高文、王锦生：《四川新津县汉代画像石棺上之新发现》，《四川文物》2002年第
5期。

图3－87　四川雅安高颐阙翼马画像

图3－88　四川绵阳杨氏阙翼马画像

图3－89　四川新津崖墓
石函天马画像

图3－90　成都青白江
汉墓出土人马陶灯

马陶灯（图3－90）①，仙人所骑之马具有天马的含义。得出的结论是：出现在东汉画像当中的天马，与天禄、辟邪、狮子一样，都是来自西域的神兽之一，它身有双翼，身材高大者亦为汉代传说中的"神龙"，这类带翼天马的寓意，与文献记载中天马与神龙可载乘者登昆仑、入天门、最终升入仙界的观念可以相互印证。它的出现和传播是随着汉代中西文化交流所出现的新事物。并指出天马图像的流行，"再次证明汉代有翼神兽的产生，实际上是将来自域外文明中的新事物（各类有翼动物），赋予其中国

————————————

①　成都市文物考古工作队等：《成都市青白江区跃进村汉墓发掘简报》，《文物》1999年第8期，图三三：5。

传统文化的特殊内涵，从而融会形成一种新的艺术表现风格，可以说这是这个时期中外文化交流反映在造型艺术上的一个典型例证"[①]。

七、翼羊

翼羊题材，在目前所见东汉材料中数量较少，明确其为神道石刻的仅见现藏于洛阳偃师商城博物馆的一件。2005年，在洛阳偃师大口乡宁村东南出土一件汉代石翼羊（图3-91）[②]。石羊平身挺胸昂首而立，隆角巨大，呈C形环曲，尖耳后靠，双目前视。口吻残断，下颚有须，垂于胸际，已残断。两肩膊饰飞翼，两翼周各饰三组呈"品"字形组合的小圆圈。脊背两侧饰一对飞羽，臀部两侧饰三对飞羽，飞羽形状与肩膊飞翼之羽毛相同。尾与一角缺失，四肢残断。石羊残长171、残高82、体宽42厘米[③]。该石羊羽翼为单列三叠平行长条形翼，翼尾呈圆弧形上卷形态。

1942年，四川彭山县出土一件东汉摇钱树陶插座，现藏于南京博物院。摇钱树插座分为上、中、下三个部分。其中，上部为一翼羊，背驮一圆柱状

图3-91　洛阳偃师出土石翼羊

---

① 霍巍、赵德云：《战国秦汉时期中国西南的对外文化交流》，巴蜀书社，2007年，第209~214页。
② 图3-91系笔者拍摄。
③ 王竹林、赵振华：《东汉南兆域皇陵初步研究》，《古代文明》第4卷，文物出版社，2005年。

图 3 - 92　四川彭山
出土摇钱树座

图 3 - 93　西安汉长安城遗址
出土山羊玉饰件

插座，一侧饰仙人、童子。树座高 60 厘米（图 3 - 92）①。东汉时期，相对其他材质上的表现而言，四川地区陶质摇钱树上带翼羊图像较为丰富。

最早的带翼羊图像，是西汉长安城武库遗址出土的带翼独角山羊玉饰件（图 3 - 93）②。另外，包括东汉时期"五灵纹"中的很多麒麟纹，都是以山羊原型为基础的（图 3 - 94）③。羊应该是中国传统艺术主题，其意义和图像均出现较早。在《墨子·明鬼》和《续汉书·舆服志》中，羊是作为一种可以辨别屈直的神兽而存在④。《说文解字》："羊，祥也。"⑤ "羊"与"祥"的意义相同，有象征吉祥之意。在墓地设置石羊，可以起到寄寓墓主人死后获得吉祥、避凶趋吉的作用。 但是其与羽翼图像的结合，

---

① 中国美术全集编辑委员会：《中国美术全集·雕塑编 2·秦汉雕塑》，人民美术出版社，1985 年，第 138 页，图版一三六。

② 中国社会科学院考古研究所汉城工作队：《汉长安城武库遗址发掘的初步收获》，《考古》1978 年第 4 期，图六。

③ 孙机：《几种汉代的图案纹饰》，《文物》1982 年第 3 期，图五：2。

④ 参见顾森：《中国美术史·秦汉卷》，齐鲁书社，2000 年，第 184～185 页。

⑤ ［汉］许慎：《说文解字》卷四，中华书局，1981 年，第 255～262 页。

图 3－94　汉代铜镜上的五灵纹

则是西汉以来的新形式。

关于东汉时期带翼羊图形，李零认为应是麒麟的另一种表现；并指出，虽然汉代艺术形象中的麒麟，多数是作带翼鹿，一角，角端有肉，这是中国风格的麒麟，但带翼山羊的麒麟的出现，实则体现了与西亚风格更为接近的关系①。

八、小结

通过对上述七类有翼神兽题材、类型的举例说明，可以总结、归纳为以下三点基本认识：

其一，一些秦汉时期的龙、虎形翼兽形象，显现出更多的本土化因素，而狮形翼兽则表现出较浓厚的外来化因素。这应该是原属于两个文化体系的图像在文化交流与互动中逐渐融合为一的表现。犹如佛塔的演变过程，是在中国传统的楼阁式建筑基础上，加入了外来的佛教文化因素，逐步形成楼阁式佛塔。具体就有翼神兽而言，龙形、虎形翼兽与中国古代传说中的飞龙、穷奇有着密切关系，是本土文化的反映。至于狮形翼兽形象，在汉代发现有相当数量的遗存，我国古代本无狮子，狮形翼兽应是外来文化的体现。

其二，虽然东汉有翼神兽题材可分为龙、虎、狮、鹿、骆驼、马、羊等七种类型，但作为墓前石刻，仅有虎、狮、马、羊等翼兽

---

① 李零：《论中国的有翼神兽》，《入山与出塞》，文物出版社，2004 年，第 99 ~ 100 页。

类型，尤其是虎、狮等翼兽题材在东汉墓前石刻中扮演了重要角色。此类有翼神兽列置于墓前神道，一方面是墓葬建筑体例的变化导致对宫苑石刻的模仿，故而产生了取意于辟邪压胜、驱魔护卫的镇墓石兽；另一方面又吸收了随佛教传入而来的图像观念与意义，尤其是佛教中护法狮子形象在东汉墓前石刻中得以应用。

其三，东汉时期以虎、狮等大型翼兽题材为主，并对南朝陵墓石刻产生了重要影响，形成了绵延上千年的墓葬神道制度。

第三节　东汉有翼神兽的源流

东汉有翼石兽上承先秦、西汉，下启南朝，在有翼石兽的发展历史中占有重要地位。学术界对于包括东汉石翼兽在内的中国有翼神兽来源的探讨由来已久，目前主要有外来、本土及中西融合等三种观点。本节在对上述观点进行梳理的基础上，结合传统典籍中的相关记载与考古材料，对中国有翼神兽的来源问题做一基本判断。

同时，东汉陵墓石兽制度对南朝陵墓石刻制度产生了深远影响，特别是其中的有翼神兽成为南朝神道石兽的图像摹本。其直接来源是中原石刻文化，还是长江上游的石刻文化，还需要做深入探讨。

一、东汉有翼神兽的渊源

（一）几种主要的学术观点

1. 外来说

最早到访中国陵墓石兽的一部分西方及日本学者，普遍认为霍去病墓前石刻具有西亚或斯基泰人风格。瑞典学者喜龙仁教授则明确提出中国陵墓有翼兽受到波斯、亚述影响的观点①。

20 世纪 30 年代，从南朝陵墓神道石兽的研究开始，国内学者对有翼神兽在中国艺术中最初的出现时期及渊源问题进行了探讨，并为以后的进一步研究奠定了基础。关于天禄、辟邪石雕的源流问题，滕固结合其在意大利考察时期见过的"有翼的希美辣（Winged Chimaera）"，明确指出其源于西方早期艺术："有翼兽传自波斯，而远溯于亚述利亚，自无疑义。"②

同一时期的学者朱偰在其《建康兰陵六朝陵墓图考》第二章《希腊式之石柱与亚述之石兽》中说："六朝陵墓建筑，最引起人注意者，厥为希腊式之石柱及古代美索不达米亚（Mesopotamia）地方亚述（Assyria）式有翼石兽。"并做出结论："考此种作风，中国未之前有，或传自希腊，来自西亚，亦未可知。"但是对其传流线路，他提出了与海上交通有关的猜想："此种作风既起自西亚，如何传至中国，颇成疑问。一般以为六朝之时，与南洋交通渐繁，希腊、波斯之风，或由海道传来，先至南京；故除六朝陵墓外，汉唐陵寝，反少受其影响。否则如由中亚陆路传来，何以不在长安、洛阳，先留遗迹，而反在遥远之江左，首先传播耶？按此说不过据理臆测，未能成立。"同时，朱偰对天禄、辟邪名称也进行了考据："故与其谓天禄、辟邪由西域传至中国，毋宁为石兽附翼之作风，及天禄、辟邪之名称，来自西亚之为得也。"③

徐中舒认为，汉代石刻艺术中的相关形象与斯基泰文化是有相承关系的，并将这类形象的中国化时期追溯到春秋战国时

① Osvald Siren，"Winged Chimeras in Early Chinese Art"，*Eastern Art*，vol. 1，1928.

② 滕固：《六朝陵墓石迹述略》，《六朝陵墓调查报告》，中央古物保管委员会，1935 年。

③ 朱偰：《建康兰陵六朝陵墓图考》，中华书局，2006 年。

期。其在1933年发表的《古代狩猎图象考》一文中，对杕氏壶
进行了考释。就其中的有翼飞兽形象，从中国古代文献记载考
证，得到了与朱希祖完全相反的结论。他认为这类形象不应该
是中国传统所有的固有图像："……此可见中国民族想像中之能
飞者，亦未必有翼。……由此论之，画仙人著翼形，必非中国
民族固有之想像作风。"并结合中亚等地的考古材料来验证，认
为秦汉艺术中常见的飞兽、跃狮等图像的渊源应追溯到早期西
方文明中："关于兽之飞跃与倦息之姿态，斯克泰遗物上所见与
此尤为相似，其在斯克泰发见之年代，亦在此期以前。羽人、
飞兽及操蛇之神，皆为西方最早期，即公元前三四千年来，埃
及、米诺、巴比伦、希腊、印度等地盛行之雕刻、造象或传说。
中国之有此类图象传说，则始于此时。""此后汉代之浮雕刻
石，似即渊源于此。……此羽人飞兽之形，在埃及、米诺、巴
比伦、希腊、罗马之遗物中，素极普通，其传至中亚阿姆河流
域时，当在公元前五世纪前后。其由此以入中国，亦正与杕氏
壶年代相当。"①

　　梁思成同样认为中国的有翼石兽应该是外来文化影响的结
果："考古艺术之以石狮为门卫者，古巴比伦及阿西利亚皆有之。
然此西亚古物与中国翼狮之关系究如何，地之相去也万里，岁之
相去也千余岁。然而中国六朝石兽之为波斯石狮之子孙，殆无疑
义。所未晓者，则其传流之路径及程序耳。"②

　　李学勤针对河北平山中山王墓出土的有翼神兽指出："类似
的神兽，极易在论斯基泰—西伯利亚艺术的目录中找到，兽的特
点是狮身鹰翼，有的头也是鹰的，称为'格里芬'（griffin），另

_____

① 徐中舒：《古代狩猎图象考》，《徐中舒历史论文选辑》上册，中华书局，1998
　　年，第225～293页。
② 梁思成：《中国建筑史·雕塑史》，百花文艺出版社，1998年，第416页。

一些则为兽头。中山王墓的有翼神兽，和斯基泰的有些花纹相似。"① 作为白狄国家的中山国，其位置正好处于草原到中原的交流要道上，他的观点和徐中舒在《古代狩猎图象考》中的推论基本一致。

孙机将东周到汉晋时期金银带扣上的有翼兽形象与中亚乌克兰、西伯利亚等地塞种人遗存进行比较，对其题材和图像来源进行研究②。

林梅村在对新疆一带的汉代艺术遗存所做的考察中，对其中的"天使"、"爱神"、"有翼兽"等图像进行了考证。他认为"有翼兽"应该是希腊神话影响下的中亚斯基泰文化中的"格里芬"形象，同时对其传入西域的线路问题也做了简单的分析：汉代西域艺术中许多纹饰取材于希腊神话人物或希腊植物，计有厄洛斯、阿芙罗狄蒂、阿里玛斯帕、赫尔美斯、提喀等希腊神话人物像，格里芬、涅索斯等希腊怪兽以及希腊动植物纹样。古代西域艺术中的希腊因素主要流行于公元前1世纪至公元2世纪，极大地丰富了汉代中国文明。究其渊源，主要来自犍陀罗艺术，而非斯坦因等学者倡导的源于近东基督教艺术③。

在传入问题上，林梅村认为与汉王朝对西域的征战及张骞通西域有很大关系，并结合河北满城汉墓出土有翼神兽、楼兰佛寺遗迹中斯文·赫定发现的有翼神兽形象的木雕构件、尼雅遗址出土"五星出东方利中国"织锦，与现存帕提亚艺术品及藏于大英博物馆的帕提亚有翼神兽进行比较研究，认为"汉代有翼神兽是

---

① 李学勤：《虎噬鹿器座与有翼神兽》，《比较考古学随笔》，广西师范大学出版社，1997年，第84页。
② 孙机：《中国圣火——中国古文物与东西文化交流中的若干问题》，辽宁教育出版社，1996年，第64页。
③ 林梅村：《汉代西域艺术中的希腊文化因素》，《九州学林》2003年冬季一卷二期，复旦大学出版社，2004年，第2～34页。

在帕提亚艺术影响下产生的"①。

李零专门对中国早期的有翼神兽问题，做了资料性的材料归纳和研究状况总结，并进一步就这个问题进行了一系列的探讨。在《论中国的有翼神兽》、《再论中国的有翼神兽》、《"五星出东方利中国"织锦上的文字和动物图案》等文章中，李氏提出："中国的有翼神兽，无论从文献记载看（如《汉书·西域传》的记载），还是从文物形象看（如依托狮子的形象），都与西亚、中亚和欧亚草原的艺术有不解之源。"中国的有翼神兽应该是鹰和狮的混合形象产物，与西方艺术中的"格里芬（griffin）"同出一源，时间上更是提前到了"春秋中期或至少是晚期"。西传而来的有翼神兽形象，经战国、秦汉与中国本土文化的交流融合，"逐渐成为普遍的主题"②。同时，李零也指出，中国有翼神兽的艺术表现形式大致分为前后两个阶段：汉代以前，通常是以神化的狮子出现，典型的就是汉代"天禄"与"辟邪"；汉代以后，写实性的狮子开始出现并逐渐居于主导地位，与佛教的传入与兴盛有着密切的联系。

日本学者林俊雄对有翼兽格里芬源流问题，则有更为深入的研究。他从欧亚研究大视野出发，从其传说母题源自西亚、在希腊化时期向东传播的途径和路线等方面去追寻格里芬图像，明确地提出作为有翼兽的南朝石刻的源流问题③。

在有翼神兽问题上，姜伯勤从新疆阿拉沟出土的战国时期塞人承兽祭盘去寻找这类形象的来源，并结合斯基泰青铜艺术的"动物意匠"、贵霜时期的石刻艺术来考释中国有翼神兽图像与祆教艺术之间的联系，认为中国的有翼神兽所反映的应是来自西亚

---

① 林梅村：《丝绸之路考古十五讲》，北京大学出版社，2006 年，第 124～126 页。

② 李零：《论中国的有翼神兽》、《再论中国的有翼神兽》、《"五星出东方利中国"织锦上的文字和动物图案》，《入山与出塞》，文物出版社，2004 年。

③ 〔日〕林俊雄：《グリフィンの飛翔：聖獣からみた文化交流》，雄山閣，2006 年。

的一些古老题材："古代祆教艺术可以追溯到西亚、中亚和中国所发现的古代塞人遗物，追溯到波斯的阿契美尼德王朝。"姜伯勤还援引荣新江所做的关于祆教神像与相关动物对应的考据，来说明这类题材的源流①。

四川大学的卢丁教授撰文介绍了中亚大草原斯基泰美术及卢里斯坦青铜器文化对我国西南地区古代文明的影响，强调了西部甘青—川西—云南西北这一游牧民族走廊对于文化交流的重要作用。但是，卢丁不赞成用斯基泰美术来囊括整个欧亚大草原的游牧美术，更不认同把我国北方地区的动物艺术纳入斯基泰美术的范畴。他认为文明之间是一个相互影响和互动的关系，三星堆—金沙文化作为成都平原集约化农业的产物，其文明的形成和发展是多方面的，有来自草原的中亚文化因素，也有将中原、本地的文明传给草原民族然后传到中亚、西亚等地的因素②。

于春在其硕士学位论文中对战国到六朝时期的有翼神兽做了一个较为全面的收集，从图像学的角度出发，从图像中寻找证据，从风格分析着手进行比较和考证分析。他认为这类形象的产生，应该是受到中亚斯基泰—西伯利亚游牧文化影响的结果，是将有翼神兽作为亡灵的保护者、坐骑或者引路人形象，它的宗教含义与最早源于西亚地区的鹰首狮身的有翼兽"格里芬"基本类似；而其后东汉时期的大型石翼兽，继承了战国以来作为亡灵保护者的宗教意义，而又受到了随佛教传入的犍陀罗、马图腊艺术的影响；再后期间的六朝石翼兽的出现和发展的风格渊源则更为多元化，在东汉大型石兽的基础上，进一步吸收了流行于犍陀罗、马图腊艺术的有翼兽的造型因素和西亚、东南欧雕塑中的因

① 姜伯勤：《中国祆教艺术史研究》，生活·读书·新知三联书店，2004年，第1~16页。
② 卢丁：《论斯基泰美术及卢里斯坦青铜器文化对我国西南古代文明的影响》，《中国四川西部人文历史文化综合研究》，四川大学出版社，2003年，第204~214页。

素，最终形成自己的风格特征①。

　　沈福伟针对两汉时期流行于中国各地的带翼神兽，认为"石狮和有翼兽流行在波斯和北印度"，故"圆雕动物中新出现的狮子和有翼兽来自波斯和北印度"。而与之关系较为密切的其他神异形象如西汉昭帝、宣帝年间（前86～前49年）的洛阳卜千秋墓室门内上额壁画中所描绘的象征升仙的人首鸟身图像，江苏沛县栖山东汉初年墓葬出土的画像石中人首蛇身、马首人身、鸟首人身及人首马身等图像，沈福伟对比波斯帝国首都波斯波利斯遗址出土的公元前9世纪亚述王阿苏纳西帕（Ashurnasirpal）二世宫殿中人首有翼牛身雕像后认为："人首兽身的有翼人物，脱胎于亚述和波斯艺术。"②

　　到目前为止，专门就西南地区有翼神兽的源流和文化互动问题做探讨的见于霍巍的一系列研究，如《战国秦汉时期中国西南的对外文化交流》、《胡人俑、有翼神兽、西王母图像的考察与汉晋时期中国西南的中外文化交流》、《神兽西来——重庆忠县新发现石辟邪及其意义初探》等。他在对香港城市大学跨文化研究中心藏带翼狮子与虎相搏俑的考证中，就四川地区现存的有翼兽材料进行了全面的归纳，特别就西南地区这类题材的源流及其所反映的外来文明对中国文明的影响和交流问题做了研究。在题材来源问题的研究回顾中，列举了目前学界的各类观点：其中有认为是"来自波斯和北印度"或是"脱胎于亚叙和波斯艺术"；或者认为"古代波斯和大夏艺术中的有翼兽取材于祆教经典阿维斯塔中的翼犬森莫夫和翼马波加斯"；或者认为"中国的有翼兽与欧亚各地的'格里芬'（griffin）神的传播影响有关"。但是至少目

① 于春：《我国出土战国至六朝时期的"有翼兽"及相关问题》，《中国四川西部人文历史文化综合研究》，四川大学出版社，2003年，第226～269页。

② 沈福伟：《中西文化交流史》，上海人民出版社，2006年，第63～74页。

前各类研究的基本看法是有共识的，他们都是从西域文化中去寻
找其源头。而在西域文化中的有翼兽形象到底是经哪个民族、从
何种线路传入的问题上，则有几种不同意见。霍巍通过对四川地
区的遗存以及云南石寨山、李家山等滇文化遗址的考察，认为：
"那时狮子也才刚刚从西域传入中原，加上汉代中原王朝统治者
对'西南夷'的开发也才刚开始，所以不大可能由汉民族直接将
这类题材从中原传入到云南，一定另有其传播的方式和途径。"
在传入线路上，他倾向于"张增祺推测其可能系由云南经由青藏
高原东部横断山脉这一'古代民族走廊'进入到云南滇池区域"
这一说法，认为唐长孺根据文献考释命名为"河南道"的线路有
可能也与这类题材和图像的传播有关系，"尤其是西南地区与西
北乃至域外的古代交通，它的作用与意义可能并不亚于传统的
'丝绸之路'"。同时，霍巍也提到了另外一种可能："从雅安芦山
等地发现较为集中的有翼神兽考古材料来看，或许其中某些支系
通过关中等地传来也是有可能的。"由于目前材料有限，他认为：
"这些意见我认为都还可以继续讨论，只是目前可能还难下最后
结论。"而且还希望通过西南地区有翼神兽新线索、新材料的发
现，通过学界的深入思考和严密的梳理考据，来为"以巴蜀为中
心，通过云南、缅甸经阿萨姆直到印度一线的所谓'南方丝绸之
路'的研究取得突破"①。

　　通过列举上述诸家观点，可以归纳出以下几点：

　　其一，在有关中国有翼神兽渊源方面，外来说占据主流地
位，有数量众多的学者认为国内发现的种类繁多的有翼兽源自

---

① 　霍巍：《胡人俑、有翼神兽、西王母图像的考察与汉晋时期中国西南的中外文化
　　交流》，《九州学林》2003 年冬季一卷二期，复旦大学出版社，2003 年，第 36 ~
　　92 页；霍巍、赵德云：《战国秦汉时期中国西南的对外文化交流》，巴蜀书社，
　　2007 年，第 156 ~ 174 页；霍巍：《神兽西来——重庆忠县新发现石辟邪及其意义
　　初探》，《长江文明》第一辑，重庆出版社，2008 年，第 20 ~ 27 页。

国外。

其二，中国有翼神兽受到域外哪些国家及地区的影响，还存在着许多不同看法，由此可以认为中国有翼神兽受到多元化因素的影响，而非一元化因素的影响。

其三，在关于有翼神兽传播路线问题上，还有一定分歧，有待于今后做进一步分析。

2. 本土说

20 世纪 30 年代，朱希祖对汉晋陵墓神道石兽雕刻麟翼"是吾国固有之遗风，抑外国传来之新范"的问题，利用文献考据并结合考古证据，从《周书》、《韩诗外传》及《山海经》中有关"带翼神怪"的说法考证，认为早在汉武帝通西域前，虎翼的概念就已形成："中国神话俗语中，既有龙虎能飞有翼之语，则形之雕刻，亦非必无之事。"他认为南朝陵墓石兽源于汉代，但汉代石兽则可追溯到春秋、战国时期铜器花纹中的有翼兽，甚可远到传说中的夏鼎，这类有翼神兽应该是中国固有的传统①。朱锦江也从文献的角度对中国传统艺术中带有羽翼的图腾形象进行了考释②。

20 世纪 90 年代，龚良从南朝陵墓神道神兽着手，对有翼神兽的渊源及艺术特色做了研究。他提出："陵墓有翼神兽石刻的产生与发展，受三方面因素的影响：一是传统的丧葬思想、厚薄葬观念的影响；二是中国传统宗教道教中道家的方士学术思想的影响；三是民族艺术深厚的文化土壤的影响，以空灵和充实为其飞翔的两翼。"有翼石兽的渊源，是"在原始的动物崇拜、动物神化的思想意识下，又融入了道家'有神间、能成仙'的思想，

---

① 朱希祖：《天禄辟邪考》，《六朝陵墓调查报告》，中央古物保管委员会，1935 年，第 183 ~ 199 页。

② 朱锦江：《中国民族艺术中所见羽翼图腾考》，《金陵学报》1938 年第 8 卷。

从而产生出这种能沟通人—神—祖先的神兽，它无论是在艺术风格，还是在思想意识上，都是中国传统特质的反映，即其源于中华"①。

顾问等针对有翼神兽出现时间及其识别方式、艺术风格、题材来源以及中国有翼神兽和相关器物造型中的本土元素等问题进行了论述和评价，他们认为："有翼神兽最早出现的地方应是中国的东北地区，时间约为公元前5000~4700年或5200~4200年，早于两河流域约1200~2000年。""从中国有翼神兽的整个发展史看，新石器时代到战国以前可视为一个特殊的历史阶段，在这一阶段，在中国有翼神兽的形成与发展过程中未发现明确的外力作用，始终有着自己的本土特色。"②

苏健提出，两汉时期墓前石兽中的天禄、辟邪，"既非依桃拔而来，也非本于狮、鹿，而是依据我国传说中的翼兽发展而来的。……故而推测辟邪、天禄的造型是从翼虎穷奇演变而来。况且穷奇又能'驰逐妖邪'，辟除不祥，此后依其寓意和功能便演化成辟邪的名称。把它作为陵墓前的表饰，也正合乎死者亲眷祈祭墓主幽灵永绥安乐的意愿。如其说这是表示其子孙的孝道，不如说是在显示其殷富豪奢、尊贵显达的一种方式。不过后来的雕刻匠师们又以丰富的遐想，吸收外来的因素，揉进了狮子的某些特征，使其神态更加威猛而不可侵犯，所以辟邪、天禄便出现了似狮若虎的造型"③。

3. 中西融合说

刘凤君认为出现这种现象的原因主要有两方面："一方面，中国狮子艺术是在西汉中晚期受到西方狮子艺术影响之后产生发

---

① 龚良：《陵墓有翼神兽石刻的发展及其艺术源流》，《华夏考古》1994年第1期。
② 顾问、黄俊：《中国早期有翼神兽问题研究四则》，《殷都学刊》2005年第3期。
③ 苏健：《洛阳新获石辟邪的造型艺术与汉代石辟邪的分期》，《中原文物》1995年第2期。

展起来的，西方的狮子艺术就有两膀长翼的特点，这是中国狮子艺术还未完全脱离西方狮子艺术影响的结果；另一方面，中国古代的雕刻艺术就有在动物和人体上安置双翼的传统，人们认为这样可以'羽化而登仙'。古文献中也多有记载，如《山海经·北山经》中四肢腾空展翅飞翔的天马。考古发现的就更多了，1978年河北省平山县战国时期中山国一号墓出土的错金银双翼神兽，就是中国传统带翼兽类的代表作。狮子传入中国后，在人们的心灵中它是神奇异兽，艺术家们在创作它的艺术造型时，自然而然就把中国古代这种传统艺术融合了进去。"①

林梅村提出了中国大型金石雕像起源的三个因素："首先，基于中国本土文化因素；第二，受欧亚草原文化，尤其是阿尔泰语系游牧人古代艺术的影响；第三，张骞通西域后，中国金石雕像艺术又得以和中亚希腊化艺术乃至波斯艺术进行交流。"②

对有翼神兽这一题材，杨孝鸿采用图像学研究方法，去阐释羽翼图像是如何产生、发展的。他将羽化图像形成与发展的外在因素归因为外来文明，而内在因素则应该是本土的鸟图腾崇拜与当时非常盛行的神仙信仰相结合而成，二者的合力作用孕育出了扑朔迷离的汉代"羽化"艺术。"虽然羽化图像本身所隐寓的文化成份是极为复杂的、多元化的，但基本上是以神仙思想为核心，吸收了楚文化的巫鬼宗教中成仙升天思想和方仙道的方术修炼养生思想。……我们若把大量的羽翼图像与中西亚的有翼神兽相对比，即可看出不论是汉代的羽人形象还是有翼兽的造型风格与形式除了具有本民族特色之外，明显透露出的是外来文化艺术的痕迹。这是因为汉代乃至以前，中国始终就保持着对西域开

---

① 刘凤君：《东汉南朝陵墓前石兽造型初探》，《考古与文物》1986 年第 3 期。

② 林梅村：《欧亚草原文化对中国石雕艺术的影响》，《古道西风——考古新发现所见中西文化交流》，生活·读书·新知三联书店，2000 年，第 162～165 页。

放，与西域相接触，进行贸易交易与政治交往，以及考察风土人情"①。

持中西融合说观点的上述诸家之言中，虽有些看法不一定准确，如刘凤君所谓中山国王墓出土的错金银双翼神兽，虽然对汉代有翼神兽而言可算是本土渊源，但中山属白狄东迁穿过山西在现河北中部建立的国家，地处草原与中原交流要道，该神兽其实已融合草原艺术风格。但是，总体而言，关于汉代陵墓有翼神兽的起源问题，中西融合说应较准确。

（二）文献典籍中的有翼神兽

1. 桃拔、符拔、扶拔

有学者认为，三者"应是同一外来词汇的不同写法。它们的第一字，似是表示该词的辅音部分或靠前的音节，略如后世的反切上字。"②

《汉书》卷九六《西域传》："乌弋山离国，王（治）去长安万二千二百里。不属都护。户口胜兵，大国也。……乌弋地暑热莽平，其草木、畜产、五谷、果菜、食饮、宫室、市列、钱货、兵器、金珠之属皆与罽宾同，而有桃拔、师子、犀牛。……绝远，汉使希至。"孟康注曰："桃拔一名符拔，似鹿，长尾，一角者或为天鹿，两角（者）或为辟邪。师子似虎，正黄有髯耏，尾端茸毛大如斗。"③

《后汉书》中亦有较多记载。《章帝纪》：章和元年（87 年），"是岁，西域长史班超击莎车，大破之。月氏国遣使献扶拔、师子"。注云："扶拔，似麟无角。拔音步末反。"④《和帝纪》：章

---

① 杨孝鸿：《汉代羽化图像的发展及其原因》，《南都学坛》（人文社会科学学报）2004 年第 24 卷第 2 期。
② 李零：《论中国的有翼神兽》，《入山与出塞》，文物出版社，2004 年，第 114 页。
③ ［汉］班固《汉书》卷九六《西域传》，中华书局，1962 年，第 3888～3889 页。
④ ［南朝宋］范晔：《后汉书》卷三《章帝纪》，中华书局，1965 年，第 158 页。

和二年（88 年），"安息国遣使献师子、扶拔"①。《班超列传》："初，月氏尝助汉击车师有功，是岁贡奉珍宝、符拔、师子，因求汉公主。"注："《续汉书》曰：'符拔，形似麟而无角。'"②《西域传》：安息国，"章帝章和元年，遣使献师子、符拔。符拔形似麟而无角"③。

2. 狻猊、狮子

在我国先秦文献中，狮子最早称为狻猊。林梅村认为这一称谓来源与居住在我国新疆等地的斯基泰人语言有关，其来源应是塞语表示狮子的词 sarvana（形容词）或 sarauna（抽象名词）。译成中文后就成了"狻猊"。汉以后，出现了"狮子"或"师子"，则是吐火罗方言中表示狮子的词汇 sisäk 的音译④。

《穆天子传》卷一："名兽使足走千里，狻猊曰野马走五百里。"⑤

《尔雅·释兽》："狻麑如虦猫，食虎豹。"⑥

许慎《说文解字》卷一〇："麑，狻麑，兽也。从鹿儿声。""狻，狻麑，如虦猫，食虎豹者。从犬夋声，见《尔雅》。"⑦

西汉开始，狮子随着西域的进贡出现于中原，名为师子。

《汉书·西域传》："巨象、师子、猛犬、大雀之群食于外囿。殊方异物，四面而至。"⑧《后汉书》中仍然有较多记载，如《章

① ［南朝宋］范晔：《后汉书》卷四《和帝纪》，中华书局，1965 年，第 168 页。

② ［南朝宋］范晔：《后汉书》卷四七《班超列传》，中华书局，1965 年，第 1580 ~ 1581 页。

③ ［南朝宋］范晔：《后汉书》卷八八《西域传》，中华书局，1965 年，第 2918 页。

④ 林梅村：《狮子与狻猊》，《汉唐西域与中国文明》，文物出版社，1998 年，第 89 ~ 95 页。

⑤ ［晋］郭璞注，［明］范钦订：《穆天子传》卷一，《四部丛刊》子部，中央编译出版社，2015 年，第 289 页。

⑥ 《尔雅》卷一〇《释兽》，上海古籍出版社，2015 年，第 191 页。

⑦ ［汉］许慎：《说文解字》卷一〇，中华书局，1981 年，第 203、205 页。

⑧ ［汉］班固：《汉书》卷九六《西域传》，中华书局，1962 年，第 3928 页。

帝纪》记载：章和元年（87 年）"月氏国遣使献扶拔、师子"①；
《顺帝纪》：阳嘉二年（133 年）"疏勒国献师子、封牛"②。《西
域传》：安息国在章帝章和元年"遣使献师子、符拔"；和帝永元
十三年（101 年），"安息王满屈复献师子及条支大鸟"；条支国
"土地暑湿，出师子、犀牛、封牛、孔雀、大雀"③。

《三辅黄图》卷三："奇华殿，在建章宫旁，四海夷狄器服珍
宝，火浣布、切玉刀，巨象、大雀、师子、宫马，充塞其中。"④

3. 天禄与辟邪

天禄，最早见于《孟子·万章下》："弗与治天职也，弗与食
天禄也。"⑤

辟邪，最早见于《急就篇》："玉玦环佩靡从容，射魃辟邪除
群凶。"颜师古注曰："射魃、辟邪，皆神兽名……辟邪，言能辟
御妖邪也。"⑥

《后汉书》中，《灵帝纪》："中平三年（186 年）二月，复修
玉堂殿，铸铜人四，黄钟四，及天禄、虾蟆。"李贤注："天禄，
兽也。时使掖庭令毕岚铸铜人，列于仓龙、玄武阙外，钟悬于玉
堂及云台殿前，天禄、虾蟆吐水于平门外。事具《宦者传》。"⑦
《张让列传》："明年，遂使钩盾令宋典缮修南宫玉堂。又使掖庭
令毕岚铸铜人四列于仓龙、玄武阙。又铸四钟，皆受二千斛，县
于玉堂及云台殿前。又铸天禄虾蟆，吐水于平门外桥东，转水入
宫。又作翻车渴乌，施于桥西，用洒南北郊路，以省百姓洒道之

① ［南朝宋］范晔：《后汉书》卷三《章帝纪》，中华书局，1965 年，第 158 页。

② ［南朝宋］范晔：《后汉书》卷六《顺帝纪》，中华书局，1965 年，第 263 页。

③ ［南朝宋］范晔：《后汉书》卷八八《西域传》，中华书局，1965 年，第 2918 页。

④ 何清谷：《三辅黄图校注》，三秦出版社，1998 年，第 168 页。

⑤ 杨伯峻：《孟子译注》，中华书局，1960 年，第 237 页。

⑥ ［汉］史游：《急就篇》，中华书局，1985 年，第 193～194 页。

⑦ ［南朝宋］范晔：《后汉书》卷八《灵帝纪》，中华书局，1965 年，第 353 页。

费。"① 《西域传》孟康注云："桃拔一名符拔，似鹿，长尾，一角者或为天鹿，两角者或为辟邪。"②

《古玉图谱》："双角曰天禄，无角曰辟邪。"③

《十州记》云："聚窟洲……有辟邪、天鹿。"④

在四川出土汉代画像石上，有标示有"辟卯（邪）"、"除凶"字样的老虎图像，表示以老虎凶猛来镇邪驱魔⑤。

汉晋时期的各类神兽镜中，较多装饰有天禄、辟邪的形象，亦有铭文明确指示，如："吕氏乍（作）竟世少有，东王公、西王母、仙人子乔、赤诵子、车马、辟邪在左右，为吏高升贾万倍。"⑥

4. 麒麟

从图像表现来看，麒麟在中国艺术中的形象来源与鹿类动物有关。李零认为：作为瑞兽的"麒麟"与"凤凰"对举，并不见于商周铭刻中，而是从战国文献中才开始出现，"麒麟"是"麟"字的扩展；并提出"麒麟"应该是借助中国概念和中国词汇（麟）的外来译词，只是其出现于中国的年代较早⑦。

在文献中，"麟"最早被描绘为一种仁兽，且认为其非中原传统，与异域有关。关于鲁哀公十四年（前481年）西狩获麟的故事，《公羊传》专门指出："西狩获麟何以书？记异也。何以

---

① ［南朝宋］范晔：《后汉书》卷七八《张让列传》，中华书局，1965年，第2537页。

② ［南朝宋］范晔：《后汉书》卷八八《西域传》，中华书局，1965年，第2918页。

③ 转引自朱偰：《建康兰陵六朝陵墓图考》，中华书局，2006年，第6页。

④ ［宋］李昉：《太平御览》卷六七四《道部一六》，中华书局，1960年，第3003页。

⑤ 李零：《论中国的有翼神兽》，《入山与出塞》，文物出版社，2004年，第116页，图四〇。

⑥ 王士伦：《浙江出土铜镜》，文物出版社，1987年，第38页。

⑦ 李零：《论中国的有翼神兽》，《入山与出塞》，文物出版社，2004年，第115页。

异？麟非中国兽也。"①

《春秋》："（哀公）十有四年春，西狩获麟。"②

《公羊传·哀公十四年》："西狩获麟。""麟者，仁兽。"③

《左传·哀公十四年》："十四年春，西狩于大野，叔孙氏之车子锄商获麟，以为不祥，以赐虞人。仲尼观之，曰：'麟也。'然后取之。"④

《诗经·周南·麟之趾》："麟之趾，振振公子，于嗟麟兮！麟之定，振振公姓，于嗟麟兮！麟之角，振振公族，于嗟麟兮！"⑤

《礼记·礼运》："凤皇麒麟，皆在郊棷。"⑥

《尔雅·释兽》："麟，麇身，牛尾，一角。"⑦

《毛诗义疏》："麟，马足，黄色圆蹄，角端有肉。"⑧

司马彪《续汉书》："符拔，形似麟而无角。"⑨

《说文解字》："麒，仁兽也。麇身，牛尾，一角。从鹿其

———————

① 《后汉书》："犹春秋不当见而见，孔子书之以为异也。"注："《公羊传》曰：'西狩获麟何以书？记异也。何以异？麟非中国兽也。'"［南朝宋］范晔：《后汉书》卷三〇《襄楷列传》，中华书局，1965 年，第 1080 页。

② 杨伯峻：《春秋左传注》，中华书局，1981 年，第 1680 页。

③ ［汉］何休注，［唐］徐彦疏：《春秋公羊传注疏》，中华书局，1980 年，第 2352 页。

④ 杨伯峻：《春秋左传注》，中华书局，1981 年，第 1682 页。

⑤ ［汉］郑玄笺，［唐］孔颖达疏：《毛诗正义》，《十三经注疏》，中华书局，1980 年，第 383 页。

⑥ ［汉］郑玄注，［唐］孔颖达疏：《礼记正义》，北京大学出版社，2000 年，第 832 页。

⑦ ［晋］郭璞注，［宋］邢昺疏：《尔雅注疏》，《十三经注疏》，中华书局，1980 年，第 2651 页。

⑧ 转引自［唐］徐坚等：《初学纪》卷二九，中华书局，1962 年，第 700 页。

⑨ ［南朝宋］范晔：《后汉书》卷四七《班超列传》，李贤注引《续汉书》，中华书局，1965 年，第 1581 页。

声。""麟，大牡鹿也。从鹿粦声。"①

《史记·司马相如列传》：相如撰《上林赋》，"兽则麒麟角
觡"。索隐引张揖："'雄曰麒，雌曰麟。其状麇身，牛尾，狼蹄，
一角。'"②

西汉武帝改元为元狩元年（前 122 年），即是因其猎获"白
麟"。《汉书·武帝纪》记载："元狩元年冬十月，行幸雍，祠五
畤。获白麟，作《白麟之歌》。"③

《汉书·苏武传》："甘露三年，单于始入朝。上思股肱之美，
乃图画其人于麒麟阁，法其形貌，署其官爵姓名。"张晏注："武
帝获麒麟时作此阁，图画其象于阁，遂以为名。"④

《三辅黄图》卷三："麒麟殿，未央宫有麒麟殿。《汉书》
曰：'哀帝燕董贤父子于麒麟殿，视贤曰……'"⑤

《三辅黄图》卷五："青梧观，在五柞宫之西。观亦有二梧桐
树，下有石麒麟二枚，刊其胁文字，是秦始皇骊山墓上物也。头
高一丈三尺，东边者前左脚折处有赤如血，父老谓其有神，皆含
血属筋焉。"⑥

《三辅黄图》卷六："麒麟阁，《庙记》云：'麒麟阁，萧何
造。'《汉书》：宣帝思股肱之美，乃图霍光等十一人于麒
麟阁。"⑦

5. 穷奇

在先秦文献《山海经》中，记载有本土的有翼神兽如穷奇。

---

① ［汉］许慎：《说文解字》，中华书局，1981 年，第 202 页。
② ［汉］司马迁：《史记》卷一一七《司马相如列传》，中华书局，1959 年，第
　　3025 ~ 3026 页。
③ ［汉］班固：《汉书》卷六《武帝纪》，中华书局，1962 年，第 174 页。
④ ［汉］班固：《汉书》卷五四《苏武传》，中华书局，1962 年，第 2468 ~ 2469 页。
⑤ 何清谷：《三辅黄图校注》，三秦出版社，1998 年，第 147 页。
⑥ 何清谷：《三辅黄图校注》，三秦出版社，1998 年，第 316 页。
⑦ 何清谷：《三辅黄图校注》，三秦出版社，1998 年，第 328 页。

《山海经·海内北经》："穷奇状如虎，有翼，食人从首始，所食被发，在蜪犬北。一曰从足。"郭璞注："毛如蝟。"① 《山海经·西山经》："又西二百六十里，曰邽山。其上有兽焉，其状如牛，蝟毛，名曰穷奇，音如獆狗，是食人。"郭璞注："或云似虎，蝟毛有翼。"②

《山海经校注》引郭璞《图赞》："穷奇之兽。厥形甚丑，驰逐妖邪，莫不奔走，是以一名，号曰神狗。"③

《左传·文公十八年》云："少暤氏有不才子……天下之民谓之穷奇。"④

《史记·五帝本纪》："少暤氏有不才子，毁信恶忠，崇饰恶言，天下谓之穷奇。"正义注引《神异经·西北荒经》："西北有兽，其状似虎，有翼能飞，便剿食人，知人言语，闻人斗辄食直者，闻人忠信辄食其鼻，闻人恶逆不善辄杀兽往馈之，名曰穷奇。"认为穷奇是大恶之兽⑤。

《淮南子·地形训》："穷奇，广莫风之所生也。"高诱注："穷奇，天神也，在北方，道足，桀（乘）两龙，其形如虎。"⑥

《后汉书·礼仪志》："穷奇、腾根共食蛊。"⑦

6. 天马

天马，最早出现于《山海经》，汉代天马的含义则与大宛汗血宝马有一定的联系。

《山海经·北次三经》："又东北二百里，曰马成之山，其上

① 袁柯：《山海经校注》，巴蜀书社，1996年，第364页。
② 袁柯：《山海经校注》，巴蜀书社，1996年，第75页。
③ 袁柯：《山海经校注》，巴蜀书社，1996年，第365页。
④ 杨伯峻：《春秋左传注》，中华书局，1981年，第639页。
⑤ ［汉］司马迁：《史记》卷一《五帝本纪》，中华书局，1959年，第36～37页。
⑥ ［汉］刘安著，［汉］高诱注：《淮南子注》卷四，《诸子集成》第7册，世界书局，1935年，第65页。
⑦ ［晋］司马彪：《后汉书志》第五《礼仪中》，中华书局，1965年，第3128页。

多文石，其阴多金、玉。有兽焉，其状如白犬而黑头，见人则飞，其名曰天马，其鸣自訆。"①

《史记·大宛列传》："（汉武帝）得乌孙马好，名曰'天马'。及得大宛汗血马，益壮，更名乌孙马曰'西极'，名大宛马曰'天马'云。"②

《汉书·武帝纪》："（元鼎四年）六月，得宝鼎后土祠旁。秋，马生渥洼水中。作《宝鼎》、《天马之歌》。"李斐注："南阳新野有暴利长，当武帝时遭刑，屯田敦煌界，数于此水旁见群野马中有奇（异）者，与凡马（异），来饮此水。利长先作土人，持勒靽于水旁。后马玩习，久之代土人持勒靽收得其马，献之。欲神异此马，云从水中出。"③

《汉书·礼乐志》："天马歌"，"元狩三年，马生渥洼水中作"④。

《汉书·西域传》：大宛国"别邑七十余城，多善马。马汗血，言其先天马子也"。孟康注："言大宛国有高山，其上有马不可得，因取五色母马置其下与集，生驹，皆汗血，因号曰天马子云。"⑤

《山海经·西山经》中还有"其状马身"的翼兽："神英招司之，其状马身而人面，虎文而鸟翼，徇于四海，其音如榴。""有兽焉，其状马身而鸟翼，人面蛇尾，是好举人，名曰孰湖。"⑥

7. 飞廉

飞廉，亦称蜚廉，见于以下文献。

---

① 袁珂：《山海经校注》，巴蜀书社，1996 年，第 104 页。

② ［汉］司马迁：《史记》卷一二三《大宛列传》，中华书局，1959 年，第 3170 页。

③ ［汉］班固：《汉书》卷六《武帝纪》，中华书局，1962 年，第 184～185 页。

④ ［汉］班固：《汉书》卷二二《礼乐志》，中华书局，1962 年，第 1060 页。

⑤ ［汉］班固：《汉书》卷九六《西域传》，中华书局，1962 年，第 3894～3895 页。

⑥ 袁珂：《山海经校注》，巴蜀书社，1996 年，第 53、77 页。

《楚辞·离骚》："后飞廉使奔属。"王逸注："飞廉，风伯也。"①

《淮南子·俶真训》："骑蜚廉而从敦圄。"高诱注："蜚廉，兽名，长毛有翼。"②

《史记·孝武本纪》："于是上令长安则作蜚廉桂观。"③

《史记·司马相如列传》："推蜚廉。"集解："郭璞曰：'飞廉，龙雀也，鸟身鹿头者。'"索隐："郭璞曰：'飞廉，龙雀也，鸟身鹿头，象在平乐观。'"④

《汉书·武帝纪》：元封二年（前109年）夏四月，"还祠泰山。……还，作甘泉通天台、长安飞廉馆"。应劭注："飞廉，神禽能致风气者也。明帝永平五年，至长安迎取飞廉并铜马，置上西门外，名平乐馆。董卓悉销以为钱。"晋灼曰："身似鹿，头如爵，有角而蛇尾，文如豹文。"⑤

《三辅黄图》卷五："飞廉观，在上林，武帝元封二年作。'飞廉神禽，能致风气者。''身似鹿，头如雀，有角而蛇尾，文如豹，武帝命以铜铸置观上，因以为名。'"⑥

另据李零观点：古代秦人的一位祖先称"飞廉"，为商王养马，这个典故暗示飞廉是与北方民族有关的艺术主题，怀疑就是草原地区所流行的"鹰首鹿"形象⑦。

（三）陵墓有翼神兽的称谓

汉代陵墓石兽中的有翼神兽，主要是"天禄"、"辟邪"。对

① 汤漳平：《楚辞评注》，上海三联书店，2014年，第24页。

② 何宁：《淮南子集释》，中华书局，1998年，第128页。

③ ［汉］司马迁：《史记》卷一二《孝武本纪》，中华书局，1959年，第478页。

④ ［汉］司马迁：《史记》卷一一七《司马相如列传》，中华书局，1959年，第3034～3035页。

⑤ ［汉］班固：《汉书》卷六《武帝纪》，中华书局，1962年，第193页。

⑥ 何清谷：《三辅黄图校注》，三秦出版社，1998年，第314页。

⑦ 李零：《论中国的有翼神兽》，《入山与出塞》，文物出版社，2004年，第117页。

其艺术原型及源流的考释，乃是 20 世纪中国学术史上有成效的论题之一①。很多学者认为应该与自西域传入的外来动物有关，现已是共识。

朱偰早年在对天禄、辟邪形象及名称的考据中，用羚羊一类带角的西亚动物来进行解释："今姑参照各说，假定独角曰麟，双角曰天禄，无角曰辟邪。今按所谓天禄、辟邪，动物学中总名 Antilopina Baird，属于有角类（Cavicornia）中之有蹄门。其在中央亚西亚及波斯、印度高原生存者，不外三种：一为 Antilope cervicapra，形似鹿而细长，雄者有螺旋形向后旋转之双角，长至四十公分，雌者无之。此兽成群牧于印度、阿富汗高原，为神圣之兽，诗人多吟咏。二为 Antilope Saiga，形体较庞大，雄者有双角，长至三十公寸，旋转作圈形，雌者无之。此兽成群牧于高原，西至波兰边境，东至阿尔泰山，莫不有之。三为 Gazella dorcas，形体略小，细长而美丽，眼巨而有光，腿纤长似鹿，雌雄各有双角，向后而前转，毛作灰黄色，背作褐色，且有条纹。此兽柔驯而美丽，为诗人所吟赏。由此观之，当时月氏所贡，不外以上三类，证以孟康、司马彪之说，桃拔似麟似鹿，正与此合；惟 Antilope 一类，或雌雄俱有双角，或雄者有双角而雌者无角，从无一角之说。然则吾人之假定：'一角为麟，双角曰天禄，无角曰辟邪'，或去事实不远。盖'独角为麟，兽之仁者'，原为传说神话中之动物，未可与桃拔相混也。"②

林梅村则发展为：天禄的艺术原型来自西域的叉角羚（antelope），辟邪则是西域的犀牛③。

---

① 参见姜伯勤：《中国祆教艺术史研究》，生活·读书·新知三联书店，2004 年，第 13～21 页。

② 朱偰：《建康兰陵六朝陵墓图考》，中华书局，2006 年，第 6 页。

③ 林梅村：《天禄辟邪与古代中西文化交流》，《汉唐西域与中国文明》，文物出版社，1998 年，第 96～101 页。

　　滕固的看法是"辟邪"一词其实是波斯"persia"的译音①。这种看法，笔者认为并不准确。前文所引《急就篇》中有"辟邪"一词，与"除群凶"连言表示取意狮虎凶猛、驱辟邪恶的意思。而"天禄"一词，也见于《孟子·万章下》，喻指上天降下的福禄，所以上述称谓应该具有较为中国化的意义，是将西域传入的艺术图像赋予中国称谓的做法。

　　对天禄与辟邪图像的区分，一直以来都没有一个较为准确的方式。首先，在文献著录上历来各异，《古玉图谱》称双角为天禄，无角为辟邪；孟康认为一角为天鹿（天禄），两角为辟邪。目前学术界争议也较大，尚无一个准确的称谓。李零曾对这些观点做过系统总结："一说独角者为天禄，双角者为辟邪，无角者为符拔，见朱希祖《天禄辟邪考》；一说独角者为麒麟，双角者为天禄，无角者为符拔，见朱偰《建康兰陵六朝陵墓图考》，商务印书馆，1935 年；一说无论独角、双角，都是麒麟，见杨宽《中国古代陵寝制度史研究》，上海古籍出版社，1985 年，152 页；一说独角者为辟邪，双角者为天禄，见孙机《汉代物质文化资料图说》，420 页。"② 而且认为："'桃（排）拔狮子'的一分为二和以'天禄'、'辟邪'成对出现，这很可能是后起的说法。"③

　　笔者认为：在独角与双角有翼石兽同时出土的情况下，应将独角者定名为天禄，双角者称为辟邪。例如，1954 年洛阳涧西孙旗屯出土的一对有翼石兽④，分别为独角与双角，可定名为天禄

---

① 滕固：《霍去病墓上石迹及汉代雕刻之试察》，《滕固艺术文集》，上海人民美术出版社，2003 年，第 278 页。
② 李零：《论中国的有翼神兽》，《入山与出塞》，文物出版社，2004 年，第 115 页，脚注②。
③ 李零：《论中国的有翼神兽》，《入山与出塞》，文物出版社，2004 年，第 115 页。
④ 《文物参考资料》1954 年第 10 期，封三。

与辟邪。但无论其称谓如何，其在墓葬中的作用和意义均无多大差异①，且对于本书所讨论的图像意义及源流关涉不大，故仍可笼统将其称为"有翼神兽"。

（四）东汉陵墓有翼神兽的渊源

笔者在前文对东汉墓前石兽翼型的分析中，认识到如第一类装饰有 A 型半月形羽翼的石兽，其羽翼以一种密集而繁复的曲线状纹样装饰。以洛阳孟津、南阳宗资墓、许昌、内丘等地石翼兽为代表，仅见于河南、河北及安徽等地。

笔者认为这类石兽身上所反映出的装饰语言和装饰纹样，有两个主要的因素。其一是中国三代时期的青铜器艺术传统，如涡纹、饕餮纹、鸟兽纹等。或可以说这种装饰手法早在先秦时期，就已出现于中国传统艺术题材和造型语言中，其刻画方式与表现形式已呈现出本土化的特点。其二是这类半月形羽翼石兽的造型特征与羽翼的具体形态，也受到了来自北方草原民族斯基泰艺术的影响，但是这种艺术形式早在春秋战国时期已被中国艺术所接收并不断融合、改造。

例如，四川广汉三星堆出土的青铜树枝头及人面鸟身像（图 3 –95）②，二号祭祀坑出土的夔龙形饰（K2③：203）（图 3 – 96），均残，为神树上的装饰物③，其羽翼的开端均以高浮雕形式刻画出一种涡状 S 纹。三星堆二号祭祀坑出土的三件神坛中，标本

---

① 无论墓前带翼石兽为天禄或辟邪，其作为墓前镇守、驱除凶邪的意义均相差不大。但在具体设置上有一些区别，如朱偰所调查："六朝陵墓，皆前列二麒麟（左者往往双角，右者往往独角），肘鬓膊焰，腾骧欲飞。至于诸王墓，则不得用麒麟，往往前列辟邪，此其别也。"朱偰：《建康兰陵六朝陵墓图考》，中华书局，2006年，第8页。

② 陈德安：《三星堆——古蜀王国的圣地》，四川人民出版社，2000年，第22页。

③ 三星堆研究院等：《三星堆研究》，天地出版社，2006年，第 190～192 页，图一七。

图 3 – 95　三星堆
人面鸟身像

图 3 – 96　三星堆
夔龙形饰

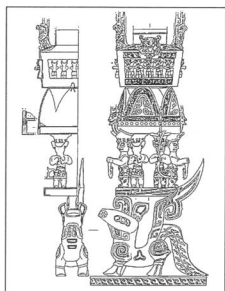

图 3 – 97　三星堆
青铜神坛

K2③：296 的一半保存较好（图 3 – 97）①。报告者称：全器由兽
形座、立人座、山形座和盝顶建筑四部分组成。兽形座底部圈
足……圈足上立二兽，兽大头，吻部宽扁，立耳，独角向前内
卷，四蹄，尾下曳至圆座，另有一翘翼向上扬起，翼端上下歧
开。全器中空，前、后肘及尾部纹饰镂空。吻部有 6 个圆形纹饰。
腹部生翼，且翼尖上扬，上下歧开；躯干上，特别是"前腿"与
"后腿"处装饰有圆点纹组成的旋涡纹。有学者"认为三星堆二号
墓祭祀坑的神坛'兽形座'神兽造型与格里芬存在较大的差别，年
代上也不可同日而语"②，为一种中国传统图像样式。又如四川地
区所发现的战国中晚期巴蜀式铜器上有大量虎和有翼虎的形象
（图 3 – 98）③。这些翼虎的装饰均为口吐长舌，背生羽翼，羽翼
前段以 S 形回旋，再向后平直伸展。有学者比较巴地和蜀地的区
别：来自巴地的虎张口不露齿，身上多无纹饰，造型生动、朴实，

---

① 三星堆研究院等：《三星堆研究》，天地出版社，2006 年，第 185 页，图六。

② 于春：《茂县牟托村"翼龙"与三星堆龙之比较——兼论三星堆文化向北传播的
途径》，《考古与文物》2005 年第 2 期。

③ 李零：《论中国的有翼神兽》，《入山与出塞》，文物出版社，2004 年，第 96 页，
图一二。

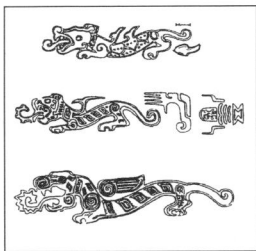

图 3 - 98　巴蜀铜矛上的有翼虎

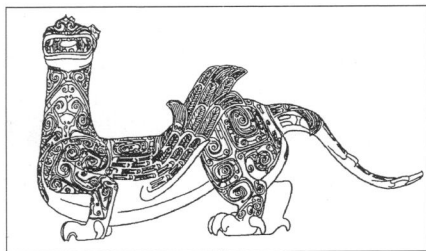

图 3 - 99　中山王墓翼兽

具有写实风格；而蜀地虎张口露齿，背部多生双翼，装饰性强①。

在春秋战国时期，三晋地区的青铜器亦反映出这类特点。例如，河北平山中山王墓出土的有翼神兽，其特点是融合北方草原民族格里芬形象与中国传统青铜装饰纹样（图 3 - 99）②。又如山西浑源李峪村铜壶上的麒麟纹（参见图 3 - 15），羽翼为一简化的涡纹，翼尖向后。侯马铸铜遗址出土陶范上的有翼兽形象（参见图 3 - 16），如 2 号遗址出土的龙首翼兽钟纽范，1992 年出土的鸟形模、兽擒蛇模、虎形模等③，羽翼的塑造均是以涡纹图案作为其表现手法。虽然，三晋地区的纹样与北方草原民族艺术的密切联系，已是共识，但是这类图像，对于汉代艺术而言，其实仍可归于本土因素。

另外，这类东汉时期半月形羽翼石兽还有一个特点，就是其颈项部位刻画一叠叠瓜棱状肌腱，或横向而生或呈斜向，这种装饰同样来源于青铜文化传统。在南朝石兽中，这类瓜棱状肌腱已从写实描绘状态逐渐演化，并与石兽颌下之髭须结合为纯粹的装饰纹样。

①　刘弘：《巴虎与开明兽》，《四川文物》1988 年第 4 期。
②　河北省文物研究所：《𰯼墓——战国中山国国王之墓》上册，文物出版社，1996年，第 137 ~ 138 页，图四九。
③　李零：《论中国的有翼神兽》，《入山与出塞》，文物出版社，2004 年，第93 ~ 94 页。

在斯基泰艺术中，带有这类羽翼的动物形象较多。如著名的彼得大帝宝藏中的金项圈，其翼兽向后飞扬的羽翼尖呈微微回卷状，羽翼底端为半月形（图3－100）[1]；带翼虎噬马金饰牌，虎翼为半月形（图3－101）[2]。又如图克丁石墓冢出土的木雕虎首格里芬（图3－102）[3] 以及伊塞克王墓出土金带扣中的带翼大角鹿（图3－103）[4]，其羽翼均为典型的半月形。而且，新疆乌鲁

图3－100　彼得大帝宝藏
金项圈带翼兽

图3－101　彼得大帝宝藏
带翼虎噬马金饰牌

图3－102　图克丁石墓冢
出土木雕带翼虎

图3－103　伊塞克王墓
出土带翼兽金带扣

① 李零：《论中国的有翼神兽》，《入山与出塞》，文物出版社，2004年，第123页，图四七。
② 林梅村：《丝绸之路考古十五讲》，北京大学出版社，2006年，第49页，图3－11。
③ 李零：《论中国的有翼神兽》，《入山与出塞》，文物出版社，2004年，第124页，图四八。
④ 李零：《论中国的有翼神兽》，《入山与出塞》，文物出版社，2004年，第126页，图五二。

图 3 – 104　新疆阿拉沟出土
翼狮金饰片

图 3 – 105　新疆阿拉沟
出土翼虎金饰片

木齐南山区阿拉沟木椁墓出土的狮子纹金箔饰片（图 3 – 104）①
及翼虎金饰片（图 3 – 105）② 上，翼兽均为后蹄翻转式样，身饰
弧线形条纹和圆涡纹，这种羽翼的涡纹状装饰手法也体现出与半
月形类似的特征。

　　从上述材料来看，这类装饰有半月形羽翼的石兽，呈现于中
国艺术传统时间较早。其图像的艺术源头来自中国青铜装饰与斯
基泰艺术风格，而且与金属材质装饰有关系。

　　而笔者在本章第一节中划分出的 B 型长条形石兽羽翼，其中
有三重三叠、四叠的长条形羽翼，则与中亚、西亚的有翼神兽关
系更为密切，而且与石质材料艺术关系较为密切。

　　这类羽翼形象以四川地区最为典型，霍巍曾指出四川东汉石
翼兽羽翼与中亚和西亚有翼神兽之间的有机联系："在中亚和西
亚美术考古资料中，我们的确可以看到大量有翼神像与四川地区
发现的东汉石兽之间具有较强的可比性。"③ 林梅村曾针对雅安高
颐墓神道石兽指出："汉献帝建安十四年建于四川雅安高颐墓前

① 　林梅村：《丝绸之路考古十五讲》，北京大学出版社，2006 年，第 84 页，图
5 – 9∶3；穆舜英：《中国新疆古代艺术》，新疆美术摄影出版社，2000 年，
第 59 页，图 143。
② 　图 3 – 105 系中国国家博物馆霍宏伟拍摄、提供。
③ 　霍巍：《四川东汉大型石兽与南方丝绸之路》，《考古》2008 年第 11 期。

的石狮带有双翼，它和中亚希腊化艺术的联系更为显而易见。"① 沈福伟也认为高颐墓前石兽的艺术表现具有安息艺术的风格，而其图像渊源是将来自古波斯阿塔萨斯宫殿前展翅式三叠飞翼简化为肥壮的两重翅翼②。

而我们将视线投射到更为遥远时期的中亚和西亚的考古遗存中，可以发现大量的有翼神兽形象与这类羽翼形象相联系。公元前 9 世纪，强大的亚述帝国由其统治者阿苏纳西帕二世在幼发拉底河畔的卡拉赫城西北部建立起宏大的宫殿，其浮雕壁画中的带翼狮形象，具有双叠多层式飞扬的羽翼，狮头呈向后回转形态（图 3－106）③。其后，在胡尔西巴德萨尔贡二世时期，在帝国宫殿的大门两侧，竖立起体量巨大的仪卫性浮雕——被称为"拉马苏"的带翼人首公牛形象，象征驱除邪恶精灵的镇守神。现陈列于法国卢浮宫博物馆的这件出土于沙鲁金的带翼人首公牛浮雕（图 3－107）④，从侧面看，仿若缓步前行。　神兽身披重叠式并列多

图 3－106　亚述带翼狮

图 3－107　亚述带翼人首
公牛浮雕

① 林梅村：《天禄辟邪与古代中西文化交流》，《汉唐西域与中国文明》，文物出版社，1998 年，第 100 页。

② 沈福伟：《中西文化交流史》，上海人民出版社，2006 年，第 64 页。

③ 李零：《论中国的有翼神兽》，《入山与出塞》，文物出版社，2004 年，第 120 页，图四二。

④ 李建群：《古代埃及和美索不达米亚美术》，中国人民大学出版社，2004 年，第 218 页。

图 3 – 108　巴比伦琉璃狮子雕像　　图 3 – 109　波斯带翼人面兽浮雕

图 3 – 110　帕提亚格里芬守护花瓶浮雕石板

层排布的巨大羽翼，整体造型庄严而神异，给人以巨大的震慑感。同样，在尼布甲尼撒时期（前 692 ~ 前 562 年）的巴比伦艺术中，巴比伦伊斯达尔门上用琉璃装饰的浮雕，描绘了一只正缓步行进的狮子形象，仍然是以一种纯侧影表现形式塑造（图 3 – 108）①。类似材料及图像也见于波斯帝国首都波斯波利斯万国门带翼人面兽浮雕（图 3 – 109）② 及帕提亚时期的格里芬守护花瓶浮雕石板（图 3 – 110）③。

---

① 李建群：《古代埃及和美索不达米亚美术》，中国人民大学出版社，2004 年，第 251 页。

② 罗世平、齐东方：《波斯和伊斯兰美术》，中国人民大学出版社，2004 年，第 37 页。

③ 英国大英博物馆藏帕提亚（前 246 ~ 227 年）的格里芬守护花瓶浮雕石板。参见林梅村：《丝绸之路考古十五讲》，北京大学出版社，2006 年，第 127 页，图 7 – 12。

我们比较四川雅安、芦山的石兽，会发现它们正是极力模仿源自亚述艺术的对侧影形象的描绘，其艺术特征的共通性显而易见，而且还会发现它的羽翼正是在对亚述多层羽翼的简化概括的基础上形成的。

这类重叠长条形羽翼的刻画，显得比较浑厚，适合以石质材料表现。它的出现，与汉代开始大量使用石质材料不无关联。中国艺术在三代是青铜的传统，而石质的使用，一方面与铁器技术的提高有关，一方面也与对外交流及宗教意义有关。《史记·张释之列传》：（汉文帝）"顾谓群臣曰：'嗟乎！以北山石为椁，用纻絮斫陈，蔡漆其间，岂可动哉！'"索引："大颜云'北山青石肌理密，堪为碑椁，至今犹然。故《秦本纪》作阿房或作郦山石椁是也'。"从考古发现看，秦国早有制作大型石雕的传统。秦王朝处于中原与西方交流的通道，其石雕传统应与西方和草原民族的影响有关。西汉以降，石质材料被广泛使用于墓葬建筑，固然与其坚固、耐用且可以体现墓主人身份地位有关，同时又与当时普遍流行的生死观念有种种联系。巫鸿认为西汉时期大量使用石质材料制作墓葬及墓葬石刻是有其合理的思想基础的："石材一方面与死亡有关，另一方面又与升仙有关。""西汉时期诸侯王突然风行建造崖墓，以及墓前纪念性石雕的出现，应同样与预期死后达到永恒的观念有关。"[①] 对待材质与选择的观念变化固然体现了思想意识的变化，同时也揭示了观念的渊源与影响。

从考古材料上来考察，可以发现这种多层直列羽翼形象，历经亚述、巴比伦、波斯乃至希腊化时期的帕提亚艺术的继承与发展，随着汉代与西域的交通交流，影响了汉代陵墓石兽的设计意识与建造。这种影响，在关中、四川等地的石兽中体现尤为明

---

① 〔美〕巫鸿：《"玉衣"或"玉人"？》，《礼仪中的美术——巫鸿中国古代美术史文编》，生活·读书·新知三联书店，2005 年，第 134 页。

显。所以，笔者认为，其主要是受到了沿新疆方向以帕提亚艺术为媒介的中亚、西域艺术的影响。

二、东汉有翼神兽的流变

关于东汉有翼神兽的流变问题，在此部分中主要探讨其传播路线及对南朝墓前翼兽石刻的影响。

在传播路线问题上，李零提出："其传播路线，除与古代丝路有关的东西通道值得重视，还有很多南北通道也值得考虑。如：（1）从内蒙东部、辽宁西部到河北北部，经山东，进入江、浙的路线；（2）从内蒙草原中部，经山西到河南，走洛阳、南阳、淅川、襄樊到江汉平原的路线；（3）从内蒙草原中西部，经宁夏、甘肃和陕西，入四川、云南的路线。"①

而单纯就四川地区现存的东汉时期有翼兽石刻的渊源问题，比照考古调查发现的陕西汉中地区的东汉石翼马，林梅村认为四川的有翼兽石刻应该与关中地区有关："这些实物资料可与文献相印证，说明四川东汉石麒麟的艺术源头在关中地区。传播线路是：周至—秦岭—汉中—芦山。"②

霍巍等在分析上述两位先生的观点之后，提出："从雅安芦山等地发现较为集中的有翼神兽考古材料来看，或许其中某些支系通过关中等地传来也是有可能的。但这些意见都还可以继续讨论，目前难以下最后的结论。"③

---

① 李零：《论中国的有翼神兽》，《入山与出塞》，文物出版社，2004 年，第 133 页。
② 林梅村：《古道西风——考古新发现所见中西文化交流》，生活·读书·新知三联书店，2000 年，第 162 页。
③ 霍巍、赵德云：《战国秦汉时期中国西南的对外文化交流》，巴蜀书社，2007 年，第 174 页。

周克林在对东汉摇钱树的研究中，认为巴蜀地区在秦汉时期一直存在三条与外界交通的线路：西线，从成都经双流、新津到芦山、雅安再到西昌，到达昆明与东线的南段相重合；东线，从成都出发，经彭山、乐山到昭通、昆明，再由大理、保山到缅甸、印度等国；北线：从成都经新都、广汉到绵阳、广元，再由城固抵达西安①。他的观点从另一个角度提供了汉代石兽形象流传线路的思路，其中第三条线路即与川陕地区的有翼石兽形象的艺术源头有关。

在上述几种观点中，笔者基本赞同李零、林梅村、霍巍等先生的意见。

东汉有翼石兽对南朝陵墓翼兽石刻的影响，这一问题涉及有翼兽石刻的传播路线。东汉中晚期，墓前有翼石兽普遍存在，较为集中地分布于河南、河北及四川等地。长期以来，历代文献如《水经注》、《金石录》等，对地处京畿中心的河南地区的材料比较重视，而相对忽略位处西南边陲的四川、重庆等地的材料。近年来，除雅安、芦山等地诸多东汉石阙及石兽之外，在四川西昌、重庆忠县等地相继发现东汉晚期石阙及石兽，它们的造型特征、雕刻风格及题材内容均与南朝陵墓前石兽有很强的类似性。重庆地区东汉时期有翼神兽，在地域上，恰好处于四川中西部与长江中下游的连接地带；在时间段上，这一地区石兽也较四川地区的石兽遗存为晚，正好处于东汉中晚期及至魏晋与南朝时期的过渡阶段。同时，联系重庆邻近地区其他有文献记载但目前已遗失的石兽材料，有学者提出南朝陵墓石兽还应该存在另一个重要的源头。除去上文所述来自南阳、襄阳等地的影响外，南朝陵墓石刻有可能也受到来自长江上游的四川、重庆等地的影响，而且来自西域的有翼神兽经由长江上游地区的四川、重庆一带顺江而

---

① 周克林：《摇钱树为早期道教遗物说质疑》，《四川文物》1998 年第 4 期。

下传入南朝。这个源头，霍巍认为有可能与河南地区一起，共同构成了沿着丝绸之路"神兽西来"线路上的两条分支①。最近湖北房县出土一件典型的巴蜀式样摇钱树②，说明东汉时期四川与外界的交流线路应该有顺长江而下的这一条线路，这件摇钱树材料，恰好从另一个侧面验证了霍巍在其《神兽西来》一文中的推断。

即便如上所言：在当时南北分治的局面下，长江水道的交通作用非常明显，四川地区的陵墓石兽有可能将来自西域的艺术风格传递到南朝，形成"神兽西来"线路上的两条分支之一。但是，目前在南朝石兽中尚未发现与四川、重庆等地石兽更为接近的个体。而从历史文献记载及现存石刻翼兽羽翼形制的细部特征来分析，笔者仍然认为：目前南朝石兽主要还是受到了来自以河南襄阳地区为代表的中原地区的直接影响。

南朝刘宋时期，宋文帝之子孝武帝刘骏（453～464年在位）为文帝刘义隆长宁陵设神道并广置神道石兽。宋文帝长宁陵石兽的渊源，目前学界普遍认为与东汉时期河南南阳、襄阳一带流行的石兽规制和式样有关。《南齐书·豫章文献王列传》记载："上（齐太祖）数幸巘第。宋长宁陵隧道出第前路，上曰：'我便是入他冢墓内寻人。'乃徙其表阙骐骥于东岗上。骐骥及阙，形势甚巧，宋孝武于襄阳致之，后诸帝王陵皆模范而莫及也。"③几乎所有研究者均根据这一记载，认为宋文帝长宁陵神道石刻中麒麟、神道柱形制精巧，是由曾在襄阳任雍州刺史的文帝之子孝武帝刘骏从襄阳得来，并成为其后诸帝王陵墓石刻的

---

① 霍巍：《神兽西来——重庆忠县新发现石辟邪及其意义初探》，《长江文明》第一辑，重庆出版社，2008年，第20～27页。
② 李菲、刘斌：《湖北房县出土摇钱树考》，《四川文物》2009年第4期。
③ ［南朝梁］萧子显：《南齐书》卷二二《豫章文献王列传》，中华书局，1972年，第414页。

图 3 – 111　南京麒麟铺左麒麟

图 3 – 112　南京麒麟铺右麒麟

范本①。虽然，在这段记载中，尚没有明确表明孝武帝是从襄阳运来文帝陵所用石料还是运来石兽成品②，或者仅仅是从襄阳承袭一个粉本或一种形制③，但是至少说明了当时神道石兽应该与东汉后期流行于河南南阳一带的陵墓石兽有一定的承袭关系。

　　宋文帝长宁陵神道石刻现已无存，而南京市东郊麒麟铺（江宁麒麟铺村）有一对石兽（图 3 – 111、112），据考证为宋武帝刘裕初宁陵石兽。有研究者从其造型特征和形态上来认定：初宁陵右麒麟，身体丰满而四足粗大笨拙，可能承袭了东汉四川雅安高颐阙石兽风格；而同一墓葬的左麒麟，则相对比较灵动，身体呈 S 形弯曲，受到了以东汉洛阳孙旗屯石辟邪为代表的另一类有

---

① 参见滕固《六朝陵墓石迹述略》及朱希祖《天禄辟邪考》，《六朝陵墓调查报告》，中央古物保管委员会，1935 年；〔日〕曾布川宽著，傅江译：《六朝帝陵——以石兽和砖画为中心》，南京出版社，2004 年；杨宽：《关于古代陵寝制度若干问题的探讨》，《中国古代陵寝制度史》中编，上海人民出版社，2008 年；杨晓春：《南朝陵墓神道石刻渊源研究》，《考古》2006 年第 8 期。

② 〔日〕曾布川宽著，傅江译：《六朝帝陵——以石兽和砖画为中心》，南京出版社，2004 年，第 7 页。

③ 杨晓春认为："南阳与襄阳相距不远，西晋以来士人南渡时，由南阳至襄阳者为数不少，南阳石兽的做法可能就是在移民过程中传到襄阳。由此看来当时石兽做法的传播是从南阳经过襄阳再到建康。"参见杨晓春：《南朝陵墓神道石刻渊源研究》，《考古》2006 年第 8 期。

翼石兽风格的影响①。也有学者认为这对石麒麟："更接近山东嘉祥武氏祠的有鬃毛的矮胖形石兽，推测最初的南朝石兽可能就是以此为依据而制作的。"② 上述观点，笔者认为均值得商榷。

本章第一节主要论述了东汉半月形翼、长条形翼两种基本类型的石翼兽，通过与南朝墓前大型石翼兽的对比研究，印证了文献记载的正确。从初宁陵石兽及其后齐、梁、陈等时期石兽来看，整个南朝时期陵墓翼兽石刻大多为半月形羽翼（表3－3）③，

表3－3 　　　　　　南朝半月形翼石兽统计表

朝代	地点		《六朝帝陵》
刘宋帝陵	南京麒麟铺	右麒麟	第4页，图二
		左麒麟	第5页，图三
南齐帝陵	丹阳狮子湾左麒麟		第19页，图一二
	丹阳前艾庙左麒麟		第20页，图一三
	丹阳仙塘湾	右麒麟	第24页，图一四
		左麒麟	第25页，图一五
	丹阳金家村右麒麟		第26页，图一六
	丹阳水经山村左石兽		第30页，图一八
萧梁帝陵	丹阳三城巷（2）左、右麒麟		第36页，图二二
	丹阳三城巷（4）右麒麟		第43页，图二六
	丹阳陵口右麒麟		第47页，图二七
	丹阳三城巷（1）右麒麟		第50页，图二八
南陈帝陵	南京狮子冲麒麟		第58页，图三〇

① 于春：《我国出土战国至六朝时期的"有翼兽"及相关问题》，《中国四川西部人文历史文化综合研究》，四川大学出版社，2003年，第264页。

② 日本学者曾布川宽认为南京东郊麒麟铺石兽应为宋武帝刘裕初宁陵遗物，形态接近山东武氏祠石狮，并认为其前肢肘部山脚下的鬃毛显示出制造者的狮子意思。〔日〕曾布川宽著，傅江译：《六朝帝陵——以石兽和砖画为中心》，南京出版社，2004年，第10页，图二~三。

③ 此表制作参考了〔日〕曾布川宽著，傅江译：《六朝帝陵——以石兽和砖画为中心》，南京出版社，2004年。

不但整体造型与洛阳孟津、南阳宗资墓前及许昌、内丘等地石翼
兽相似，而且其下颌垂至胸前左右各三分的长须及羽翼的刻画形
式，均源自上述中原地区翼兽，反映出中原地区墓前有翼石兽对
南朝的深远影响。这恰好验证了"宋孝武于襄阳致之"之说，由
此也说明南朝翼兽石刻渊源来自中原，其传播路线有可能是洛
阳—南阳—襄阳—建康。来自长江上游即四川地区的文化因素影
响似乎甚小，因为川中有翼石兽大多属于长条形羽翼，仅仅影响
到重庆一带，在南朝建康地区诸石翼兽中尚未见到四川石兽羽翼
的特点。

三、小结

前文对中国有翼神兽的源流，从文献记载、学术观点等方面
分别做了梳理。关于其起源，笔者赞同"中西融合说"，即中国
有翼神兽是在本土文化的基础上，融合了西方有翼兽的特点，从
而逐步形成了一种崭新的面貌。具体而言，在新石器时代至战国
以前，翼兽的本土化特点显著，反映出本土文化因素的阶段性。
在春秋战国至秦汉时期，不仅仍保留有本土的文化因素，而且还
显现出外来文化因素，特别在东汉时期，是有翼神兽题材发展历
史上的一个高峰，不同质地、同一题材的翼兽形象大量出现。

综上所述，笔者得出以下结论：中国汉代陵墓有翼神兽造型
的形成应该是多种文化因素与多样装饰风格结合的产物。其中，
四川等地石兽接受外来的影响更甚，不论其艺术原型还是表现形
式多受域外文明的影响；而河南、河北等中原地区有翼兽则结合
了多样的文化元素与表达方式，将外来的各类形象融合传统文化
观念，并与传统青铜装饰手法结合，创造出了独具特色、神异变
幻的有翼神兽形象，并对南朝石雕艺术产生了深远影响。

第四章 从东汉陵墓石兽谈赞助人问题

　　近两千年后，东汉时期各级各类墓葬地面建筑中，仅有陵墓石阙、石祠及石兽遗存保留下来。而其中这些石兽遗存，虽然只是墓葬礼仪制度及墓地建筑体系中的一个组成部分，但是通过对其考察、研究，我们可以了解墓葬主人与墓葬建造者的身份、地位等问题，进而为我们了解墓葬艺术所处大时代的社会背景与状况提供帮助。通过对丧葬艺术的赞助体制及被赞助工匠的考察，可以有助于我们了解特定时代艺术风格及特征的形成。因此，在本章中，将从赞助人的观点与视角出发，对东汉时期陵墓石兽遗存进行考察，去探讨石兽背后的"赞助人"与被赞助人之间的关系。

　　汉代墓葬艺术研究的理想状态，正如巫鸿指出，应该是能够将我们的研究视野集中于一个特殊的家庭墓地，通过对墓葬赞助人及其意愿的研究，写出一部关于这个墓地的社会史①。笔者也试图从墓前石兽着手，针对比较典型的墓葬，如宗资墓、高

①　参见〔美〕巫鸿著，李清泉等译：《中国古代艺术与建筑中的"纪念碑性"》，上海人民出版社，2009年，第251页。

颐墓及樊敏墓等，以期基本还原墓葬原始状态并做类似的研究。但是，就目前所掌握的考古材料与文献资料而言，完全还原历史状况非常困难，能够做到的仅仅是通过对零散分布于各地的陵墓石兽遗存及文献材料的梳理，结合与之相关的其他墓葬材料，初步对这些墓葬所涉及的这几类人群做一些归纳性的总结，去了解这些人群的身份地位、政治背景及其所处的社会状况。

同时，对赞助人问题的研究，也可以帮助我们了解特定地域艺术特色的形成。一般而言，一个墓地的建筑结构是基本固定的，即通常所称的丧葬礼仪与规则制度。但是在这个相对固定的墓葬形态下，由于上述人群的作用，如墓主人的身份、地位、财力，亲属的喜好与选择，石雕工匠的手艺高下、加工工艺的方法，以及一个地区所特有的区域文化的影响、图像样式的流行与变化等因素，都可能对墓葬艺术品所呈现的状态产生影响。这些影响，是促使一个地方地域特色及图像传统形成的重要因素，也是促进各地不同艺术风格及流派之间相互影响与交流的直接动因。

第一节　汉代艺术中的赞助人问题

一、艺术史研究中的赞助人观点

对艺术家和艺术品赞助机制及赞助人的研究，是西方艺术史学在对文艺复兴时期的艺术家和艺术作品研究中所发展而来的一种方法，是从社会学角度出发的一种研究视野。《牛津英语词典》对赞助人（patron）一词所下的定义是："提供具有影响力的支持以促进某人、某项事业、某种艺术……利益的人。"① 这种方法，有别于传统艺术史研究中仅仅关注作品本身风格特征或图像意义的做法。它是将视角从原来对艺术作品内在因素的关注引向到研究创造作品的外在因素，如人和社会环境中去，从而将艺术史研究有效地与社会史、人类学的研究结合起来，通过研究艺术创作中的赞助人与被赞助的艺术家及其所创造的艺术作品的关系，从而更有效地探讨艺术赞助体制背后的社会关系与时代背景。

最早关注艺术赞助人的学者是德国艺术史家瓦尔堡，他于 1902 年完成论文《肖像艺术与佛罗伦萨中产阶级》，通过研究文艺复兴时期意大利商人肖像绘画及艺术品定制机制，了解作为艺术赞助人的佛罗伦萨中产阶级的精神状况和艺术品位②。其后，对艺术赞助人的研究一直是西方艺术史领域中非常重要的一个组成部分。英国艺术史家贡布里希更是将赞助人提到了艺术品创作者的地位，他在对梅迪奇家族艺术赞助活动的研究中，认为有些艺术品甚至可以说是赞助人创造了作品，艺术家只是制作者而已，"艺术作品是捐赠人的作品"③。其后，哈斯克尔在 1963 年出版了《赞助人与画家：巴洛克时代的艺术与社会之关系研究》，结合社会学、人类学的研究方法，从赞助人角度切入艺术史的研究④。他认为艺术并不是一个独立自足的个体，所以应将其置入为之诞生、为之存在与为之消亡的广阔社会背景中去考察艺术及艺术现象。

特别是自 20 世纪 80 年代以来，兴起于美国加州大学的"新

---

① 转引自〔英〕E·H·贡布里希著，朱淳译，李本正、范景中编选：《作为艺术赞助人的早期梅迪奇家族》，《文艺复兴：西方艺术的伟大时代》，中国美术学院出版社，2000 年，第 149～150 页。

② 参见张鹏：《美术史研究中的"赞助人"》，《美术研究》2006 年第 4 期。

③ 〔英〕E·H·贡布里希著，朱淳译，李本正、范景中编选：《作为艺术赞助人的早期梅迪奇家族》，《文艺复兴：西方艺术的伟大时代》，中国美术学院出版社，2000 年，第 149～175 页。

④ 参见曹意强：《艺术与历史》，中国美术学院出版社，2001 年，第 4 页。

史学派"，强调以视觉形象研究历史，对影响艺术作品的外在因素的研究成为重点，艺术史的研究与人类学的联系变得更为紧密①。在中国古代艺术史研究领域，众多学者如李铸晋②、薛永年③、巫鸿④、杨爱国⑤、李向民⑥、高居翰⑦、谢柏轲⑧、包华石⑨等都先后将艺术赞助人方法应用于中国美术史的研究中，为中国古代艺术的研究注入了新的方法和思路。

二、汉代艺术中的赞助人观点

在汉代画像艺术的研究中，伴随着新材料的发现，新的研究

---

① 〔美〕巫鸿：《美术史研究略说》，《东南文化》1997 年第 1 期。
② 1980 年 11 月 20～24 日，在美国堪萨斯市纳尔逊博物馆召开了由李铸晋组织的"艺术家与赞助人：中国绘画中的社会和经济因素"研讨会，其中心论题就是画家与收藏者、赞助人之间的关系。在中国美术史研究领域首次引入赞助人观念，从社会经济的发展角度揭示了艺术风格形态演进的外部原因与内部依据的关系，反映了中国美术史研究在方法论上的新变化。参见张鹏：《美术史研究中的"赞助人"》，《美术研究》2006 年第 4 期。
③ 薛永年：《20 世纪中国美术史研究的回顾和展望》，《文艺研究》2001 年第 2 期；薛永年：《美国研究中国画史方法述略》，《文艺研究》1989 年第 3 期。
④ 巫鸿在中国古代艺术的研究中，将艺术赞助及赞助机制的讨论结合中国早期艺术中的很多方面进行研究，如《九鼎传说与中国古代美术中的纪念碑性》、《"私爱"与"公义"》及《中国古代艺术与建筑中的"纪念碑性"》等文中，均使用了赞助人观点进行研究。
⑤ 杨爱国：《幽明两界——纪年汉代画像石研究》，陕西人民美术出版社，2006 年。
⑥ 李向民：《中国艺术经济史》，江苏教育出版社，1995 年。
⑦ 〔美〕高居翰：《中国绘画史方法论》，《中国画研究方法论》（《朵云》第 52 集），上海书画出版社，2000 年； 〔美〕高居翰：《山外山——晚明绘画（1570～1644）》，上海书画出版社，2003 年。
⑧ 〔美〕谢柏轲：《西方中国绘画史研究专论》，《海外中国画研究文选》，上海人民美术出版社，1992 年。
⑨ 包华石《早期中国的艺术与政治表达》，参见王菡薇：《艺术与公众——从包华石先生的汉代画像石研究谈起》，《新美术》2006 年第 3 期。

方法的探索及理论实践不断发展、深化。作为其中之一的艺术赞助人观点与方法的应用，海内外学者如包华石、巫鸿、信立祥、李发林、杨爱国等先生多有尝试，在汉代画像艺术中，取得了很多卓有成效的成果。

美国汉学家包华石，通过对墓葬"赞助人"的研究，揭示了汉代丧葬礼仪和墓葬建筑作为获得声誉的最重要手段，是一个集公众交往、舆论批评、举荐制度、家族声望于一体并具有初步批判功能的公众场所的实质，这种功能也是当时死乃崇葬的重要动因之一①。杨爱国在汉代画像的研究中，利用赞助人观点，从画像石的制作者石刻艺人与殡仪服务这个角度探讨了石雕艺术的制造者与墓葬制度、丧葬礼仪的关系；同时，又从墓主人的角度探讨了墓主人身份及其与祠堂、墓室、画像题材的关系，并进而去探讨身份与丧葬建筑及装饰题材内容关系形成的原因②。

这种方法论，更是贯穿于巫鸿的研究中③。如《"私爱"与"公义"》中对赞助人的理想和道德观念的思考；《透明之石》中注入对图像观者的因素；《武梁祠》中对赞助人武梁本人身份与思想之关系的关注等。在其《中国古代艺术与建筑中的"纪念碑性"》中，则专门探讨了东汉墓地建筑与赞助人的关系。其中有一段精辟论述："最为重要的是墓地中各种建筑和不同赞助人（partrons）的关系。墓葬、祠堂和墓碑构成一处墓地的三项中心设施。墓葬保存着死者的遗体，被认为是死后归于地下的'魄'

---

① 参见王菡薇：《艺术与公众——美国学者包华石的汉画像石研究》，《艺术与科学》卷三，清华大学出版社，2006 年，第 24 页。

② 杨爱国：《幽明两界——纪年汉代画像石研究》第四章《固守家园与远走他乡》及第六章《纪年汉代画像石墓主身份》，陕西人民美术出版社，2006 年。

③ 〔美〕巫鸿：《"私爱"与"公义"》、《透明之石》，《礼仪中的美术——巫鸿中国古代美术史文编》，生活·读书·新知三联书店，2005 年；〔美〕巫鸿著，柳扬、岑河译：《武梁祠——中国古代画像艺术的思想性》，生活·读书·新知三联书店，2006 年。

的去处，而祠堂是死者接受祭品的地方，被看作是他的'魂'的居所。在大多数情况下，墓葬和祠堂由死者家庭建置，或由死者本人在生前购置，或由他的后人建筑。与此不同，墓碑则多由前来瞻仰的人们树立。然而，这两类赞助人都不是真正的建造者，这些墓葬建筑实际上出自专业的匠师之手。因此，墓地的营造至少是四种人努力的结果，包括死者本人，死者的家属，死者生前的朋友、同僚、门生，以及那些施工的工匠。我们因此可以看到，一座汉代墓地是社会的一个交叉点：它不仅是家庭中祖先崇拜的中心，而且也是家庭之外社会关系的一个焦点。其中的建筑不仅是死者的财产，而且也汇聚了赞助人和建造者的思想。"① 这就是赞助人观点在汉代艺术研究中的意义所在。

但是，任何一种研究方法都不是万能的，赞助人观点仍有其局限之处。对墓葬艺术赞助及其赞助人的研究，虽然可以有效地帮助我们了解墓葬艺术的目的、意义及价值，并揭示出特定环境下墓葬艺术背后的社会、文化因素，但是对作品本身的诠释、内在形式的解读仍有其局限之处。而且，汉代至今，已历两千余年的变迁，几乎所有的墓葬均已遭到多次破坏。在现存材料零散而残破的情况下，要揭示建造墓葬纪念碑的过程中人与人的关系，并进而研究其背后的思想观念和社会状况甚为困难。目前的研究能够达到的也仅仅是通过对现存的丧葬铭文与雕刻所呈现的画面研究"来建构若干具体情节（scenarios）"②，并以此作为复原古代社会状况的基础。

---

① 〔美〕巫鸿著，李清泉等译：《中国古代艺术与建筑中的"纪念碑性"》，上海人民出版社，2009 年，第 251 页。

② 〔美〕巫鸿著，李清泉等译：《中国古代艺术与建筑中的"纪念碑性"》，上海人民出版社，2009 年，第 251 页。

第二节　东汉陵墓石兽与墓主人身份

　　新中国成立以来，在河南、河北、山东、四川等地发现有较多的东汉陵墓石兽，但能够确认墓主人身份的材料较少。以下结合有限的实物资料及文献典籍，试对东汉陵墓石兽所体现的艺术"赞助人"身份问题及其与墓葬的关系做一简要分析，以期从中窥见东汉时期各地身居高位、拥有巨大财富的豪强大族的身影及其政治经济状态。

一、陵墓石兽遗存及其墓主人

（一）河南南阳宗资墓前石兽

1. 石兽著录

　　河南省南阳宗资墓前石兽，目前藏于南阳汉画馆，为天禄、辟邪一对。未经过科学发掘，是于 20 世纪 30 年代开始，从原在地东汉汝南太守宗资墓前多次迁移安置于现藏地点（图 4－1）①。

　　关于宗资墓前石兽的记载，唐宋史籍及金石学著作皆有著录。最早见于唐章怀太子李贤等对《后汉书》的注释中，可知其墓前立有天禄、辟邪二石兽。《后汉书·灵帝纪》：东汉中平三年（186 年）春，"复修玉堂殿，铸铜人四，黄钟四，及天禄、虾蟆，又铸四出文钱"。注云："天禄，兽也。时使掖廷令毕岚铸铜

———————————————

① 图 4－1 由南阳府衙博物馆刘绍明拍摄、提供。

图 4-1　河南南阳宗资墓前石兽　　　　图 4-2　"天禄"刻铭

人，列于仓龙、玄武阙外，钟悬于玉堂及云台殿前，天禄、虾蟆吐水于平门外。事具《宦者传》。案：今邓州南阳县北有宗资碑，旁有两石兽，镌其膊一曰天禄，一曰辟邪。据此，即天禄、辟邪并兽名也。汉有天禄阁，亦因兽以立名。"①

有宋一代，被称为金石学的古器物学盛行，文人士大夫对古物和古代石刻艺术品的兴趣高涨，当时的一些著名学者大量收藏来自全国各地的古代石刻艺术品拓片并整理编辑。而南阳宗资墓前石兽因其膊上有隶书刻铭（图 4-2）②，成为金石学家收藏、研究的重点。欧阳修作为最早对石刻拓片进行系统收藏并著录的学者，在其《集古录跋尾》卷三中对宗资墓前石兽有如下研究："右汉'天禄'、'辟邪'四字，在宗资墓前石兽膊上。按《后汉书》，宗资，南阳安众人也，今墓在邓州南阳界中。墓前有二石兽，刻其膊上，一曰'天禄'，一曰'辟邪'。余自天圣中举进士，往来穰邓间，见之道侧，迨今三十余年矣。其后集录古文，思得此字，屡求于人不能致。尚书职方员外郎谢景初家于邓，为余摹得之，然字画讹缺，不若余见时完也。按《党锢传》云：资祖均自有传。今《后汉书》有《宋均传》，云南阳安众人，而无

①　[南朝宋] 范晔：《后汉书》卷八《灵帝纪》，中华书局，1965 年，第 353 页。
②　图 4-2 由南阳府衙博物馆刘绍明拍摄、提供。

《宗均传》，疑《党锢传》转写'宋'为'宗'尔。《蜀志》有宗预，南阳安众人，岂安众当汉时有宗、宋二族，而字与音皆相近，遂致讹谬邪？史之失传如此者多矣。嘉祐八年腊日书。"①

　　对于欧阳氏"安众当汉时有宗、宋二族"的说法，稍后时期的金石学家赵明诚提出了不同看法，他认为本应为"宗"，后因谬误流传成为"宋"姓，《金石录·汉宗资墓天禄辟邪字》中："右《汉天禄辟邪字》，在南阳宗资墓前石兽膊上。欧阳公《集古录》：'案《党锢传》云：资祖均，自有传。今《后汉书》有《宋均传》，云南阳安众人，而无《宗均传》，疑《党锢传》转写'宋'为'宗'尔。《蜀志》有宗预，南阳安众人，岂安众当汉时有宗、宋二族，而字与音皆相近，遂致讹谬邪？'此说非是。余案《后汉书》均族子意传云：'意孙俱，灵帝时为司空。'而《灵帝纪》建宁四年书：'太常宗俱为司空。'注云：'俱字伯俪，南阳安众人。'熹平二年书：'司空宗俱薨。'又《姓苑》载南阳安众宗氏云：'后汉五官中郎将伯，伯子司隶校尉、河内太守均，均族兄辽东太守京，京子司隶校尉意，意孙司空俱。'《元和姓纂》所书亦同。则均姓为宗，无可疑者。当章怀太子为注及林宝撰《姓纂》时，尚未差谬，至后来始转写为'宋'尔。余既援据详审，遂于家藏《后汉书·均列传》用此说改定云。"②

　　同样，宋人沈括于云丰年间（1078～1079 年）途径邓州，使人墨拓宗资墓前石兽之题刻，并在《梦溪笔谈·异事》中从石兽的属性角度谈道："至和中，交趾献麟，如牛而大，通身皆大鳞，首有一角。考之记传，与麟不类，当时有谓之山犀者。然犀不言有鳞，莫知其的。（回）诏欲谓之麟，则虑夷獠见欺；不谓之麟，

---

① ［宋］欧阳修著，邓宝剑、王怡琳笺注：《集古录跋尾》，人民美术出版社，2010 年，第 79 页。

② ［宋］赵明诚撰，金文明校证：《金石录校证》，广西师范大学出版社，2005 年，第 313～314 页。

（则）未有以质之。止谓之'异兽'，最为慎重有体。今以予观之，殆'天禄'也。按《汉书》：'灵帝中平三年，铸天禄、虾蟆于平（津）门外。'注云：'天禄，兽名。今邓州南阳县北宗资碑旁两兽，镌其膊，一曰天禄，一曰辟邪。'元丰中，予过邓境，闻此石兽尚在，使人墨其所刻'天禄'、'辟邪'字观之，似篆似隶。其兽有角鬣，大鳞如手掌。南丰曾阜为南阳令，题宗资碑阴云：'二兽膊之所刻独在，制作精巧，高七八尺，尾鬣皆鳞甲，莫知何象而名此也。'今详其形，甚类交趾所献异兽，知其必'天禄'也。"① 沈括"记述甚详。但他却粗心大意把天禄与交趾（越南）进贡的犀牛混为一谈，实属附会"②。

宋之后，经历了近五百余年的沉寂期后，对古代器物和石刻艺术品的关注与研究又重新开始。清代学者黄叔璥对宗资墓石兽铭文进行考释，在其《中州金石考》中认为："《集古录》云'天禄'、'辟邪'四字，在宗资墓前石兽膊上，沈存中《笔谈》云南阳县北宗资碑旁二兽，镌其膊，一曰天禄，一曰辟邪。《明一统志》：宋均墓，南阳东北古城内二兽，右刻天禄，左刻辟邪。左刻为雷所轰。杨应奎《石兽记》云：北郭外三里许，有冢巍然，面阳隔路，有石兽；左者欹侧卧，去其四足，右则折缺，中半埋之土中。问之土人，曰：汉宗资墓前兽也。启而筑之，细寻其字，无有也。因以《汝帖》旧文，模而镌之。今墓在城东北三里许。"③

该书记载反映出两点非常重要的信息：一是目前所见天禄右膊上所刻篆书"天禄"两字，为明代依据《汝帖》旧文补刻，而非汉代原刻铭文；二是"宋均"应为"宗均"之误，宗均即宗资

---

① ［宋］沈括著，胡道静校注：《梦溪笔谈校证》下册，中华书局，1960 年，第694 页。
② 周到、吕品：《略谈河南发现的汉代石雕》，《中原文物》1981 年第 2 期。
③ ［清］黄叔璥：《中州金石考》卷八，齐鲁书社，1996 年，第 681 页。

祖父，其墓前亦有两件石兽①。

2. 宗资生平及其家族

宗资，为东汉南阳人，历任议郎、中郎将、御史中丞、汝南太守等职。《后汉书·党锢列传》李贤注引谢承《后汉书》云："宗资字叔都，南阳安众人也。家代为汉将相名臣。祖父均，自有传。资少在京师，学《孟氏易》、《欧阳尚书》。举孝廉，拜议郎，补御史中丞、汝南太守。署范滂为功曹，委任政事，推功于滂，不伐其美。任善之名，闻于海内。"②

从《后汉书》所载有关宗资的一些史料来看，他主要生活在东汉晚期桓、灵之际，其家族世代出仕，为东汉时期南阳豪强大族的代表人物。《后汉书·桓帝纪》：延熹三年（161年）冬十一月，"太山贼叔孙无忌攻杀都尉侯章。十二月，遣中郎将宗资讨破之"③。类似记载也见于《后汉书·方术列传》："延熹三年，琅邪贼劳丙与太山贼叔孙无忌杀都尉，攻没琅邪属县，残害吏民。朝廷以南阳宗资为讨寇中郎将，杖钺将兵，督州郡合讨无忌。"④《后汉书·皇甫规列传》："时太山贼叔孙无忌侵乱郡县，中郎将宗资讨之未服。"⑤

除此之外，《后汉书·党锢列传》中还有因当时民间传言"汝南太守范孟博，南阳宗资主画诺。南阳太守岑公孝，弘农成瑨但坐啸"而引发太学诸生三万余人"危言深论，不隐豪强"的记载⑥，将宗资其人与当时包办察举、把持地方的各地豪族大姓并列。

---

① 陶喻之：《〈汝帖〉摹刻汉墓石兽刻字考辨》，《中原文物》2006年第5期。

② ［南朝宋］范晔：《后汉书》卷六七《党锢列传》，中华书局，1965年，第2186页。

③ ［南朝宋］范晔：《后汉书》卷七《桓帝纪》，中华书局，1965年，第307页。

④ ［南朝宋］范晔：《后汉书》卷八二《方术列传》，中华书局，1965年，第2732页。

⑤ ［南朝宋］范晔：《后汉书》卷六五《皇甫规列传》，中华书局，1965年，第2132页。

⑥ ［南朝宋］范晔：《后汉书》卷六七《党锢列传》，中华书局，1965年，第2186页。

　　《后汉书》后世刻本在刊印过程中将"宗均"误写为"宋均"，造成错误。该书《宋均列传》："宋均字叔庠，南阳安众人也。父伯，建武初为五官中郎将。……永平元年，迁东海相，在郡五年，坐法免官，客授颍川。而东海吏民思均恩化，为之作歌，诣阙乞还者数千人。显宗以其能，七年，征拜尚书令。""族子意。意字伯志。父京，以《大夏侯尚书》教授，至辽东太守。意少传父业，显宗时举孝廉，以召对合旨，擢拜阿阳侯相。建初中，征为尚书。……孙俱，灵帝时为司空。"① 该书校勘记云："宋均字叔庠南阳安众人也，殿本《考证》引何焯说及王先谦《集解》引《通鉴》胡注，俱谓宋均本姓宗，作'宋'乃传写之误。今按：《通鉴》胡注引张说《宋璟遗爱颂》，证明'宗均'之讹为'宋均'，自唐已然。"②

　　从上述文献记载中，可以排列出宗资家族的四代世系如下：

　　　　曾祖宗伯—祖父宗均

　　　　　　祖父辈宗京—父辈宗意—族兄辈宗俱

　　　　　　　　　　　　　　　　　宗资

　　关于宗资及宗资墓，仅就上述有限的文献资料，通过对其进行梳理，仍无法知晓宗资墓前石兽与通常所认定的墓葬艺术其他"赞助人"③ 的直接关系，所能知晓的只有墓主人宗资本人的生

---

① ［南朝宋］范晔：《后汉书》卷四一《宋均列传》，中华书局，1965 年，第 1411 ~ 1416 页。

② ［南朝宋］范晔：《后汉书》卷四一《宋均列传》，中华书局，1965 年，第 1421 ~ 1422 页。

③ 巫鸿在其《中国古代艺术与建筑中的"纪念碑性"》中列举了汉代墓葬建筑及墓葬礼仪的几类赞助人，如死者本人、死者家属、死者生前的朋友、同僚、门生等。［美］巫鸿著，李清泉等译：《中国古代艺术与建筑中的"纪念碑性"》，上海人民出版社，2009 年，第 248 ~ 323 页。

平、家世。东汉桓帝（147～167 年）年间，国内政局混乱不堪，朝廷内各党派相争不止。先是各种自然灾害频发，后又在山东境内爆发了农民暴动，在这种时局下，宗资以讨寇中郎将身份参与平暴，后又历任各地重要官吏。故其死后，从朝廷角度，他是一位为国家平定暴乱、建功立业的重臣；从自身家族角度，他是家族中位居高位的中心人物。故为他建造高坟大冢，彰表其赫赫声名，并以此来显示其后人的孝行，都显得非常必要。从现存列置于其墓前的精美石刻翼兽来看，也说明了只有在其显赫的官宦地位、雄厚的经济实力基础上才能够在墓地建筑中设置如此石兽、石碑等石刻。

（二）河南平顶山州辅墓前石兽

1. 州辅墓及其石兽著录

州辅墓位于今河南省平顶山市（墓址原行政区划属于宝丰县）曹镇乡宋寨村鱼陵山。据史料记载与地望分析，此地正是当年州辅墓址所在①。

以往学术界认为州辅墓前石兽今已不存。如李零曾指出："据宋以来的金石著录，河南出土的天禄辟邪石刻是以南阳、宝丰二地最集中。南阳所出主要有汉宗资墓前的一对，汉宋均墓前的一对，以及麒麟岗汉墓前的一对。宝丰所出则有州辅墓前的一对。这些石刻，现在只有宗资墓前的一对（或说只有一件属宗资墓，另一件不是）还在，现藏南阳汉画馆。"②

近年来，据文物工作者调查，在平顶山曹镇乡宋寨村附近的鱼陵山有一汉代墓群，面积约 21 万平方米。墓葬分布密集，曾在此清理 70 余座墓葬，分别有空心砖、小砖券墓，有单室、多

————————————

① 陶喻之：《〈汝帖〉摹刻汉墓石兽刻字考辨》，《中原文物》2006 年第 5 期。
② 李零：《论中国的有翼神兽》，《入山与出塞》，文物出版社，2004 年，第 106 页。据本书第四章所述，汉"宋均"应为"宗均"之误，宗均即宗资祖父，其墓前亦有两件石兽。

室等，出土有陶鼎、罐、仓、纺轮等随葬器物。另还发现一件石辟邪，以青石雕造而成，大半掩于地下，面目狰狞，头部已损①。该石辟邪正是郦道元《水经注》中著录及赵明诚所见州辅墓前之物。

清代作家李绿园长期居住在曹镇乡宋寨村，今村中仍存其住宅。大门、厢房、正房均为硬山灰瓦顶，其中上房为其书斋，现为一般民宅。李氏曾撰有《辟邪歌》，对石兽及其历史背景有过如下细致描写："澧水南岸辈城北，巨冢突兀列三四，蒙茸青草供牧刍，墓门那觅碑版字。桑《经》郦《注》说吉苞，大长秋官汉阉寺。《书画谱》传州辅吉，吉成难辨爵与谥。碑阴曾勒延叔坚，题名共说四十二。若云碑出蔡中郎，茫茫千古谁睹记？总之东汉一栋人，奚必断断频置议。余有三冢概无闻，土呼将军昧所自。四冢各蹲辟邪一，风雨剥蚀野火爇。吁嗟呼！辟邪之兽产何宇？称者每与天禄伍。麟首驼项狻猊尾，前伏双翼后两股。地人不识奇兽状，翼者称鸡股称虎。金马铜驼尚无存，赖是石兮有此土。我昔十龄惯摩挲，我今七秩犹拍拊：辟邪辟邪尔无恙，我自髫龄已伛偻！"②

李诗中所云"桑《经》郦《注》说吉苞，大长秋官汉阉寺"，是指该墓最早始见于《水经注》的记载。《水经注·湍水》讲到于南阳附近所发现："水南有汉中常侍长乐太仆吉成侯州苞冢，冢前有碑，基西枕冈城，开四门，门有两石兽，坟倾墓毁，碑兽沦移，人有掘出一兽，犹全不破，甚高壮，头去地减一丈许，作制甚工，左膊上刻作'辟邪'字。"③ 在这段记载中，郦道元误将墓主人姓名州辅说成"州苞"，对此，宋人赵明诚做过

---

① 国家文物局主编，河南省文物局编制：《中国文物地图集·河南分册》，中国地图出版社，1991年，第70页。

② 栾星：《歧路灯研究资料》，中州书画社，1982年。

③ ［北魏］郦道元著，陈桥驿校证：《水经注校证》，中华书局，2007年，第724页。

考辨。《金石录·汉吉成侯州辅碑》："右《汉吉成侯州辅碑》，名字已残阙，其额题云：'汉故中常侍、长乐太仆，吉成侯州君之铭。'辅名姓见范晔《后汉书·宦者传》，以定策立桓帝，与曹腾等七人同时封为亭侯。今此碑载当时诏书，有云：'其封辅为吉成侯。'以此知其名辅，而郦道元注《水经》云：'轐县㶏水南有汉中常侍、长乐太仆、吉成侯州苞冢，冢前有碑，其词云：六帝四后，是谘是诹。'今验其铭文，实有此语，独以'辅'为'苞'，盖《水经》之误，当取汉史及此碑为正。"①

同时，赵明诚委托其好友董之明为其拓取文字，并记述了北宋时期州辅石碑及石兽的保存情况。《金石录·汉州辅墓石兽膊字》："余初得州君墓碑，又览《水经》所载，意此字犹存。会故人董之明守官汝、颍间，因托访求之。逾年，特以见寄，其一'辟邪'，道元所见也；其一乃'天禄'，字差大，皆完好可喜。之明又云：'天禄'近岁为村民所毁，'辟邪'虽存，然字画已残阙难辨。此盖十年前邑人所藏，今不可复得矣。"②

《辟邪歌》中对其所见石兽形制有所描述："四冢各蹲辟邪一，风雨剥蚀野火燹。吁嗟呼！辟邪之兽产何宇？称者每与天禄伍。麟首驼项狻猊尾，前伏双翼后两股。地人不识奇兽状，翼者称鸡股称虎。"由此看来，李绿园所见石兽应该类同于河南洛阳等地石兽，具有狮形头且带有角，身披羽翼。

2. 墓主人州辅的生平事迹

州辅其人，在《后汉书》中仅见一处记载。《后汉书·宦者列传》："桓帝得立，腾与长乐太仆州辅等七人，以定策功，皆封亭

① ［宋］赵明诚撰，金文明校证：《金石录校证》，广西师范大学出版社，2005年，第253页。
② ［宋］赵明诚撰，金文明校证：《金石录校证》，广西师范大学出版社，2005年，第254页。

侯。"① 宋代金石学家洪适所著《隶释》中保存有《吉成侯州辅碑》残文，文中所记州辅生平较详："辅，字□□。……特以才明敏达，拜小黄门。沓事和熹后，孝安帝安思皇后时，为大宫令。孝顺皇帝践祚之□，复宏拜小黄门，迁臧府令。当拜中常侍，让与同郡锜任。后以病逊位，起家复拜谒者令，中尚方□，迁中常侍。遭顺帝弃天下，扶佐孝冲、孝质帝，兼领黄门令。顺烈皇后摄政，以君旧□，拜长乐太仆。……建和二年七月己巳，诏册曰：……其封辅为吉成侯。和平中，君复转拜大长秋□，以常侍之位括统前后。……年六十有二，永寿二年十二月丙子薨。"②

（三）四川雅安高颐墓前石兽

高颐墓（图4-3、4）③，位于四川省雅安市东7公里处，建于东汉献帝建安十四年（209年）。墓地南面筑有一对石阙，相距13.6米。现存东、西两阙的阙身北面和西阙的檐口下端均有题铭，东阙隶书题铭为"汉故益州太守阴平都尉武阴令北府丞举孝廉高君字贯方"，西阙题铭为"汉故益州太守阴平都尉武阳令北府丞举孝廉高君字贯光"，西阙檐下题铭为"汉故益州太守阴平都尉武阳令北府丞举孝廉高君字□□"。阙南有一对有翼石兽，形状似虎头狮身，昂首挺胸，背生双翅。阙北163米处有高颐墓，立有"汉孝廉高颐墓"石碑④。1987年冬，当地文物部门曾对高颐墓堡坎进行维修并做了实地勘察，墓长24、宽16米。由于封土被毁，四周农田常年耕作，致使墓砖裸露，并发现很多纹

---

① ［南朝宋］范晔：《后汉书》卷七八《宦者列传》，中华书局，1965年，第2519页。

② ［宋］洪适：《隶释》，《隶释·隶续》，中华书局，1986年，第178页。

③ 图4-3采自徐文彬等：《四川汉代石阙》，文物出版社，1992年，第113页，图一一七；图4-4系笔者拍摄。

④ 耿继斌：《高颐阙》，《文物》1981年第10期。

图 4 - 3 　四川雅安高颐墓阙及石兽

图 4 - 4 　四川雅安
高颐墓碑

饰清晰的长方形墓砖和一些陶器残片①。

　　但是对目前阙上题铭前后不一的情况，赵彤列举清人刘喜海
《金石苑》"王象之《舆地碑目》以为高只弟皆为孝廉，一名颐
字贯方，一名实字贯光，非也。按碑文磨灭不见，察宰邑之文而
讳颐字贯方，确然可信，并无名实字贯光者……宋人沿其误。王
象之未见碑文其实一人也"，以及李调光《蜀碑纪补》"此两碑一
有高君名字（东阙身铭），一不称名而字阙……此一阙虽无颐之
名（西阙身铭）而阴平北府皆见之碑侧（檐下铭），两者皆颐之
碑也"等记载，考释认为：墓主人是高颐，字贯方，而"贯光"
及"武阴"谬误则在宋以前就已出现②。较早的准确记载见于宋
人洪适《隶释》卷一一《益州太守颐碑》中，"君讳颐，字贯
方"，"建安十四年八月于官卒"③，曾任益州太守、阴平都尉、
武阳令、北府丞等职。

---

① 　赵彤:《四川省雅安高颐阙考释》，《四川文物》1989 年第 2 期。
② 　赵彤:《四川省雅安高颐阙考释》，《四川文物》1989 年第 2 期。
③ 　［宋］洪适:《隶释》，《隶释·隶续》，中华书局，1986 年，第 129～130 页。

（四）四川芦山樊敏墓前石兽

樊敏墓（图4－5、6）[1]，位于芦山县城南3公里处沫东乡石箱村石马坝，建于东汉献帝建安十年（205年）。1953年，经当时的西南博物院发掘得知，该墓规模甚伟，墓道长达30米，但早已被盗掘一空，仅发掘出镇墓石俑2件及石刻楼房1件[2]。断定为巴郡太守樊敏墓。据20世纪50年代的记述，墓地立有一石碑，后人建有碑亭。"碑亭外三米许的稻田中有残石阙两处，从残缺的阙盖看，与雅安高颐阙很相似。距碑五十米左右，还有石兽三具，一置公路侧，一置稻田中，另一置田塍上。前两者为一对，与樊敏碑和石阙应是墓前的一组建筑物，它们的位置是移动了的。形象和雅安高颐阙前的辟邪极为相似，不过它们不像高颐阙前的辟邪，在翼尾还有两根伸至臀部的健羽，体积也较大。置田塍上的一个亦为辟邪，体积较小，颐下有蜷毛，肩上无翼，与前者不同。这具辟邪的头部已被损毁了一些，本来也应是一对，但另一具却不知下落。在樊敏碑亭后不远的地方，过去曾发现了一座东汉砖墓。"[3]

图4－5　四川芦山樊敏墓阙　　图4－6　四川芦山樊敏墓碑亭

①　图4－5、6系笔者拍摄。

②　中国美术全集编辑委员会：《中国美术全集·雕塑编2·秦汉雕塑》，人民美术出版社，1985年，图版说明第37页。

③　陶鸣宽、曹恒钧：《芦山县的东汉石刻》，《文物参考资料》1957年第10期。

《金石录》卷一八著录有《汉巴郡太守樊君碑》碑文，《汉代石刻集成》所载内容更详："君讳敏，字升达。……除郎、永昌长史，迁宕渠令。……常为治中诸部从事。……表授巴郡，后汉中秋老乞身，以助义都尉，养疾闾里，又行褒义校尉。……八十有四，岁在汁洽，纪验期瑑，奄曶臧形。……建安十年三月上旬造，石工刘盛，息㥥书。"① 目前所存石碑，应为清代重刻，清人孙星衍《寰宇访碑录》记载："碑久佚，碑估谓又重出"；《续校碑随笔》记载：此碑是"汉嘉道间复出"；《碑帖叙录》记载："道光间出现者实重刻，非原石"②。由碑文来看，樊敏为东汉蜀郡属国青衣县（今芦山县）人，生于汉安帝元初六年（119 年），一说为汉安帝永宁元年（120 年），卒于汉献帝建安八年（203年）。历任永昌长史、宕渠令、治中诸部从事、巴郡太守、助义都尉、褒义校尉等职，并曾晋为司徒（未就职），位列三公。该墓建于东汉建安十年（205 年）三月上旬，石工为刘盛。

（五）四川芦山杨统墓及王晖墓前石兽

同样在芦山一地，尚有多处墓前石兽遗存。近年来，文物部门于樊敏墓旧址建立了芦山东汉石刻陈列馆，收藏有早年调查发现的汉樊敏碑前与碑侧石兽、杨君墓前石兽、王晖墓（图 4 - 7）③ 侧石兽以及在石马坝、石箱村等地新发现的东汉陵墓石兽，共计 11 件，形成了一个分布较为密集的石兽群（图 4 - 8）④。其中有两对石兽可认定分别为蜀郡属国都尉杨统墓及上计史王晖墓前遗物。据任乃强考证，蜀郡属国都尉为益州刺史于青衣、严道、徙、旄牛四县所置，领县如太守。至灵帝时更蜀郡属国为

①　［宋］赵明诚撰，金文明校证：《金石录校证》，广西师范大学出版社，2005 年，第 312 ~ 313 页。

②　转引自徐文彬等：《四川汉代石阙》，文物出版社，1992 年，第 23 页。

③　图 4 - 7 系笔者拍摄。

④　图 4 - 8 系笔者拍摄。

图4-7　四川芦山王晖石棺

图4-8　芦山东汉石刻陈列馆藏石兽

汉嘉郡，以都尉领太守职，食二千石①。因此，杨君墓前石兽仍属太守级墓葬设置。而另一对位于石羊上的石兽，系上计史王晖墓前之物，其长度、高度均与樊敏墓前石兽相同。任乃强还认为上述雅安、芦山两地石兽应为同一工匠或同一师传的作坊所为②。

二、《水经注》著录的东汉陵墓石兽

汉代陵墓石兽，自南北朝起，开始为历代各类书籍及金石学著述所关注并著录。其中，尤以北魏郦道元对墓葬建筑及配置状况的记载甚为详尽，可为目前所见遗存状况复原的参考。郦道元，南北朝时期北魏人，字善长，范阳人，官至御史中尉③。《水

---

① 任乃强：《芦山新出汉石图考》，《川大史学·任乃强卷》，四川大学出版社，2006年。

② 任乃强：《芦山新出汉石图考》，《川大史学·任乃强卷》，四川大学出版社，2006年。

③ 清戴震校武英殿聚珍本《水经注》，转引自［北魏］郦道元著，陈桥驿校证：《水经注校证》，校上案语，中华书局，2007年。

经注》共40卷，因其注《水经》而得名。它以《水经》所记水
道为纲，以河道走向为主要线索记录了当时各个流域地区的地理
和风物，是中国古代最为完备的一部综合性地理著作①。

在《水经注》各卷中，对先秦、两汉至魏晋时期墓葬的记载
共有260余处，除去本章第二节已引用的东汉吉成侯州辅墓前石
兽外，其他明确记载有陵墓石兽且墓主人可考的还见于以下
各卷。

卷九《清水》记载有东汉桂阳太守赵越墓前神道遗存（现河
南省新乡市获嘉县故城西），特别提到已经毁坏的石羊、虎、牛
等："县故城西有汉桂阳太守赵越墓，冢北有碑。……碑北有石
柱、石牛、羊、虎俱碎，沦毁莫记。"

卷一一《易水》描述石虎冈之得名："石虎岗，范晔《汉
书》云中山简王焉之窆也。厚其葬，采涿郡山石以树坟茔，陵隧
碑兽并出此山。有所遗二石虎，后人因以名冈。"

卷二二《颍水》记载平阳侯相蔡昭墓前遗存石兽羊、虎：
"冢有石阙，阙前有二碑，碑字沦碎，不可复识。羊虎倾低，殆
存而以。"

卷二三《阴沟水》记载了曹嵩墓前石马，并与当时可见汉光
武帝陵墓神道石象、石马相比较："涡水四周城侧，城南有曹嵩
冢……夹碑东西，列对两石马，高八尺五寸，石作粗拙，不匹光
武隧道所表象马也。"在同一卷中还记载有曹魏御史大夫袁涣家

_____

① 关于郦道元所注之《水经》的成书年代及作者，历来说法不一，有认为《水经》
为晋人郭璞所撰，也有认为是东汉桑钦撰写的，更有人认为郭璞曾注桑钦所撰
《水经》。陈桥驿认为今本郦道元所注《水经》的原作者已佚失，与郭璞及桑钦所
撰《水经》并不是一回事情，全祖望认为这个《水经》是东汉初作品，戴震认为
是三国时作品。尽管对其原本情况存在以上各种说法，但是至少可以肯定，郦道
元之《水经注》为中国北魏以前的古代地理总结，对研究中国古代的历史、地理
具有很高的参考价值。参见［北魏］郦道元著，陈桥驿校证：《水经注校证》，中
华书局，2007年。

族墓地（现河南省周口市扶沟县大扶城西）前已经倾颓之石兽：
"城之东北，悉诸袁旧墓，碑宇倾低，羊虎碎折，惟司徒滂、蜀
郡太守腾、博平令光碑字，所存惟此，自余殆不可寻。"

卷二二《洧水》记载张伯雅墓地（现河南省新密市西南 6 公
里绥河南岸）："径弘农太守张伯雅墓。莹址四周，垒石为垣……
表二石阙，夹对石兽于阙下，累前有石庙，列植三碑。碑云：德
字伯雅，河南密人也。碑侧树两石人，有数石柱及诸石兽矣。"

卷二三《汳水》转引《续述征纪》所记墓前石狮及天鹿
（估计应为某种带有羽翼的神兽）："西去夏侯坞二十里，东一里
即襄乡浮图也，汳水迳其南，汉熹平中某君所立，死因葬之。其
弟刻石树碑，以旌厥德。隧前有狮子、天鹿……""城西二里，
有《汉太传掾桥载墓碑》（现河南省商丘市睢阳区旧县城南 2 公
里）。载字元宾，梁国睢阳人也……睢阳公子熹平五年立。城东
百步有石室，刊云：汉鸿胪桥仁祠。城北五里有石虎、石柱，而
无碑志，不知何时建也。"

卷二四《睢水》所记东汉太尉乔玄墓（现河南省商丘市睢阳
区旧县城北）前神道规制，并有丰富的石兽遗存："汉太尉桥玄
墓……庙南列二柱，柱东有二石羊，羊北有二石虎；庙前东北有
二石驼，驼西北有二石马，皆高大。亦不甚凋毁。"

卷二四《瓠子河》记载有西周宣王时名臣仲山甫墓及其石刻
状况："中山夫人祠南有仲山甫冢，冢西有石庙，羊虎倾低，破
碎略尽。"

卷二九《粉水》记载："粉水旁有文将军冢，墓隧前有石虎、
石柱甚修丽。"

卷二九《比水》记载有汉日南太守胡著墓（现河南新野市）：
"隆山南有一小山，山坂有两石虎相对夹隧道，虽处蛮荒，全无
破毁，作制甚工，信为妙矣。"

卷三一《滍水》："汉安邑长尹俭墓（现河南省鲁山县城西）

东。冢西有石庙，庙前有两石阙，阙东有碑，阙南有二狮子相对，南有石碣二枚，石柱西南有两石羊。中平四年立。"

卷三一《沔水》记载东汉刘表部将蔡瑁墓（现河南省鲁山县城西）石兽："沔水西又有孝子墓。……其南有蔡瑁冢，冢前刻石为大鹿，状甚大，头高九尺，制作甚工。"

另外有些地方，郦道元虽然没有亲眼见到陵墓石兽，但是可见有石碑、石柱甚至石人残留，根据当时墓葬性质，也应该有石兽存在。

如卷四《河水》记载："又东南过司马子长墓北，墓前有庙，庙前有碑。"

卷二二《颍水》："山上有许由冢（现河南省登封市东南30里）……石上犊迹存焉。又有许由庙，碑阙尚存。"

卷二二《洧水》记载汉广野侯郦食其庙（现存河南省偃师市）："门有两石人对倚，北石人胸前铭云：门亭长石人。西有二石阙……基前有碑。"

卷二三《阴沟水》记载："有腾兄冢，冢东有碑，题云：汉故颍川太守曹君墓……坟北有其元子炽冢，冢东有碑，题云：汉故长水校尉曹君之碑。""有谯定王司马士会冢。冢前有碑……有两石柱，高丈余……石榜云：晋故使持节散骑常侍都督扬州江州诸军事、安东大将军谯定王河内温司马公墓之神道。"

从《水经注》记载来看，东汉时期高级官吏及地方大族的墓葬规模巨大，其布局蔚为宏伟、繁复。其中，如弘农太守张德墓，在其墓地入口处不但耸立双阙和石兽多个，还在墓前祠堂竖立三座石碑并列置大量石人、石柱、石兽。设计者还引水为池，造雕像，建石楼，装饰繁复精美，将其墓地营造如同花园："旧引绥水南入茔址，而为池沼，沼在丑地，皆蟾蜍吐水，石隍承溜。池之南，又建石楼、石庙，前又翼列诸兽。"另外，如乔玄墓、尹俭墓等，均为郦道元当时所见墓葬石刻众多者。

三、赞助人身份地位

据前文所统计石兽遗存来看，墓前立有神道石兽的墓主人身份有两类。一类是当时中央及地方上的中高级官吏如郡太守之属，计有汝南太守宗资、益州太守高颐及巴郡太守樊敏等，或相当于太守职的属国都尉杨君等。《后汉书·百官志》载："每郡置太守一名，二千石。"[1] 另一类墓主人则相对较为特殊，是当时朝廷内身居高位的宦人，代表性人物如长乐太仆、吉成侯州辅等。这是东汉后期政治状况的特殊表现。

东汉恒帝、灵帝时期，朝廷由宦人掌握实权，这类人在当时权势极大，生活上奢华铺张。文献中有类似记载可与考古发现相映照，如中常侍张让为其父大办葬礼；中常侍侯览曾倚仗皇权，为其母大起冢墓，为自己预作寿冢，在墓上布置体量高大的建筑。《后汉书·宦者列传》："建宁二年，丧母还家，大起茔冢。督邮张俭因举奏览贪侈奢纵，前后请夺人宅三百八十一所，田百一十八顷。起立第宅十有六区，皆有高楼池苑，堂阁相望，饰以绮画丹漆之属，制度重深，僭类宫省。又豫作寿冢，石椁双阙，高庑百尺，破人居室，发掘坟墓。"[2] 而州辅更是官至太仆，为朝廷中央高级官吏。《后汉书·百官志》："太仆，卿一人，中二千石。本注曰：掌车马。天子每出，奏驾上卤簿用；大驾则执驭。

---

① ［晋］司马彪：《后汉书志》第二十八《百官五》，中华书局，1965 年，第3621 页。

② ［南朝宋］范晔：《后汉书》卷七八《宦者列传》，中华书局，1965 年，第2523 页。

丞一人，比千石。"①

　　除考古发现之外，历代文献尚有大量有关东汉时期各级官吏墓前所立石兽的记载。从前文所引《水经注》可以看出，当时墓前神道所立石兽有平阳侯相蔡昭、太尉乔玄、桂阳太守赵越、弘农太守张伯雅等。这些墓地大多集中于汉代的豫州、兖州、徐州等刺史部范围内，包括今天的山东南部、安徽西北部、河南大部和湖北北部等地，这些地区大多为当时豪强世族聚居之地。

　　上述两类人群，不但是当时掌握巨大权力的高官显贵，也是汉代豪族的代表，充分体现了东汉时期政治经济的典型特征。豪族，在古代文献中有大姓、大族、世家、豪强、豪宗、豪人、豪右等称呼②。中原地区豪族兴起于西汉中期，盛于东汉。东汉开国皇帝刘秀本身即是南阳豪族，随着刘秀起事的南阳、颍川、河北等地的豪姓大族，在东汉时期势力则得到进一步壮大③。东汉政治经济的显著特征即是以豪姓大族为主导的庄园经济，各地豪姓大族不但拥有规模巨大的庄园、富甲一方；而且通过崇尚儒学，传经教学，并通过包办察举，其家族成员世代出仕、雄踞地方，形成了各地实际的统治集团。出现了如"弘农杨氏"、"汝南袁氏"等累世公卿的世家大族，"世家大族兴起，一个家族中往往多人出仕，于是出仕者的伐阅便又成为家族荣誉、声望的标志"④。在这种情况下，后人为其大造豪冢、广置石雕的举措被当

---

① ［晋］司马彪：《后汉书志》第二十五《百官二》，中华书局，1965 年，第 3581 页。

② 罗二虎：《中国西南地区汉代画像墓与豪族》，《四川大学考古专业创建四十周年暨冯汉骥教授百年诞辰纪念文集》，四川大学出版社，2001 年，第 336 ~ 361 页。

③ "世姓豪族，不仅如杨联升先生所说，是东汉政权的基础；而且也构成西汉中叶以后政治势力的社会基础。"参见许倬云：《西汉政权与社会势力的交互作用》，《许倬云自选集》，上海教育出版社，2002 年，第 147 页。

④ 白寿彝：《中国通史》第五卷《中古时代·三国两晋南北朝时期》，上海人民出版社，2004 年。

时豪姓大族相互效仿并遍及各地。

在前文所罗列的材料中，值得注意的是有关州辅墓的"赞助人"，因为从该墓例可以看出，在通常所认为的数种墓葬艺术的"赞助人"之中，同乡应属与友人、同僚一类的赞助人之一。这在州辅墓得到充分体现。州辅卒后，葬于鄿县滍水南，应是死葬故乡，魂归故里。其墓前所立碑阴有刻铭："京兆尹延笃叔坚而下，题名者凡四十余人。"① 这些题名者四十余人均应属于"赞助人"，其中的京兆尹延笃，与墓主人州辅为同乡，后则因党祸受禁锢，这个刻铭恰恰成为其罪状之一。《后汉书·延笃列传》："延笃字叔坚，南阳鄿人也。少从颍川唐溪典受《左氏传》，旬日能讽之，典深敬焉。又从马融受业，博通经传及百家之言，能著文章，有名京师。……后遭党事禁锢。永康元年，卒于家。乡里图其形于屈原之庙。"②

宋人赵明诚对东汉京兆尹延笃题名一事提出批评，认为有辱儒士集团清誉。《金石录》卷一五："右汉州辅碑阴，京兆尹延笃叔坚而下，题名者凡四十余人。自东汉以后，一时名卿贤大夫，死而立碑，则门生故吏往往寓名其阴，盖欲附托以传不朽尔。今辅一宦者，而碑阴列名者数十人，虽当代显人如延叔坚亦预焉，有以见权势之盛如此。虽然，区区挂名于此者，亦可耻也夫！"③

当然，延笃之举仍属当时政治局势之下的无奈之举。对此事也有较为公正的看法，如《隶释》作者洪适则认为："观叔坚与李文德书，岂登阉氏之门者，其后坐钩党废锢，乡里至于图其形

① ［宋］赵明诚撰，金文明校证：《金石录校证》，广西师范大学出版社，2005 年，第 253 页。
② ［南朝宋］范晔：《后汉书》卷六四《延笃列传》，中华书局，1965 年，第 2103、2108 页。
③ ［宋］赵明诚撰，金文明校证：《金石录校证》，广西师范大学出版社，2005 年，第 253 页。

于屈原之庙，非始终无疵，安能有此？灵帝时，中常侍张让归葬颍川，一郡毕至，而名士无往者，张甚耻之。太丘长陈仲弓独吊焉。及后，复诛党人，张感仲弓，故多所全宥。史官称之曰：'汉自中世，阉人擅恣，俗遂以遁身矫洁放言为高。士有不谈此者，则芸。夫牧儿已叫呼之矣。'故时政弥惛，而其风愈往。唯陈先生进退之节必可度也。盖达而得位则正色，立朝不可朋奸而趋势，及身退穷处，则同尘所以远害，固大雅君子之所尚。方叔坚居里，而同郡为辅勒石借其名，以为重叔坚，亦不得而拒也。非若它碑门生故吏之比，赵氏其何疑焉。"①

由是观之，两汉时期非常盛行的以同乡、门生、故友身份赞助捐建他人墓葬并出席葬礼的做法，实则是一件具有很强的政治和社会目的的举措。文献中有东汉名士陈寔参加同乡、中常侍张让父亲的葬礼，后则在党祸中得以独善的记载。《后汉书·陈寔列传》："陈寔字仲弓，颍川许人也。……灵帝初，大将军窦武辟以为掾属。时中常侍张让权倾天下。让父死，归葬颍川，虽一郡毕至，而名士无往者，让甚耻之，寔乃独吊焉。及后复诛党人，让感寔，故多所全宥。"② 类似活动还有陈寔葬礼："海内赴者三万余人，制衰麻者以百数。"③ 另有郑玄葬礼的记载："自郡守以下尝受业者，缞绖赴会千余人。"④

另有两则材料，虽然与陵墓石兽无直接关系，但东汉时期有阙必有神道，有神道必设石兽之属，故可为上述事例的补充。其一是

① ［宋］洪适：《隶释》，《隶释·隶续》，中华书局，1986 年，第 179 ~ 180 页。
② ［南朝宋］范晔：《后汉书》卷六二《陈寔列传》，中华书局，1965 年，第 2065 页。
③ ［南朝宋］范晔：《后汉书》卷六二《陈寔列传》，中华书局，1965 年，第 2065 页。
④ ［南朝宋］范晔：《后汉书》卷三五《郑玄列传》，中华书局，1965 年，第 1211 页。

1942 年出土于青海乐都县的赵掾碑①。赵掾，名宽，为名将赵充国五世孙，曾任护羌校尉假司马，其家族世代为东汉豪吏。该碑于东汉灵帝光和三年（180 年）由其门生、故吏及子孙所立，碑面上明确罗列出所有赞助者的姓名。其二为现存于重庆市忠县文管所白公祠内的丁房阙，较长时间一直因其阙上残留有"汉都尉丁房"的铭文，被认为是东汉丁房墓前之阙。而经孙华对宋以来著录的相关碑阙资料的梳理考释，认为该阙应为豪门大族严永家族墓阙。

东汉时期，严永因以孝名著称，举孝廉为官，故交、好友众多。该墓阙为严永为其家族长者所建，墓阙上出现的"汉都尉丁房"字样，表明丁房实则是作为捐修墓葬的严永好友赞助人的身份出现的②。同样，四川巴中丁鲂（房）碑上也留有以严永为首的多达六十余人的故友、同乡名录③。上述两则材料互为补充，使得真相得以浮现。

从上述记载可以看出，在当时的社会背景和政治环境下，以同乡、门生、故友身份赞助并出席他人葬礼蔚为盛行。来宾通过参加葬礼，将与死者本人或其家族特殊的关系公开化。这种活动，具有强烈的社会和政治目的④。从这一点也表现出，东汉时期，墓地不但已成了墓主人亲属彰显其孝道，为其家族扬名立万的场所，也成了社会交往、社会生活的中心，而葬礼则成了一个阶层感情与政治表白的最佳场合⑤。

①　沈年润：《释东汉三老赵掾碑》，《文物》1964 年第 5 期。

②　孙华：《忠县土主庙阙为严氏墓阙新论》，《长江文明》第一辑，重庆出版社，2008 年，第 20～27 页。

③　《隶释》卷一七称丁鲂（房）碑铭文有："立碑者六十余人，严子修为首。"参见孙华：《四川忠县丁房阙辩》，《文博》1990 年第 3 期。

④　Martin Joseph Powers, *Art and Political Expression in Early China*, New Haven, Yale University Press, 1991, pp. 92–103.

⑤　〔美〕巫鸿著，李清泉等译：《中国古代艺术与建筑中的"纪念碑性"》，上海人民出版社，2009 年，第 286 页。

除以同乡、门生、故友身份作为墓葬赞助人之外，尚有如下记载，《汉书》中记有西汉南阳人原涉让诸客人帮助贫困之人行葬者事："人尝置酒请涉，涉入里门，客有道涉所知母病避疾在里宅者。涉即往候，叩门。家哭，涉因入吊，问以丧事。家无所有，涉曰：'但洁扫除沐浴，待涉。'还至主人，对宾客叹息曰：'人亲卧地不收，涉何心乡此！愿撤去酒食。'宾客争问所当得，涉乃侧席而坐，削牍为疏，具记衣被棺木，下至饭含之物，分付诸客。诸客奔走市买，至日昳皆会。涉亲阅视已，谓主人：'愿受赐矣。'既共饮食，涉独不饱，乃载棺物，从宾客往至丧家，为棺敛劳俫毕葬。"① 这说明在当时，资助亲朋、好友甚至陌生人墓葬，也是博得孝名、获取声誉之举。

四、小结

以上举出数例，试图以石兽作为切入点，来探讨"赞助人"的问题。但限于相关资料的缺乏，只能做一粗浅的梳理，主要讨论了陵墓石兽所反映的墓主人的身份地位问题，同时也对墓主人家属和生前的朋友、同僚、门生故吏这几类赞助人及其与墓主人的关系问题做了简要的分析（表4－1）。

上述这两类人群，在政治上，享有较高的社会地位，具有一定的政治权力；在经济上，拥有较为雄厚的经济实力和相当规模的田产。自身地位的高贵，家族势力的显赫，以及众多身处高位而同样热衷于追逐孝行名声的故友、门生故吏，以上所述这些内外条件，都成为墓地配置石兽、门阙、石碑等墓上设施的重要基础。而其他身份的人群，因目前资料限制尚无法论及。

---

① ［汉］班固：《汉书》卷九二《游侠传》，中华书局，1962 年，第3716 页。

表 4－1　　　　汉代陵墓石兽墓主人身份统计表

墓名	所在地	年代	墓主人身份
霍去病墓	陕西兴平县汉武帝茂陵东	西汉武帝元狩六年（前 117 年）	骠骑将军
李广墓	甘肃天水市石马坪	西汉武帝时期	骁骑将军
张骞墓	陕西城固县博望镇饶家营村	东汉明帝时期补刻	博望侯
武氏墓	山东嘉祥县	东汉建和元年（147 年）	长乐太仆丞、郎中武开明之母
李固墓	陕西城固县柳林镇李固庙村	东汉建和元年（147 年）	大司农、太尉
州辅墓	河南平顶山市曹镇乡宋寨村	东汉永寿二年（156 年）	中常侍、长乐太仆
宗资墓	河南南阳尚庄	东汉桓、灵帝时期	汝南太守
孔彪墓	山东曲阜孔林	东汉建宁四年（171 年）	博陵太守
帝陵区	河南洛阳白马寺西北象庄	东汉中期	皇帝
樊敏墓	四川芦山县	东汉建安十年（205 年）	巴郡太守
高颐墓	四川雅安市姚桥	东汉建安十四年（209 年）	益州太守
杨君墓	四川芦山县	东汉桓、灵帝时期	蜀郡属国都尉
王晖墓	四川芦山县	东汉建安十七年（212 年）	上计史

第三节 东汉陵墓石兽与石雕工匠

东汉陵墓石兽中，有一些与雕造这些作品的石刻工匠有关的简单题记，如"缑氏蒿聚成奴作"、"刘汉所作师子"、"孙仲乔所作羊"等；另有一些则刻铭于同一墓地其他建筑或墓碑题刻当中，如"孙宗作师子"等。这为我们了解当时石刻工匠及石雕制作技艺的信息提供了资料（表4-2）。

表4-2 　　　　　汉代陵墓石兽石雕工匠统计表

石兽	所在地区	工匠	工匠籍贯	题记
霍去病墓前石刻群	陕西西安	宿伯牙霍臣孟	平原乐陵（现山东）	平原乐陵宿伯牙、霍臣孟
孙旗屯石兽	河南洛阳	成奴	洛阳缑氏蒿聚	缑氏蒿聚成奴作
临沂石羊	山东临沂	孙仲乔	山东	孙仲乔所作
武氏墓地石狮	山东嘉祥	孙宗	山东高平	孙宗作师子直钱四万
临淄刘汉作石狮	山东临淄	刘汉	洛阳中东门外	洛阳中东门外刘汉所作
樊敏墓石兽	四川芦山	刘盛	四川雅安	石工刘盛，息悈书
高颐墓石兽	四川雅安	刘盛	四川雅安	无
王晖墓石兽	四川芦山	刘盛	四川雅安	无

　　几乎每一个汉代陵墓建筑，都是经由墓主本人、墓主人亲属及朋友、同僚、同乡或门生故吏等这几类赞助人共同资助，选定茔址，确定墓葬规格、形制及画像题材之后，交由石刻工匠及建筑工人共同完成的。在这几类人群中，石刻工匠属于我们所认为的墓葬赞助人所延聘的艺术家，即被赞助的对象。正是这些工匠的才能与工作，才使墓葬得以完成，并达成上述赞助人通过建造墓葬来彰显其孝道、扬声显名的目的。

　　从汉代画像的制作情况来看，石雕工匠或其所属作坊在一个墓葬的设计与营建过程中，有时并不是简单的受雇佣者，一些高级的石雕工匠甚至能够担当起墓葬的整个设计与建造工作，在制造过程中能够充分发挥自己的想象力和创意。正如郑岩所言："创造者可以包括设计者和施工者。设计和施工有时是分开的，如由赞助人对图像进行命题，由石工具体实施；两者有时又可合于一体，如赞助人只负责出资，只是对规模等有一个大致的要求，而具体的建筑与画像细节由石工按照惯例来确定。"①

　　而且，很多石雕工匠因其技艺高超及名声，留下了若干题记和题铭于墓葬画像及碑文之中。虽然"这些文字并不直接传达创造这些纪念性建筑的人们的声音，而是'募使'这些工匠并从中受益的赞助人的声音。死者家庭对建造者表现出的敬意实际上是他们对于先人尽孝的一部分，在题记中强调这种敬意可以证明其虔诚的孝心"②。但是通过对这些题记、题铭的研究，我们可以了解石雕工匠的身份、地位等，并从中窥见石雕工匠所在区域的审美趋向及观念，了解石雕艺术的地域差异与艺术特色形成等相关

① 郑岩：《关于汉代丧葬画像观者问题的思考》，《中国汉画研究》第二卷，广西师范大学出版社，2006年，第40页。
② 〔美〕巫鸿著，李清泉等译：《中国古代艺术与建筑中的"纪念碑性"》，上海人民出版社，2009年，第309页。

内容①。

　　在本书第三章中，笔者依据石兽遗存翼翅形制的差异，将现存东汉时期墓前有翼神兽分为两种类型。其中宗资墓前石兽即为一种装饰华丽、刻画精美的半月形翼翅形态，比第二类长条形翼翅更为复杂、考究。而高颐、樊敏虽然与宗资同是郡太守一级的官员，但是其陵墓石兽的华丽程度远远不及前者。近年来在重庆忠县所发现的石兽，整个身躯大的动态特征上接近于宗资墓前石兽及河南其他石兽，而其翼翅的形态又明显与雅安地区石兽有传承关系。由此观之，虽然上述石兽所体现的墓葬观念和仪礼制度基本一致，但是由于各自所处地域经济、文化状况不同，各个地方工匠的艺术标准及技艺水准不一致，导致了各地艺术品呈现出不同的面貌和地域差异；同时，由于石雕工匠的流动，又使得一些技艺和风格的流传成为可能②。如邢义田指出："影响到碑刻或画像成品最后形式的，还有实际执行制作的石工、石师或画匠。石工或画匠一方面有自己的职业传统，一方面需要配合造墓者的要求。不过，他们并不一定完全听命于造墓者，常常可以有自己创作发挥的空间。尤其是一些有名的师傅，各方争相礼聘，不仅可能自主创作，甚至可能带动流行，建立典范，形成传统。今人解读画像资料，不能不将这些因素放在脑海之中。近年阅读碑刻

————————————————————

①　关于汉代石雕艺术品地域风格和石雕匠人关系的研究，参见邢义田：《汉碑、汉画和石工的关系》，（台北）《故宫文物月刊》1996 年第 14 卷第 4 期；邢义田：《格套、榜题、文献与画像解释》，《美术与考古》，中国大百科全书出版社，2005年；曾蓝莹：《作坊、格套与地域子传统：从山东安丘董家庄汉墓的制作痕迹谈起》，《美术史研究集刊》第 8 期，（台北）台湾大学艺术史研究所，2000 年；杨爱国：《固守家园与远走他乡》，《幽明两界——纪年汉代画像石研究》，陕西人民美术出版社，2006 年。

②　如杨爱国指出，一些固守家园的石刻艺人在相对固定的区域内服务，形成了特定的地域特色，而另一些远走他乡的石刻艺人的活动带动了艺术风格的传播和文化的交流。参见杨爱国：《固守家园与远走他乡》，《幽明两界——纪年汉代画像石研究》，陕西人民美术出版社，2006 年。

和画像，注意到石工和碑刻、画像之间的关系，十分复杂，很值得细细思索。"①

然而，由于当时的石雕艺人，尚处于工匠这一等级，即便是当时名声很大的石工如孙宗、刘汉之类、除去他们当时在石雕作品上留下其姓名、籍贯等刻铭外，没有留下其他任何材料和文字记载。而如孙仲乔、李第卯、成奴等，材料则更为缺少。本书的讨论也仅仅是在前辈学者的研究基础上所做的一个简单推断而已。

一、有题记的东汉陵墓石兽

（一）洛阳"缑氏蒿聚成奴作"石辟邪

孙旗屯石兽，1955 年出土于河南洛阳涧西区孙旗屯防洪渠工地。一件现藏于洛阳关林石刻艺术馆，另一件现藏于中国国家博物馆。据介绍，其出土时为一孤立物件，无任何文献记载可考，故其墓主人尚不得而知。在现藏于洛阳的那件石辟邪颈后，有 7 字阴刻隶书题铭"缑氏蒿聚成奴作"（图4-9）②。缑氏为东汉时期河

图4-9　"缑氏
蒿聚成奴作"题铭

南郡属县，当时属洛阳京畿之地，即现在的河南洛阳偃师市缑氏

---

① 邢义田：《汉碑、汉画和石工的关系》，（台北）《故宫文物月刊》1996 年第 14 卷第 4 期。参见邢义田：《画为心声——画像石、画像砖与壁画》，中华书局，2011年，第48页。

② 《文物参考资料》1954 年第 10 期，封三，附有文字说明及题铭拓本；《文物参考资料》1954 年第 12 期，封面。

镇。《后汉书·郡国志》"缑氏"条："有邬聚。有镮辕关。"① 同样，蒿聚也乃县属之聚邑。从此刻铭可以看出，作者"成奴"是偃师缑氏人，能够留其名于石兽上，应为当时较为知名的石雕工匠。

（二）临淄"洛阳中东门外刘汉所作"狮子

临淄刘汉作石狮，现藏于山东博物馆。石雕工匠刘汉以具象写实的风格、平直简练的手法，塑造了石狮浑圆凝重的特征。其颈部左背部留有当时制作工匠之题铭"洛阳中东门外刘汉所作师子一双"，表明了来自洛阳的石刻工匠刘汉应该是当时较为知名的能工巧匠。"刘汉所作狮子"题铭后世收入清人金石学著录中："山东临淄有刘汉石狮子，文曰：雒阳中东门外，刘汉造作师子一双。字似熹平石经（图4-10）②。罗师始为著录于《汉石存目》，又为摹入《汉晋石刻墨影》。然流传极少，予所得拓本，尚是光绪间潍县印人王西泉（石经）所手拓者也。"③

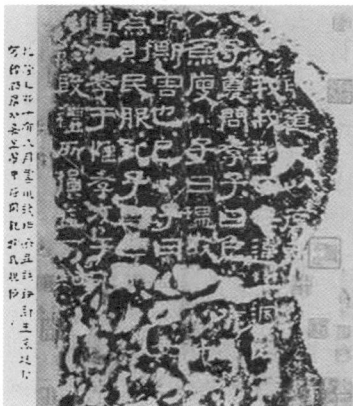

图4-10　熹平石经拓片

（三）临沂"孙仲乔所作"石羊

临沂石羊岭石羊，现藏于北京故宫博物院。据传出于山东省临沂县石羊镇。胸前分别镌刻"孝子徐侯"、"永和五年大□□□月九日西郭记子丁次渔孙仲乔所作羊"等字样。题铭说明，石雕工匠孙仲乔受孝子徐侯之聘，于东汉顺帝五年（140年）为其亲人制作墓前

---

① ［晋］司马彪：《后汉书志》第十九《郡国一》，中华书局，1965年，第3390页。
② 李松：《中国美术·先秦至两汉》，中国人民大学出版社，2004年，第327页。
③ ［清］叶昌炽撰，柯昌泗评，陈公柔、张明善点校：《语石·语石异同评》卷五，中华书局，2005年，第377页。

石羊①。

（四）其他有工匠记载的陵墓石兽

除上述三件遗存外，尚有一些陵墓石兽，虽无直接题铭于石兽本身的题记，但有些题记刻铭于墓地的其他地方，如墓碑、祠堂画像题记等处，表明了制作石兽的工匠姓名、籍贯等信息，仍可认为属有题记石兽。

山东嘉祥武氏墓地的汉代石雕（图4-11）②，多年以来一直是金石学及美术史研究的重点。1907年，在武氏墓地东阙与西阙前面出土石狮一对，为我国现存最早的石狮圆雕形象。现存武氏祠石阙上有题铭（图4-12）："建和元年，大岁在丁亥，三月庚戌朔，四日癸丑，孝子武始公，弟绥宗、景兴、开明，使石工孟孚、李弟卯造此阙，直钱十五万，孙宗作师子，直四万。"③ 据此可知，武氏祠完成于东汉建和元年（147年），整个石阙由石工孟孚、李弟卯负责建造，共花费十五万钱；石狮由一位叫孙宗的石雕工匠完成，共花费四万钱。

图4-11 山东嘉祥武氏祠　　　　图4-12 武氏祠石阙题铭

---

① 中国美术全集编辑委员会：《中国美术全集·雕塑编2·秦汉雕塑》，人民美术出版社，1985年，第87页，图版六八。

② 杨爱国：《幽明两界——纪年汉代画像石研究》，陕西人民美术出版社，2006年，第53页，图27。

③ 苏士澍：《中国书法艺术·秦汉》，文物出版社，2000年，第181页，图一四一。

图 4 - 13　石碑题刻文字　　图 4 - 14　石碑题刻文字

　　四川雅安、芦山出土多件东汉石兽，虽无石刻题记，但樊敏墓前石兽、高颐墓前石兽及王晖墓前石兽（即石羊上石兽）等，从其形制、尺度和造型特征上看，基本类似，且制作年代相距不远，显系一地、一处工匠或同一作坊所为。又据樊敏墓石刻《汉巴郡太守樊君碑》"建安十年三月上旬造，石工刘盛，息悚书"，可知樊敏墓地雕刻石工为刘盛。芦山樊敏墓与雅安高颐墓，相距仅 40 公里，建造时间相差也不过四年。

　　刘盛其人，叶昌炽《语石》"石工"条附注："王惕甫《碑版广例》曰：汉碑不列书撰人姓名。而市石募工、石师石工，必谨书之。樊敏碑建安十年造，石工刘盛、息悚书。书人居石工之下。"[1] 任乃强通过比较《金石聚》等著述收录的石刻碑文，认为两地墓碑，"书法相同，如出一手，判为一人所书，一手所镌"（图 4 - 13、14）[2]。任乃强还结合王晖墓志铭文指出："王晖墓

————————————

① ［清］叶昌炽撰，柯昌泗评，陈公柔、张明善点校：《语石·语石异同评》卷五，中华书局，2005 年，第 417 页。

② 任乃强著，任新建：《川大史学·任乃强卷》，四川大学出版社，2006 年，第 55 页。

志，隶法又与樊敏相同。时距
不过七年，地距不过二里，认
为一人所书，应无不可，纵不
然亦应是刘盛薪传弟子所
为。"① 仍认为其石工亦为刘
盛或刘盛同一石雕作坊匠人。
郭沫若也曾在收到王晖墓石
棺拓片后，注意到刘盛这位
石雕名匠，并大力赞颂，但
他认为刘盛与书写者息憷是
同一人："曾读雅州樊敏碑，
碑为建安十年造。石工堂堂

图 4 - 15　赵仪碑题刻

列姓名，姓刘名盛字息憷。为时相隔仅七载，况与芦山同健在。
想此当亦刘家龙，惘然对之增感慨。西蜀由来多名工，芦山僻
地竟尔雄。"②

　　2000 年 6 月，在芦山县姜城遗址还出土一件石碑。该碑出土
时已断成三段，形制同前文所述樊敏碑，据考证为后世重修蜀郡
属国都尉犍为属国人赵仪之碑（图 4 - 15）③。碑文"以客钱雇饭
石工刘盛复立"，表明石雕工匠又是当地的名工"刘盛"④。以上
几点均表明，石工刘盛为雅安、芦山一带比较知名的本地石雕
工匠。

---

① 任乃强著，任新建编：《川大史学·任乃强卷》，四川大学出版社，2006 年，第
　　55 页。
② 转引自周曰琏、高文：《关于郭沫若题咏王晖石棺画像与学术争议》，《郭沫若学
　　刊》1996 年第 2 期。
③ 雅安市文物管理所等：《雅安汉代石刻精品》，四川人民出版社，2005 年，
　　第 34 页。
④ 雅安市文物管理所等：《雅安汉代石刻精品》，四川人民出版社，2005 年，第 30 ~
　　34 页。

二、题记所反映有关石雕工匠的几个问题

（一）石雕工匠的身份与地位

陵墓石兽遗存，相对于东汉时期其他画像材料数量较少，而留下题铭者则更为稀少。故要从这些有限的材料中了解有关石雕工匠的信息，仍需依靠汉画像石中的材料和研究成果。就以上四例材料来看，其中提到来自国都洛阳的工匠有两位，一是"缑氏蒿聚成奴"，一是"洛阳中东门外刘汉"；孙仲乔、刘盛虽未有明确的籍贯标注，但据判断应为石兽所在当地的石刻工匠，均为当时声名远扬者，受墓葬赞助人的雇佣营建墓地、雕造石兽，并留下其名字题铭于其作品之上。

而武氏祠石狮的作者"孙宗"，滕固当年考察武氏祠石狮时，就已经注意到"孙宗作师子直钱四万"这个题铭，并且认为："孙宗必系当时的名雕刻工，又记其时价，必为当时高级的酬润。"[①] 武氏家族墓地中还曾存留一处"从事武梁碑"题刻，据洪适《隶释》记载，题刻对建造墓地祠堂做了详细的描述："孝子仲章、季章、季立，孝孙子侨，躬修子道，竭家所有，选择名石，南山之阳，擢取妙好，色无斑黄，前设坛墠，后建祠堂。良将卫改，雕文刻画，罗列成行，摅娉技巧，委蛇有章。垂世后嗣，万世不忘。"[②] 信立祥曾将武氏祠及上述题记与相距不远的宋山安国祠堂相比较，认为其雕刻石工很可能是同一人或同一石雕

---

① 滕固：《霍去病墓上石迹及汉代雕刻之试察》，《滕固艺术文集》，上海人民美术出版社，2003 年，第 275 页。

② 武氏家族"从事武梁碑"现已佚失，碑文见于［宋］洪适：《隶释》，《隶释·隶续》，中华书局，1986 年，第 74~75 页。

工匠集团①。杨爱国亦持同样观点，他认为孙宗与武梁碑文中极力称赞的另一位石雕工匠"良将卫改"应属同一石雕作坊或同一流派、同一地区的工匠。他们与建造宋山安国祠堂的"名工高平王叔、王坚"等均为山东高平一带较为知名的石雕艺人，其活动范围以嘉祥为中心，西北到东阿、阳谷等地，东北至济阳，最东边到达莒县，几乎遍及整个山东。特别是嘉祥周边数百公里内的祠堂和墓葬，很多都是这一派石雕工匠的作品②。

洛阳孙旗屯石辟邪上有"缑氏蒿聚成奴作"题铭，留下了石雕工匠成奴的籍贯和姓名。一般而言，只有离开自己家乡外出打工的石雕工匠才会在作品上留下姓名、籍贯等信息③，但是这件石兽上的题铭则是个例外，估计其目的不仅在于需要广而告之，也在于雇佣成奴雕造石兽的墓葬赞助人需要用石工的声名来替自己的孝行添彩。同时，"缑氏蒿聚成奴作"题铭，还为我们提供了了解东汉时期石雕工匠的身份和地位问题的材料。有学者认为，石工自称"成奴"，"也可以间接说明这时美术家的身份，则没有从家奴中解放出来"④。汉代的这些石雕工匠，不管是被称为"名工"还是"良匠"，都只是在上述材料上可以看到其留下的印记，而文献史料均无任何记载。这也说明，当时他们都还是被作为"匠人"对待，其社会地位并不高，仍属当时社会的下层劳动者⑤。

————————

① 信立祥：《汉代画像石综合研究》，文物出版社，2000 年，第 22～26 页。

② 杨爱国：《固守家园与远走他乡》，《幽明两界——纪年汉代画像石研究》，陕西人民美术出版社，2006 年，第 134 页。

③ 杨爱国对汉画像题记的统计表明，写上作者里籍的目的是为了强调不是本地人，而本地工匠则无须写上自己的里籍，他据此分辨出哪些工匠是远走他乡揽活，哪些是固守家园的。杨爱国：《固守家园与远走他乡》，《幽明两界——纪年汉代画像石研究》，陕西人民美术出版社，2006 年，第 133 页。

④ 周积寅：《古时画院的前生今世》，《中国文化报》2009 年 4 月 14 日。

⑤ 唐光孝亦有同样看法，在讨论四川汉代丧葬习俗中的商品化问题时，也对石雕工匠的身份问题做了探讨。唐光孝：《试析四川汉代葬俗中的商品化问题》，《四川文物》2002 年第 5 期。

（二）石雕工匠与艺术交流及地域特色的形成

武氏祠石狮的作者孙宗，杨爱国认为属于"远走他乡的画像石艺人"，这些石雕工匠"把画像石艺术带到了当地，丰富那里的丧葬礼俗"①。有的还成为当地丧葬艺术的主要力量，产生了数量最多、最好的石雕作品，对画像石艺术和工艺的流播起着重要作用。但是，从汉代画像石大的分区来看，孙宗仍然属于山东地区范围内较知名的石雕工匠，与前文所述芦山樊敏墓石兽工匠刘盛应属同一类石雕工匠，他们都是在一定的区域范围内富有声名，从而被相继聘请，其作品与活动也促使了他们独有的石雕艺术风格在这个区域内各地之间的流传，导致了一定区域内的雕刻技法与艺术风格的一致性和传承性，直接促进了当地石雕艺术区域特色的形成。

东汉建和元年（147 年），孙宗作狮子雕像时，狮子这种来自西域的动物并不多见，还只是饲养于皇家苑囿里的玩赏之物②。普通石工孙宗，身居远离京畿地区的山东，很难见到豢养于皇家苑囿里的真狮形象。他所认知的狮子图像应该是随着佛教的传入而带来的狮子形象以及石雕工匠之间的口口相传或石工作坊间所用的图像粉本③。

———————————————

① 杨爱国：《固守家园与远走他乡》，《幽明两界——纪年汉代画像石研究》，陕西人民美术出版社，2006 年，第 135 页。

② 张骞通西域后，狮子开始进入中国人的认识范畴。《汉书·西域传》："巨象、师子、猛犬、大雀之群食于外囿。殊方异物，四面而至。"进入东汉时期，西域各国多次向朝廷朝贡狮子，后又随着佛教的传入，狮子图像与狮子信仰也随之而来。《后汉书·章帝纪》记载，章和元年（87 年）"月氏国遣使献扶拔、师子"；《后汉书·顺帝纪》记载，阳嘉二年（133 年）"疏勒国献师子、封牛"。《后汉书·西域传》记载，安息国在章帝章和元年"遣使献师子、符拔"；和帝永元十三年（101 年），"安息王满屈复献师子及条支大鸟，时谓之安息雀"。

③ 中国古代艺术工匠所使用的"粉本"，是一种在作坊间流传的可以漏注的纸片，其上有一个主题形象的轮廓线，这些线条由小孔构成。当此本置在画底上合适的地方时，可以用墨或色粉扑漏而下，于是轮廓线在下面赫然可见。一个艺术式样或图像的粉本在中国古代艺术及艺术品制作中非常重要，是当时很多工匠世代相传和依据的图像资料来源。〔德〕雷德侯著，张总等译：《万物——中国艺术中的模件化和规模化生产》，生活·读书·新知三联书店，2005 年，第 234 页。

20 世纪 30 年代，滕固在考察武氏祠石狮时，曾引用日本学者大川西崖《东洋美术史》，介绍一件早年流传于日本的东汉石狮（图 4 - 16）①。据传石狮出自东汉献帝年间（190~220 年）铜雀台，藏于日本太仓集古馆，后于 1923 年日本关东大地震中毁坏。从大川西崖所用图片上看，滕固认为该件石狮造型及雕刻手法均与武梁祠现存石狮（图 4 - 17）② 有共同特征："其形造和雕法和武氏祠狮无多差异，即可明了；并且我们可以想见的。这种形制盛行东汉时代河南山东一带的地域。"③ 由此可以看出，东汉时期，艺术风格和新的图像式样，经由各地工匠四处揽活的相互交流与活动，流传于各个不同地区。

　　临淄刘汉作石狮，清人叶昌炽认为其隶书题铭"字似熹平石经"④。熹平石经，系东汉灵帝时期所镌刻，为蔡邕等人以八分隶书书写，风格隽永毓秀，是当时最被推崇的书法刻石，其流风所及，

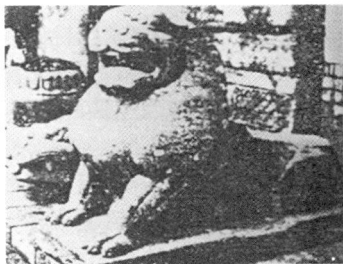

图 4 - 16　日本太仓集古馆藏
　　　　　铜雀台石狮

图 4 - 17　武梁祠"孙宗作"石狮

---

① 　滕固：《霍去病墓上石迹及汉代雕刻之试察》，《滕固艺术文集》，上海人民美术出版社，2003 年，第 276 页。
② 　图 4 - 17 系笔者拍摄。
③ 　滕固：《霍去病墓上石迹及汉代雕刻之试察》，《滕固艺术文集》，上海人民美术出版社，2003 年，第 276 页。
④ 　[清] 叶昌炽撰，柯昌泗评，陈公柔、张明善点校：《语石·语石异同评》卷五，中华书局，2005 年，第 377 页。

影响至深且远①。刘汉造作狮子及其题名，说明了当时各个区域之间石刻技艺及风格特征的相互影响，特别反映出东汉国都洛阳地区的文化对其他区域的影响。

（三）石雕工匠与石雕艺术的商品化

信立祥曾通过对山东嘉祥几处汉代石刻题记的研究，认为东汉时期在今山东省西南部地区，活跃着一支主要由高平人组成的画像石工匠集团，其中一些人或有亲缘关系，这种同乡关系和亲缘关系，既有利于画像石制作技术的传承和提高，也有利于集中力量承担较大的任务，在流动性很强的施工作业中保持工匠队伍的团结和稳定，容易形成地域范围较大的施工覆盖面②。这也说明，东汉时期丧葬习俗的盛行、丧葬仪礼的需求直接催生了以营利为目的的包工队伍的产生，并为丧葬艺术品的商品化与流通提供了条件。

这支来自高平地区的石雕工匠集团，是山东地区陵墓石兽商品化最活跃的一支力量。留下的相关题记如武氏祠题记中所言"孙宗作师子直钱四万"等，与武氏祠同处一地的宋山永寿三年（157 年）许安国祠堂画像石题记③，其中一段更是详细叙述了建造经过，并以铺陈夸张的手法对请自高平地区的知名石雕工匠极力赞扬："以其余财，造立此堂。募使名工高平王叔、王坚、江胡、栾石、连车，采石县西南小山阳山。琢砺磨治，规矩施张，搴帷反月，各有文章。雕文刻画，交龙委蛇，猛虎延视，玄猿登高，狮熊嗥戏，众禽群聚，万兽云布。台阁参差，大必舆驾。上

---

① 熹平石经，也称"一字石经"、"一体石经"或"鸿都石经"，是中国最早的官方校正儒家"七经"之文字刻本，立于国都洛阳城南开阳门外太学讲堂（遗址在今河南偃师朱家圪垱村）前。由蔡邕等人主持校定，于灵帝熹平四年（175 年）以隶书小字八分将校正的经文书于石碑，再交由陈兴等工匠镌刻。前后历 9 年，至光和六年（183 年）完成。对于纠正俗儒的穿凿附会、臆造别字，维护文字的统一，起了积极作用。参见徐自强、吴梦麟：《古代石刻通论》，紫禁城出版社，2003 年，第 156～158 页。

② 信立祥：《汉代画像石综合研究》，文物出版社，2000 年，第 22～26 页。

③ 济宁地区文物组等：《山东嘉祥宋山 1980 年出土的汉画像石》，《文物》1982 年第 5 期。

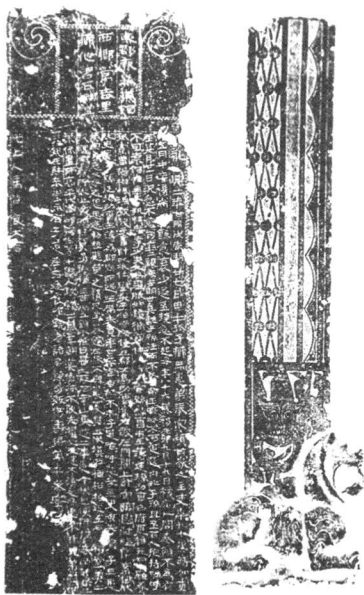

图4－18　许安国祠堂画像石题记拓片　　图4－19　芗他君祠堂画像石题记拓片

有云气与仙人，下有孝友与贤人。尊者俨然，从者肃侍。煌煌濡濡，其色若修。作治连月，工夫无极，价钱二万七千"（图4－18）①。

　　除此之外，山东等地众多汉代画像材料上都留下了与建造所用费值及石雕工匠信息有关的题记。如东阿芗他君堂画像石题记②："堂虽小，经日甚久，取石南山，更逾二年，迄今成已。使师操义、山阳瑕丘荣保，画师高平代盛、邵强生等十余人。价钱二万五千"（图4－19）③。另有微山县两城乡陈庄画像石榜题

---

① 〔美〕巫鸿著，李清泉等译：《中国古代艺术与建筑中的"纪念碑性"》，上海人民出版社，2009年，第254页，图4.6。
② 参见信立祥：《汉代画像石综合研究》，文物出版社，2000年。
③ 〔美〕巫鸿著，李清泉等译：《中国古代艺术与建筑中的"纪念碑性"》，上海人民出版社，2009年，第261页图4.12，第308页。

"值钱五千"①、微山县两城山出土祠堂侧壁画像石榜题"财弗直
万"②、平邑功曹阙画像榜题"直四万五千"③ 及肥城栾镇村祠堂
石阙画像"石值三千"等④。而且，在北京石景山东汉和帝兴元
元年幽州书佐秦君墓阙题刻中，提到被墓葬赞助人或墓葬建造者
从路途遥远的山东延聘过来声名远扬的"鲁工石巨宜"⑤。上述题
记充分说明，石雕工匠技艺有高下之分，其技术有明确标价，赞
助人与石雕工匠之间是一种商品买卖的关系。

　　而且，我们从临淄刘汉作石狮上可以看到"洛阳中东门外"
这样的题铭，石雕工匠在留下籍贯的同时还特别标明"中东门
外"。笔者认为其不同于孙旗屯石兽上"猴氏蒿聚"是表明籍贯
的记载，而应该是石工作坊的位置或店铺的标识，起着标示名
牌、广而告之并为石刻工匠作坊传播美名、招揽生意的目的。虽
然在当时的条件下，不可能在洛阳购买石狮再运至山东安装，但
是自国都洛阳聘请当地的名匠刘汉赴山东为其亲人制作石狮倒是
很有可能。

三、小结

　　在本节中，对东汉时期题铭于陵墓石兽上的石雕工匠题刻做
了简单归纳与梳理，认识到当时一些较为知名的工匠受墓葬赞助
人的雇佣，其业绩已不仅局限于其生活的区域。通过这些石雕工
匠的流动，不但形成了各自的地域特色，而且通过石雕艺术品的

————————————

①　马汉国：《微山汉画像石选集》，文物出版社，2003 年，图 4。
②　山东省博物馆等：《山东汉画像石选集》，齐鲁书社，1982 年，图 32。
③　刘敦桢：《山东平邑县汉阙》，《文物参考资料》1954 年第 5 期。
④　山东省博物馆等：《山东汉画像石选集》，齐鲁书社，1982 年，图 472。
⑤　邵著生：《汉幽州书佐秦君石阙释文》，《文物》1964 年第 11 期。

商品化，使各地的艺术风格及图像式样得以流传，也促进了各地文化的交流与融合。

中国石雕艺术起源最早可上溯到新石器时代。商周以降，日趋成熟，开始有了以艺术创作为专职的梓庆或梓人①，并形成了石雕工匠群体。到了汉代，随着朝廷宫廷营造制度的完善，"创置密阁，以聚图画"，专门设置了黄门、少府等职能部门，豢养宫廷画工，称之为"尚方画工"，艺术创作和制作进一步专门化，成为其后宫廷画院的雏形。文献记载如《太平御览》："文帝虽节俭，未央宫前殿至奢，雕文及五彩画，华榱、壁墙、轩槛、皆饰以黄金，其势不可以书囊为帷。"② 《后汉书·顺烈梁皇后纪》："顺烈梁皇后……常以列女图画置于左右，以自监戒。"③ 王充《论衡》："宣帝之时，图画汉列士。或不在于画上者，子孙耻之。"④ 而在各个州郡，民间墓祠营建中也出现了很多较为有名的工艺作坊和绘画、雕刻工匠，形成分工严密而专业的艺术创作。叶昌炽对当时的石工描述如下："撰书隽勒，各题姓氏，造碑之匠，亦间得附名简末。统称曰石匠，曰石工，亦称都料匠。"同时他也注意到当时亦有被称为石师的高级工匠："有称石师者，如汉之白石神君碑，石师王明。魏石门铭，石师武□

---

① 《考工记·梓人为笋虡》专门介绍了先秦时期梓人制作钟磬支架的工艺情况。参见刘敦愿：《〈考工记·梓人为笋虡〉篇今译及所见雕刻装饰理论》，《美术考古与古代文明》，人民美术出版社，2007年，第212~226页。《庄子·达生》："梓庆削木为镰，镰成，见者惊犹鬼神。鲁侯见而问焉，曰：'子何术以为焉？'对曰：'臣工人，何术之有！虽然，有一焉。臣将为镰，未尝敢以耗气也，必齐以静。心齐三日，而不怀庆赏爵禄；齐五日，不敢怀非誉巧拙；齐七日，辄然忘吾有四枝形体也。当是时也，无公朝，其巧专而外骨消；然后入山林，观天性；形躯至矣，然后成见镰，然后加手焉；不然则已。则以天合天，器之所以疑神者，其是与？'"王先谦：《庄子集解》，《诸子集成》三，世界书局，1935年，第119~120页。

② ［宋］李昉等：《太平御览》卷八八《皇王部一三》，中华书局，1998年，第418页。

③ ［南朝宋］范晔：《后汉书》卷一〇《皇后纪》，中华书局，1965年，第438页。

④ ［汉］王充：《论衡》，上海人民出版社，1974年，第308页。

图4-20 霍去病墓
石刻题铭

仁是也。"① 上文曾介绍近年出土于山东的芗他君祠堂石刻，其题记亦反映当时的石雕工匠队伍中，已经有被称为"师"的石工和被称为"画师"的画工两种技术工匠，证明当时的画像石制作工匠集团内部已经有了明确的专业技术分工②，表明当时石雕艺术的专业化、商品化也日趋成熟。

在此，我们再回顾一下西汉名臣霍去病墓前石兽题铭。1957年，陕西省文物管理委员会在霍去病墓地发现刻石两块，其中一块兽形石上镌刻"左司空"字样，另一块大石上刻隶书"平原乐陵宿伯牙霍臣孟"10字（图4-20）③。这个记载同前文所述"猴氏蒿聚成奴作"一样，乃是承袭战国以来的"物勒工名"的做法，以示负责。汉代官府营造体制下的作坊及各级工官所制造的产品，如铜、漆等器物上都会留下具体工匠或匠人集团的名称，不仅是便于辨识与监督，也有因其名誉、彰显特殊的目的④。霍氏墓前石刻这个题铭，正表明了这批石雕出于为

① ［清］叶昌炽撰，柯昌泗评，陈公柔、张明善点校：《语石·语石异同评》卷五，中华书局，2005年，第417页。

② 参见信立祥：《汉代画像石综合研究》，文物出版社，2000年，第26页。

③ 苏士澍：《中国书法艺术·秦汉》，文物出版社，2000年，第101页，图六四。

④ 如湖南永州鹞子岭2号墓出土漆器上"广汉郡工官"、"素工"某的针刻文字，又如20世纪30年代在朝鲜乐浪及贵州清平坝等地出土的漆器上，均留下当时生产作坊及工匠名称等。参见陈振裕：《战国秦汉漆器群研究》，文物出版社，2007年，第358～360页。

茂陵整体营建的官府工匠之手①。而留下了题铭的来自乐陵的宿伯牙和霍臣孟这两位工匠应为当时石雕工人中较为知名者。西汉时期，乐陵属平原郡治下一县②，位于现山东省德州市一带。

　　这些题铭证实，在两汉时期丧葬观念的影响下，丧葬礼仪、丧葬艺术及其赞助机制的成熟，是山东等地区石雕业和石雕工艺发达的基础，相对较为成熟的石雕团队四处揽活，参与丧葬艺术品的营建，促进了石雕工艺水平的提高与流传。这些石雕工匠，虽然历代画史、画论均不见其名，但实则是中国早期绘画与雕塑艺术形成阶段非常重要的推动力量。所以，"像卫改、孟孚、李弟卯、孙宗等这样的艺术家，在中国美术史上应该占有重要的篇章，是他们将早期的绘画和雕塑推向了成熟的阶段"③。

---

① 司空，为国家掌管工程建设的专设职位。《后汉书·百官志》"司空"条注曰："掌水土事。凡营城起邑、浚沟洫、修坟防之事，则议其利，建其功。凡四方水土功课，岁尽则奏其殿最而行赏罚。凡郊祀之事，掌扫除乐器……凡国有大造大疑，谏争，与太尉同。"［晋］司马彪：《后汉书志》第二十四《百官一》，中华书局，1965年，第3561～3562页。

② 《汉书·地理志》："平原郡，高帝置。……乐陵。"［汉］班固：《汉书》卷二八《地理志》，中华书局，1962年，第1579页。《后汉书·邳彤列传》："乐陵，县名，属平原郡，故城在今沧州乐陵县东也。"［南朝宋］范晔：《后汉书》卷二一《邳彤列传》，中华书局，1965年，第759页。

③ 研究中国古代美术史的学者们认识到，当时尚处于石工范畴的石雕匠人，实际上是中国早期的艺术家，也正是这些没有在美术史上留下记载的人们，创造了中国早期的绘画和雕塑艺术。参见张道一：《汉画的解读与欣赏》，《汉画故事》，重庆大学出版社，2006年，第2页。

结　语

一、本书的主要内容和观点

本研究对汉代陵墓石兽的艺术史书写，通过综合研究与个案研究相结合的方式展开。首先，在绪论部分，笔者主要对本文写作的目的和意义进行了阐述，同时对汉代陵墓石兽的基本概念及研究所涉及的材料进行界定。在对学术史进行回顾的同时，对本书的研究方法和基本思路进行初步梳理。

从本书各章节的关系来看，主要由两个板块构成：第一章作为基础研究部分，通过对汉代陵墓石兽的考古学观察，初步建立汉代陵墓石兽的类型学谱系；第二章至第四章则是带有具体问题性质的个案研究。具体而言，第二章是探讨汉代陵墓石兽遗存与陵墓制度的关系，通过陵墓石兽考古学材料来理解、印证中国古代陵寝制度、丧葬观念的变革与形成。第三章是以陵墓石兽当中有翼神兽为出发点，来探讨汉代艺术中有翼神兽形象的艺术源流问题，同时也对流传线路、图像意义等问题做初步的探讨。第四章仍然是一个专题研究，是从陵墓石兽来看汉代丧葬艺术中的艺术赞助人问题，从这个问题着手，主要讨论了丧葬艺术的赞助机制、墓主人的身份地位、被赞助工匠的地位及艺术品的商品化等问题。

第一章通过对汉代陵墓石兽遗存进行梳理和归纳，在此基础上建立起汉代陵墓石兽的类型学谱系。随着本书写作的深入，对陵墓石兽遗存的调查，材料逐渐丰富，也补充了一些前人著述中尚未收入的新材料，为本书的研究提供了新的思路。在此基础上，对汉代陵墓石兽遗存进行分区域与分阶段的归纳，获得对材料的整体认识，进而为其后章节中对陵墓石兽所反映的社会状况与时代背景做进一步的分析研究奠定基础。

在汉代石兽题材类型上，早期石兽题材类型相对较为丰富。以西汉时期霍去病墓前石兽最为多样，计有马、象、牛、虎，甚至蟾蜍、鱼等各类形象，反映了当时石兽制度尚未形成的状况。进入东汉时期，墓前石兽较多集中于虎、羊、马等形态。同时，不但来自西域的狮子形象开始出现于陵墓石兽序列当中，还出现了添加了双翼的融合狮虎特征的神兽形象，并成为汉代陵墓石兽的大宗。

在陵墓石兽的地域分布上，笔者将其划分为四个主要区域进行研究。这四个区域分别是：鲁中、南与皖西北；豫中、南与冀南；甘陕与晋西北；川渝地区。这些区域是目前汉代陵墓石兽材料最为丰富和集中的地区，同时也是汉代画像石、画像砖艺术最发达的地区。其中，第一个分区齐鲁之地，自古就是经济文化非常发达的区域，在两汉时期因其冶铁、制盐、丝织三大产业，成为全国经济最为发达的地区之一。这一地区石兽遗存造型特点较为方正、平直，表现出一种浑厚敦实、恭谨收敛的感觉。第二个分区以国都洛阳及南阳等附近区域为中心，是两汉时期经济、文化最为发达的区域。该区域石兽遗存，时间跨度涵盖整个东汉时期。类型题材较为丰富，特别是有翼神兽，为汉代墓前石刻中最为精美、典型者。从这一区域石兽遗存来看，与南朝陵墓石兽有非常明显的承袭关系。第三个分区是以关中地区为核心的甘陕晋地区，作为两汉时期全国社会经济、文化最为发达的地区之一，是中国古代陵墓石兽最早的发祥地区，其审美情趣、制造工艺影响了其后中国陵墓石兽的发展与走向。甘陕与晋西北地区的石兽，讲究随形写意，不事雕琢，充满了大型石雕的雄浑和力度。第四个分区是以成都平原为中心的川渝地区。这一区域的陵墓石兽，以东汉中晚期的遗存为主，时段更是一直延续到蜀汉甚至西晋初期。题材类型非常丰富多样，具有明显的地域特色和传承关系。而且这一地区在东汉中晚期带翼的神兽形象大量出现，体现了来自西域的文化影响和四川地区在当时中西交通中的重要作用。

本章第二节还讨论了汉代各个阶段陵墓石兽的具体表现和造型特征。两汉时期的石兽遗存，尤其是东汉时期，明确的纪年材料相对较少。因此，本节依据苏健所采用的淮阳北关一号汉墓出土的石雕辟邪承盘为分段标志，并从石兽类型、题材上进行比较，将汉代陵墓石兽分为四个阶段进行研究：西汉时期、东汉早期、东汉中期、东汉晚期至三国时期。西汉时期是陵墓石兽的发展初期，当时陵墓石兽的设置，在表现形式上受欧亚草原民族鹿石传统的影响，同时也延续了中国传统镇邪驱魔兽类石雕含义。在制作工艺上，由于冶铁技术尚不发达，雕凿工具及技术水平仍处于初级阶段，无法完成石雕的镂空、透雕及打磨工艺。石雕工匠因势象形，随形写意，所以产生了浑厚、雄健的大汉风格。东汉早期则由于经济、交通和对外交流的发展，来自西域（包括北印度、中亚、波斯和南亚地区）的文化因素的影响，不但是外来的石雕制作技艺如高浮雕、镂空雕在中国石雕中得到应用，而且佛教艺术中的狮子形象及西域的一些装饰纹样和图像均对当时的陵墓石兽产生了影响。东汉中期的石刻造型承袭了西汉至东汉早期石兽豪迈博大的气势，更是通过细节的描绘充溢着夸张、神奇的浪漫色彩。尤其是洛阳孟津石辟邪、宗资墓前石兽等，雕饰细致而华丽，为南朝石兽年代最为接近、形态最为相似的范本。东汉晚期至三国时期，四川、重庆、河南三地的材料中，以四川地区的遗存最为丰富、突出。同时，形态融合狮虎特征的有翼神兽材料多见而密集，说明了随着汉代中西文化交流的频繁，来自西方的文化影响日益深入。

　　第二章主要以陵墓神道石兽为着眼点，对两汉时期的陵墓石刻制度进行初步讨论，分析其制度内容及其起源与对后世的影响。

　　在这一章中，笔者认为：在殷商时期，受到多样文化因素影响，中原地区具有纪念碑性质的墓内石雕已经出现，并成为其后中国大型陵墓石兽起源的最为重要的本土文化因素。而文献记载的战国及秦帝国时期诸多墓上石雕，从现在考古发现所获材料来看，也有可能存在。

　　中国陵墓石兽真正出现并成为制度性设置，仍然是在两汉时期。西汉承袭秦制，确立了比较规范的陵寝制度，陵墓附属设施的建设导致了陵墓石兽群的出现。其原因，一方面是有了墓前石兽所存在的空间，一方面是受草原民族立石传统影响，同时更是延续先秦时期各地墓葬中散见的镇墓俑、兽形象的设置。

　　而至东汉，随着"上陵礼"的实施及"祠堂祭拜"的流行，帝王陵墓前开设神道，通过对宫苑建筑形制及仪仗护卫的仿效，陵园墓前列置石人和石兽形成完善的制度。随着中西方交流的日益扩大，在来自西域等地的文化因素影响下，陵墓石兽的题材类型、造型特征及表现手法均出现了新的文化因素。确立于东汉时期的这种陵墓制度，虽然一度衰落，但其后又为南北朝陵墓制度所继承，并为中国古代陵墓石刻制度奠定了完善的规制基础。

　　在这一章中，笔者还对霍去病墓前石雕群的意义做了讨论，认为霍去病墓前石刻群具有两方面的特征，它是由"前有石马相对”所构成的陵墓早期常规制度设置与“为冢象祁连山”所形成的非制度化的设置所产生的两类作品共同构成，而这种常规性设置方式影响了东汉时期陵墓神道石兽制度的形成。

第三章主要是以汉代陵墓石兽中的有翼神兽为研究对象，对墓前有翼神兽的基本类型、发展源流等问题做一探讨。

首先，依据石兽羽翼形状，将其分为半月形、长条形羽翼两种类型进行研究。一型为半月形翼石兽，仅见于中原地区，集中于当时的政治、经济、文化中心一带以洛阳、南阳为中心的区域。墓主人身份等级均较高。在数量上略少于长条形翼神兽，但这种羽翼形态出现时段较早。半月形羽翼，在先秦青铜器上已现端倪，西汉时期的各类材料上也有发现，在出现时段上略早于后者。笔者认为，这类羽翼形态应为中国传统图像中较早成型的样式，是一种融合北方草原民族斯基泰艺术与中国传统青铜器纹样的艺术形式。二型为长条形翼石兽，主要分布于河南、四川、山东等省，特别以四川、河南较为密集。整体形态比较浑厚、质朴，且以写实描绘为主，羽翼较为规整厚重。按照其羽翼的细节特征，又可细分为四个亚型。其中 Ba 与 Bb 型主要见于中原地区，Bc 型主要以四川地区为主，Bd 型分布较为广泛，在山东、河南及西南地区东部均有发现。上述几类长条形羽翼，在图像特征上反映出较为明显的外来文化因素的影响。

其次，对汉代有翼神兽的题材类型进行了归纳总结。按照其形象来源的不同，分为龙、虎、狮、鹿、骆驼、马、羊等类型进行比较研究，从中窥探其图像源流及图示意义。关于中国有翼神兽的源流，分别从文献记载、学术观点等方面做了梳理。在起源问题上，笔者赞同“中西融合说”，认为中国有翼神兽是在本土文化的基础上，融合西方有翼兽的特点而逐步形成的。具体而言，在新石器时代至战国以前，有翼神兽的本土化特点显著，反映出本土文化因素的阶段性；春秋战国至秦汉时期，受到北方草原民族文化因素的影响，有翼形象与中国传统图像进行结合；进入东汉以来，有翼神兽形象大量出现，并开始流行大型有翼神兽。因此，中国汉代陵墓有翼神兽造型的形成应该是多元化的，是在中西文化交流过程中吸收外来的造型因素与多样装饰风格并相结合的产物。具体而言，既有来自北方草原的文化影响，也有沿丝绸之路而传人的影响，同时南方丝绸之路也是一条不容忽视的线路。其中，四川等地石兽接受外来的影响更甚，不论其艺术原型还是表现形式均表现出很强的外来文化因素。而河南、河北等中原地区有翼神兽，则结合了多样的文化元素与表达方式，将外来的各类形象融合传统文化观念，并与传统青铜装饰手法结合，创造出了独具特色、神异变幻的有翼神兽形象。

最后，还对汉代陵墓有翼神兽对南朝石雕艺术的影响问题做了探讨，通过对河南等地半月形羽翼与南朝墓前大型石翼兽的对比研究，印证了文献记载的正确。由此说明，南朝翼兽石刻渊源来自中原，其传播路线有可能是洛阳—南阳—襄阳—建康。

第四章是一个个案研究，是从艺术赞助人的观点出发，以陵墓石兽遗存为考察对象，将时段集中于东汉时期，去探讨石兽背后的"赞助人"与被赞助人之间的关系。

这一章是笔者利用艺术史研究中的赞助人方法对陵墓石兽进行研究的一个尝试，分为两个部分。其一是从陵墓石兽所体现的几类赞助人着手，了解这些石兽遗存的墓主人身份既有当时中央及地方上的高级官吏如郡太守之类，也有当时朝廷内身居高位的宦人，代表性人物如长乐太仆、吉成侯州辅等，体现了东汉后期政治状况的特殊环境。而且上述两类人群，也是汉代豪族的代表，充分体现了东汉时期政治经济的典型特征。其二是通过对陵墓石兽材料上留下的题铭的考察，了解当时丧葬艺术的赞助体制，并考察被赞助的石雕工匠。当时很多石雕工匠，因其技艺高超及名声，留下了其作坊或其名称的题铭。通过对这些题记、题

铭的研究，我们可以了解石雕工匠的身份、地位，并可了解石雕
艺术的地域差异与区域特色形成等相关内容。首先由于各地石雕
工匠所处地域经济、文化状况不同，艺术标准及技艺水准不一
致，导致各地艺术品呈现不同的面貌和地域差异。其次则是在一
定区域内，表现为雕刻技法与艺术风格的一致性和传承性，形成
了相对稳定的区域艺术特色。最后，还可以通过石兽题铭，认识
当时石雕工匠在各区域中的流动问题，这种工匠的流动也带动了
一些地域风格和石雕技艺在各区域间的交流与融合。

在这一章中，还讨论了石雕工匠与艺术作品商品化的问题。
从所留题铭上来看，当时的石雕艺人，尚处于工匠这一等级，但
在其分工中，已经有被称为"师"的石工和被称为"画师"的画
工两种技术工匠，证明当时已经有了明确的专业技术分工，表明
当时石雕艺术的专业化、商品化也日趋成熟。而石雕艺术品的商
品化，也是促使各地艺术风格及图像式样流传的一个重要因素。

二、本书的未尽之处及期望

最后需要说明的是，限于研究水平和研究条件，本文仍然有
很多不足之处。虽然笔者对汉代陵墓石兽遗存进行了比较全面而
详尽的资料收集，并尽可能地亲自实地考察，但是汉代至今，已
历经2000余年的时代变迁，当时列置于墓前神道两侧的陵墓石
兽，或孤零零地留在原地，或早已变动位置甚至挪作他用。我们
知道，材料脱离了原生状态，语境可能发生改变，并对其墓葬空
间中各组成部分意义的探讨造成一定难度，甚至有可能导致图像
的误读与错误理解。而且，陵墓石兽作为汉代墓葬制度性设置的
重要内容，对其意义、价值的综合判断应依赖于对汉代甚至早期
墓葬制度的起源、发展、演变等问题的综合考察，同时应将其纳

入汉代思想、文化体系及历史背景中去进行整体观察，唯其如此，本研究才能取得些许进展。这也是本文写作中相对欠缺的一点和不足。陵墓石兽，作为中国传统雕塑艺术中非常重要的一类，但历代画论、画史均无著录，而且传统金石学对其著录也仅仅是从文字和碑帖角度出发，在中国美术史研究中一直处于受忽视的地位。虽然近现代以来很多学者认识到其重要地位与价值，但目前国内学术界对陵墓石兽问题的专题研究仍然较少，可供参考、借鉴的成果不够。同时，囿于材料的大量缺失，无法全面掌握当时陵墓石兽的状况；而且，由于本人学术视野和阅读能力的限制，无法全面了解所有重要资料而无遗漏。所以，在资料论述与比较过程中，难免有所遗漏甚至偏差。尤为遗憾的是，本文在思考与起笔之初，中国早期艺术中的有翼形象问题一直是我想深入讨论的要点，但是因本人学力及精力等多方面原因，最终仅仅讨论了这一问题当中的一个小点，更多未尽问题只能留待今后再去深入探讨。

附　录

一、插图目录

二、表格目录

主要参考文献

一、田野考古调查与发掘资料

刘敦桢:《山东平邑县汉阙》,《文物参考资料》1954 年第 5 期。

于豪亮:《记成都扬子山一号墓》,《文物参考资料》1955 年第 9 期。

王子云:《西汉霍去病墓石刻》,《文物参考资料》1955 年第 11 期。

朱偰:《丹阳六朝陵墓的石刻》,《文物参考资料》1956 年第 3 期。

王子云:《新疆的石刻艺术》,《文物参考资料》1956 年第 8 期。

南京博物院等:《沂南古画像石墓发掘报告》,文化部文物管理局,1956 年。

田野:《你看毕塬下的石兽是什么时代的?》,《文物参考资料》1957 年第 5 期。

陶鸣宽、曹恒钧:《芦山县的东汉石刻》,《文物参考资料》1957 年第 10 期。

王思礼:《山东泗水县鲍王村发现汉晋石兽》,《考古通讯》

1958 年第 8 期。

云南省博物馆：《云南晋宁石寨山古墓群发掘报告》，文物出版社，1959 年。

河南省文化局文物工作队：《南阳汉代铁工厂发掘简报》，《文物》1960 年第 1 期。

黄文弼：《新疆考古的发现——伊犁的调查》，《考古》1960 年第 2 期。

张子波：《陕西咸阳发现北朝石辟邪》，《考古》1960 年第 5 期。

山西省文管会侯马工作站：《1959 年侯马"牛村古城"南东周遗址发掘简报》，《文物》1960 年第 8、9 期。

何正璜：《石刻双狮和犀牛》，《文物》1961 年第 12 期。

山西省博物馆：《安邑县杜村出土的西汉石虎》，《文物》1961 年第 12 期。

马子云：《西汉霍去病墓石刻记》，《文物》1964 年第 1 期。

傅天仇：《陕西兴平县霍去病墓前的西汉石雕艺术》，《文物》1964 年第 1 期。

河南省文化局文物工作队：《洛阳西汉壁画墓发掘报告》，《考古学报》1964 年第 2 期。

陕西省文物管理委员会：《陕西兴平县茂陵勘查》，《考古》1964 年第 2 期。

孔次青：《山东曲阜孔林发现汉代石兽》，《考古》1964 年第 4 期。

山东省博物馆：《山东安丘汉画象石墓发掘简报》，《文物》1964 年第 4 期。

李仰松：《临潼康桥石川河发现西汉石羊和仰韶文化遗址》，《文物》1964 年第 5 期。

北京市文物工作队：《北京西郊发现汉代石阙清理简报》，《文物》1964 年第 11 期。

梁思永、高去寻：《侯家庄·1500 号大墓》，（台北）"中央研究院"历史语言研究所，1974 年。

黑光：《西安汉太液池出土一件巨形石鱼》，《文物》1975 年第6 期。

四川省博物馆等：《都江堰又出土一躯汉代石像》，《文物》1975 年第 8 期。

李复华：《四川郫县红光公社出土战国铜器》，《文物》1976 年第 10 期。

中国社会科学院考古研究所汉城工作队：《汉长安城武库遗址发掘的初步收获》，《考古》1978 年第 4 期。

河北省文物管理处：《河北省平山县战国时期中山国墓葬发掘简报》，《文物》1979 年第 1 期。

四川省博物馆等：《四川郫县东汉砖墓的石棺画象》，《考古》1979 年第 6 期。

中国社会科学院考古研究所等：《满城汉墓发掘报告》，文物出版社，1980 年。

秦俑坑考古队：《秦始皇陵东侧马厩坑钻探清理简报》，《考古与文物》1980 年第 4 期。

伊克昭盟文物工作站等：《西沟畔匈奴墓》，《文物》1980 年第7 期。

秦俑坑考古队：《临潼郑庄秦石料加工场遗址调查简报》，《考古与文物》1981 年第 1 期。

刘习祥、张英昭：《博爱县出土的晋代石柱》，《中原文物》1981 年第 1 期。

耿继斌：《高颐阙》，《文物》1981 年第 10 期。

成都市文物管理处：《四川成都曾家包东汉画像砖石墓》，《文物》1981 年第 10 期。

任日新：《山东诸城汉墓画像石》，《文物》1981 年第 10 期。

济宁地区文物组等：《山东嘉祥宋山 1980 年出土的汉画像石》，《文物》1982 年第 5 期。

·

戴应新、孙嘉祥:《陕西神木县出土匈奴文物》,《文物》1983年第 12 期。

徐鹏章:《我市方池街发现古代文化遗址》,《成都文物》1984年第 2 期。

王鲁豫:《河北内丘石雕神兽考察小记》,《美术研究》1987 年第 4 期。

吉木布初、关荣华:《四川昭觉县发现东汉石表和石阙残石》,《考古》1987 年第 5 期。

冯耀堂:《临泉出土东汉石雕天禄》,《中国文物报》1988 年 4月 29 日。

吴怡:《成都方池街出土石雕人像及相关问题》,《四川文物》1988 年第 6 期。

陈显丹:《广汉三星堆遗址发掘概况、初步分析——兼论"早蜀文化"的特征及其发展》,《南方民族考古》第二辑,四川科学技术出版社,1989 年。

周口地区文物工作队等:《河南淮阳北关一号汉墓发掘简报》,《文物》1991 年第 4 期。

赵彦章:《孟津发掘出汉代大型石辟邪》,《河南文物工作》1993 年第 1 期。

中国社会科学院考古研究所洛阳汉魏城队:《汉魏洛阳城西东汉墓园遗址》,《考古学报》1993 年第 3 期。

李军:《芦山的东汉石刻》,《四川文物》1994 年第 6 期。

洛阳市第二文物工作队:《洛阳汉墓壁画》,文物出版社,1996 年。

四川省文物考古研究所:《三星堆祭祀坑》,文物出版社,1999 年。

四川省文物管理局:《四川文物志》中册,巴蜀书社,2005 年。

巨建强:《河北内邱出土北朝石神兽》,《文物》2005 年第 7 期。

《许昌石辟邪"安家"博物馆》,《人民日报》(海外版)2006

年9月6日。

凉山彝族自治州博物馆等：《四川凉山州昭觉县好谷乡发现的东汉石表》，《四川文物》2007年第5期。

肖仁杰：《四川渠县新发现的汉晋墓阙构件和石像生》，《四川文物》2013年第2期。

二、研究论著

中文论著：

滕固：《霍去病墓上石迹及汉代雕刻之试察》，《金陵学报》1934年第4卷第2期。

滕固：《六朝陵墓石迹述略》，《六朝陵墓调查报告》，中央古物保管委员会，1935年。

滕固著，沈宁编：《滕固艺术文集》，上海人民美术出版社，2003年。

朱希祖：《天禄辟邪考》，《六朝陵墓调查报告》，中央古物保管委员会，1935年。

朱锦江：《中国民族艺术中所见羽翼图腾考》，《金陵学报》1938年第8卷。

陈直：《陕西兴平县茂陵镇霍去病墓新出土左司空石刻题记考释》，《文物参考资料》1958年第11期。

文物出版社：《抗议美帝掠夺我国文物》，文物出版社，1960年。

冯汉骥：《四川的画像砖墓及画像砖》，《文物》1961年第11期。

陈明达：《汉代的石阙》，《文物》1961年第12期。

张万钟：《侯马东周陶范的造型工艺》，《文物》1962年第4、5期。

沈年润：《释东汉三老赵掾碑》，《文物》1964 年第 5 期。

邵茗生：《汉幽州书佐秦君石阙释文》，《文物》1964 年第 11 期。

李复华、郭子游：《郫县出土东汉画象石棺图象略说》，《文物》1975 年第 8 期。

鲁迅：《鲁迅书信集》，人民文学出版社，1976 年。

黄明兰：《洛阳北魏景陵位置的确定和静陵位置的推测》，《文物》1978 年第 7 期。

汤池：《西汉石雕牵牛织女辨》，《文物》1979 年第 2 期。

汤池：《秦及西汉时期的雕塑艺术》，《中国美术全集·雕塑编 2·秦汉雕塑》，文物出版社，1985 年。

杨鸿勋：《战国中山王陵及兆域图研究》，《考古学报》1980 年第 1 期。

王玉池：《东汉陵墓建筑雕刻》，《美术史论丛刊》第一辑，文化艺术出版社，1981 年。

姚迁、古兵：《六朝艺术》，文物出版社，1981 年。

杨爱玲：《河南叶县发现的东汉石兽——兼谈汉晋的陵墓华表》，《中原文物》1981 年第 2 期。

周到、吕品：《略谈河南发现的汉代石雕》，《中原文物》1981 年第 2 期。

山东省博物馆等：《山东汉画像石选集》，齐鲁书社，1982 年。

栾星：《歧路灯研究资料》，中州书画社，1982 年。

李发林：《山东汉画像石研究》，齐鲁书社，1982 年。

黄明兰：《西晋散骑常侍韩寿墓墓表跋》，《文物》1982 年第 1 期。

宫大中：《试论洛阳关林陈列的几件北魏陵墓石刻艺术》，《文物》1982 年第 3 期。

孙机：《几种汉代的图案纹饰》，《文物》1982 年第 3 期。

孙机：《汉镇艺术》，《文物》1983 年第 6 期。

孙机：《中国圣火——中国古文物与东西文化交流中的若干问题》，辽宁教育出版社，1996年。

孙机：《汉代物质文化资料图说》，上海古籍出版社，2008年。

史岩：《中国雕塑史图录》，上海人民美术出版社，1983年。

唐长孺：《南北朝期间西域与南朝的陆道交通》，《魏晋南北朝史论拾遗》，中华书局，1983年。

林树中：《南朝陵墓雕刻》，人民美术出版社，1984年。

程征：《为冢象祁连山——霍去病墓石刻群总体设计之探讨》，《西北美术》1984年第2期。

中国历史博物馆：《中国历史博物馆》，文物出版社，1984年。

中国美术全集编辑委员会：《中国美术全集·雕塑编2·秦汉雕塑》，人民美术出版社，1985年。

梁佐：《汉武帝茂陵与霍去病墓》，《文博》1985年第3期。

洛阳古代艺术馆：《洛阳关林》，河南人民出版社，1985年。

穆顺英、王明哲：《新疆古代民族文物》，文物出版社，1985年。

河南省文物研究所：《信阳楚墓》，文物出版社，1986年。

朱偰：《齐梁二代石刻和雕塑的评价》，《东南文化》1986年第2期。

刘凤君：《东汉南朝陵墓前石兽造型初探》，《考古与文物》1986年第3期。

刘凤君：《东汉魏晋陵墓神道石刻的造型艺术》，《美术研究》1986年第3期。

阎文儒：《关中汉唐陵墓石刻题材及其风格》，《考古与文物》1986年第3期。

丁祖春：《四川的汉晋石阙》，《考古与文物》1987年第6期。

高文：《四川汉代画像砖》，上海人民美术出版社，1987年。

高文：《中国汉阙》，文物出版社，1994年。

刘弘：《巴虎与开明兽》，《四川文物》1988年第4期。

王子云：《中国雕塑艺术史》，人民美术出版社，1988 年。

王子云：《从长安到雅典——中外美术考古游记》，陕西人民美术出版社，2004 年。

王子云：《中国雕塑艺术史》，岳麓书社，2005 年。

王可平：《凝重与飞动——中国雕塑与中国文明》，国际文化出版公司，1988 年。

王可平：《中国传统雕塑的审美特征》，《文艺研究》1989 年第 2 期。

唐长寿：《四川崖墓画像石考释四则》，《四川文物》1988 年第 6 期。

霍建金：《简阳县鬼头山发现榜题画像石棺》，《四川文物》1988 年第 6 期。

史树青：《麟为夷兽说——兼论有关麒麟的问题》，《古文字研究》第十七辑，中华书局，1989 年。

赵彤：《四川省雅安高颐阙考释》，《四川文物》1989 年第 2 期。

信立祥：《汉画像石的分区与分期研究》，《考古类型学的理论与实践》，文物出版社，1989 年。

信立祥：《汉代画像石综合研究》，文物出版社，2000 年。

薛永年：《美国研究中国画史方法述略》，《文艺研究》1989 年第 3 期。

薛永年：《20 世纪中国美术史研究的回顾和展望》，《文艺研究》2001 年第 2 期。

李毓芳：《西汉帝陵分布的考察——兼谈西汉帝陵的昭穆制度》，《考古与文物》1989 年第 3 期。

黄展岳：《中国古代的人牲人殉》，文物出版社，1990 年。

孙华：《四川忠县丁房阙辩》，《文博》1990 年第 3 期。

孙华：《忠县土主庙阙为严氏墓阙新论》，《长江文明》第一辑，重庆出版社，2008 年。

赵殿增、袁曙光：《“天门”考——兼论四川汉画像砖（石）的组合与主题》,《四川文物》1990 年第 6 期。

杨荣新:《我国古代的陵墓神道石刻》,《文史杂志》1991 年第 3 期。

李玉洁:《先秦丧葬制度研究》,中州古籍出版社,1991 年。

国家文物局主编,河南省文物局编制:《中国文物地图集·河南分册》,中国地图出版社,1991 年。

徐文彬等:《四川汉代石阙》,文物出版社,1992 年。

王鲁豫:《汉晋南北朝墓前石雕艺术》,北京广播学院出版社,1992 年。

广元市文物管理所:《四川广元收藏的一件兽纹铜戈》,《文物》1992 年第 7 期。

中国玉器全集编辑委员会:《中国玉器全集 4·秦·汉—南北朝》,河北美术出版社,1993 年。

范景中著,曹意强、洪再辛编:《图像与观念——范景中学术论文选》,岭南美术出版社,1993 年。

陈少丰:《中国雕塑史》,岭南美术出版社,1993 年。

〔美〕张光直:《美术、神话与祭祀》,(台北)稻乡出版社,1993 年。

〔美〕张光直:《考古学专题六讲》,生活·读书·新知三联书店,2010 年。

王志杰:《霍去病墓石刻陈列方式探讨》,《文博》1994 年第 1 期。

龚良:《陵墓有翼神兽石刻的发展及其艺术源流》,《华夏考古》1994 年第 1 期。

陈诗红:《霍去病墓及其石雕的几个问题》,《美术》1994 年第 3 期。

中国社会科学院考古研究所:《殷墟的发现与研究》,科学出版社,1994 年。

罗宗真:《六朝考古》,南京大学出版社,1994 年。

王学理等：《秦物质文化史》，三秦出版社，1994 年。

苏健：《洛阳新获石辟邪的造型艺术与汉代石辟邪的分期》，《中原文物》1995 年第 2 期。

李向民：《中国艺术经济史》，江苏教育出版社，1995 年。

蒙文通：《评〈学史散篇〉》，《蒙文通文集》第三卷《经史抉原》，巴蜀书社，1995 年。

洛阳市地方史志编纂委员会：《洛阳市志·文物志》，中州古籍出版社，1995 年。

王伯敏：《中国美术通史》，山东教育出版社，1996 年。

李济著，刘梦溪主编：《中国现代学术经典·李济卷》，河北教育出版社，1996 年。

邢义田：《汉碑、汉画和石工的关系》，（台北）《故宫文物月刊》1996 年第 14 卷第 4 期。

邢义田：《格套、榜题、文献与画像解释》，《美术与考古》，中国大百科全书出版社，2005 年。

袁道俊：《汉代石羊聚散有缘》，《中国文物报》1996 年 5 月 21 日。

李零：《说匵》，《文物天地》1996 年第 5 期。

李零：《王莽虎符石匵调查记》，《入山与出塞》，文物出版社，2004 年。

李零：《论中国的有翼神兽》，《入山与出塞》，文物出版社，2004 年。

李零：《读〈丝绸之路草原石人研究〉——兼谈欧洲石人》，《入山与出塞》，文物出版社，2004 年。

李零：《再论中国的有翼神兽》，《入山与出塞》，文物出版社，2004 年。

李零：《"五星出东方利中国"织锦上的文字和动物图案》，《入山与出塞》，文物出版社，2004 年。

李零：《铄古铸今——考古发现和复古艺术》，生活·读书·新知三联书店，2007 年。

俞伟超：《考古学是什么——俞伟超考古学理论文选》，中国社会科学出版社，1996 年。

俞伟超：《中国画像石概论》，《中国画像石全集 1·山东汉画像石》，山东美术出版社，2000 年。

俞伟超：《考古学中的汉文化问题》，《古史的考古学探索》，文物出版社，2002 年。

李学勤：《比较考古学随笔》，广西师范大学出版社，1997 年。

张增祺：《滇国与滇文化》，云南美术出版社，1997 年。

张增祺：《晋宁石寨山》，云南美术出版社，1998 年。

林梅村：《吐火罗人与龙部落》，《西域研究》1997 年第 1 期。

林梅村：《汉唐西域与中国文明》，文物出版社，1998 年。

林梅村：《古道西风——考古新发现所见中西文化交流》，生活·读书·新知三联书店，2000 年。

林梅村：《汉代西域艺术中的希腊文化因素》，《九州学林》2003 年冬季一卷二期，复旦大学出版社，2004 年。

林梅村：《丝绸之路考古十五讲》，北京大学出版社，2006 年。

林梅村：《松漠之间——考古新发现所见中外文化交流》，生活·读书·新知三联书店，2007 年。

周克林：《摇钱树为早期道教遗物说质疑》，《四川文物》1998 年第 4 期。

祝重寿：《中国古代雕塑的装饰传统》，《雕塑》1998 年第 4 期。

梁思成：《中国建筑史·雕塑史》，百花文艺出版社，1998 年。

梁白泉：《南京的六朝石刻》，南京出版社，1998 年。

徐中舒：《古代狩猎图象考》，《徐中舒历史论文选辑》，中华书局，1998 年。

蔡鸿生：《唐代九姓胡与突厥文化》，中华书局，1998 年。

邓以哲：《邓以哲全集》，安徽教育出版社，1998 年。

朱青生：《将军门神起源研究——论误读与成形》，北京大学出版社，1998 年。

朱青生：《中国汉画研究》第一卷，广西师范大学出版社，2004 年。

朱青生：《中国汉画研究》第二卷，广西师范大学出版社，2006 年。

李泽厚、刘纲纪：《中国美学史》，安徽文艺出版社，1999 年。

刘迎胜：《开展内陆欧亚学的研究》，《欧亚学刊》第一辑，中华书局，1999 年。

童恩正：《古代中国南方与印度交通的考古学研究》，《考古》1999 年第 4 期。

中国画像石全集编辑委员会：《中国画像石全集》，山东美术出版社、河南美术出版社，2000 年。

刘兴珍：《地面大型石雕》，《中国美术史·秦汉卷》，齐鲁书社，2000 年。

杨树达：《汉代婚丧礼俗考》，上海古籍出版社，2000 年。

杨树达：《周易古意》，上海古籍出版社，2006 年。

李发林：《汉画考释和研究》，中国文联出版社，2000 年。

徐苹芳：《中国历史考古学分区问题的思考》，《考古》2000 年第 7 期。

刘增贵：《汉代画像阙的象征意义》，《中国史学》2000 年总第 10 号。

赵化成：《从商周"集中公墓制"到秦汉"独立陵园制"的演化轨迹》，《古代文明研究通讯》2000 年总第 5 期。

曾蓝莹：《作坊、格套与地域子传统：从山东安丘董家庄汉墓的制作痕迹谈起》，《美术史研究集刊》第 8 期，（台北）台湾大学艺术史研究所，2000 年。

曹意强：《艺术与历史》，中国美术学院出版社，2001 年。

丁斌：《汉代雕塑的写意风格》，《民族艺术》2001 年第 4 期。

刘云辉：《玉器》，文物出版社，2001 年。

贺西林：《古墓丹青——汉代墓室壁画的发现与研究》，陕西人民美术出版社，2001年。

罗二虎：《中国西南地区汉代画像墓与豪族》，《四川大学考古专业创建四十周年暨冯汉骥教授百年诞辰纪念文集》，四川大学出版社，2001年。

罗二虎：《汉代画像石棺》，巴蜀书社，2002年。

安然：《东晋时期北方移民对南方墓葬影响的重新评估》，《汉唐之间文化艺术的互动与交融》，文物出版社，2001年。

宋治民：《四川茂县牟托1号石棺墓若干问题的初步分析》，《四川大学考古专业创建四十周年暨冯汉骥教授百年诞辰纪念文集》，四川大学出版社，2001年。

许倬云：《西汉政权与社会势力的交互作用》，《许倬云自选集》，上海教育出版社，2002年。

崔彬：《气魄深沉雄大的霍去病墓石刻》，《西北美术》2002年第3期。

唐光孝：《试析四川汉代葬俗中的商品化问题》，《四川文物》2002年第5期。

金其桢：《中国碑文化》，重庆出版社，2002年。

成都市文物考古研究所等：《金沙淘珍——成都市金沙村遗址出土文物》，文物出版社，2002年。

郑岩：《魏晋南北朝壁画墓研究》，文物出版社，2002年。

郑岩：《关于汉代丧葬画像观者问题的思考》，《中国汉画研究》第二卷，广西师范大学出版社，2006年。

郑岩：《风格背后——西汉皇室大型石雕新探》，《第三届中国高等院校艺术史学年会交流论文汇编》，清华大学美术学院，2009年。

霍巍：《胡人俑、有翼神兽、西王母图像的考察与汉晋时期中国西南的中外文化交流》，《九州学林》2003年冬季一卷二期，复旦大学出版社，2003年。

霍巍、赵德云：《战国秦汉时期中国西南的对外文化交流》，巴蜀书社，2007 年。

霍巍：《神兽西来——重庆忠县新发现石辟邪及其意义初探》，《长江文明》第一辑，重庆出版社，2008 年。

霍巍：《四川东汉大型石兽与南方丝绸之路》，《考古》2008 年第 11 期。

沈珉：《略论西汉霍去病墓石雕刻群的环境因素》，《雕塑》2003 年第 1 期。

沈珉：《陕西汉代石雕研究》，《西部美术考古》，上海大学出版社，2008 年。

沈珉：《汉代神道石刻与墓葬形制》，《大连大学学报》2008 年第 2 期。

杨先艺：《论中国古代雕塑的特征》，《雕塑》2003 年第 1 期。

顾颉刚：《古史辨自序》，河北教育出版社，2003 年。

徐自强、吴梦麟：《古代石刻通论》，紫禁城出版社，2003 年。

马汉国：《微山汉画像石选集》，文物出版社，2003 年。

孙振华：《中国美术史图像手册·雕塑卷》，中国美术学院出版社，2003 年。

金维诺：《汉代的雕塑》，《雕塑》2003 年第 4 期。

于志勇：《楼兰—尼雅地区出土汉晋文字织锦初探》，《中国历史文物》2003 年第 6 期。

中国社会科学院考古研究所：《中国考古学·夏商卷》，中国社会科学出版社，2003 年。

于春：《我国出土战国至六朝时期的"有翼兽"及相关问题》，《中国四川西部人文历史文化综合研究》，四川大学出版社，2003 年。

于春：《茂县牟托村"翼龙"与三星堆龙之比较——兼论三星堆文化向北传播的途径》，《考古与文物》2005 年第 2 期。

吴卫：《也谈汉代与六朝的镇墓神兽——石辟邪》，《华中建筑》2003 年第 6 期。

常宁生：《权力与荣耀——罗马帝国与中国汉代雕塑艺术比较》，

陕西人民美术出版社，2003年。

孙作云：《孙作云文集·美术考古与民俗研究》，河南大学出版社，2003年。

黄晓芬：《汉墓的考古学研究》，岳麓书社，2003年。

卢丁：《论斯基泰美术及卢里斯坦青铜器文化对我国西南古代文明的影响》，《中国四川西部人文历史文化综合研究》，四川大学出版社，2003年。

杨孝鸿：《汉代羽化图像的发展及其原因》，《南都学坛》（人文社会科学学报）2004年第24卷第2期。

姜伯勤：《中国祆教艺术史研究》，生活·读书·新知三联书店，2004年。

白寿彝：《中国通史》第五卷《中古时代·三国两晋南北朝时期》，上海人民出版社，2004年。

李松：《中国美术·先秦至两汉》，中国人民大学出版社，2004年。

林树中：《六朝艺术》，南京出版社，2004年。

王方：《对成都金沙遗址出土石雕作品的几点认识》，《考古与文物》2004年第3期。

王寿芝：《张骞与张骞墓》，陕西人民教育出版社，2004年。

王镛：《印度美术》，中国人民大学出版社，2004年。

杨兴吉：《"乐"的精神——霍去病墓石刻艺术中的刻戏观念初探》，《雕塑》2004年第3期。

李晓鲁：《拙、朴、神——西汉霍去病墓石雕浅析》，《美与时代》2004年第4期。

刘丹龙、孙平燕：《汉霍去病墓石雕艺术探微》，《文博》2004年第6期。

孙长初：《中国艺术考古学初探》，文物出版社，2004年。

孙长初：《六朝石刻辟邪艺术图像的释读》，《东南文化》2008年第2期。

〔日〕佐竹靖彦：《汉代坟墓祭祀画像中的亭门、亭阙和车马行列》，《中国汉画研究》第一卷，广西师范大学出版社，2004 年。

雅安市文物管理所等：《雅安汉代石刻精品》，四川人民出版社，2005 年。

王竹林、赵振华：《东汉南兆域皇陵初步研究》，《古代文明》第 4 卷，文物出版社，2005 年。

白云翔：《先秦两汉铁器的考古学研究》，科学出版社，2005 年。

王绣：《魅力洛阳·河洛地区文物考古成果精华》，大象出版社，2005 年。

山西博物院：《山西博物院珍粹》，山西人民出版社，2005 年。

赵历平：《中国古代石雕的造型规律》，《西北美术》2005 年第 1 期。

顾问、黄俊：《中国早期有翼神兽问题研究四则》，《殷都学刊》2005 年第 3 期。

孙照金：《南阳汉代雕塑天禄、辟邪的艺术特色》，《中原文物》2005 年第 4 期。

施杰：《意义、解释与再解释——谶纬语境与汉画形相》，《中国汉画研究》第二卷，广西师范大学出版社，2006 年。

朱偰：《建康兰陵六朝陵墓图考》，中华书局，2006 年。

徐中舒著，徐亮工编：《川大史学·徐中舒卷》，四川大学出版社，2006 年。

任乃强著，任新建编：《川大史学·任乃强卷》，四川大学出版社，2006 年。

三星堆研究院等：《三星堆研究》，天地出版社，2006 年。

屈峰：《汉代雕塑造型语言研究》，中央美术学院硕士学位论文，2006 年。

王菡薇：《艺术与公众——从包华石先生的汉代画像石研究谈起》，《新美术》2006 年第 3 期。

王菡薇：《艺术与公众——美国学者包华石的汉画像石研究》，

《艺术与科学》卷三，清华大学出版社，2006年。

张鹏：《美术史研究中的"赞助人"》，《美术研究》2006年第4期。

李政：《中国古代雕塑的意象表现》，《雕塑》2006年第4期。

陶喻之：《〈汝帖〉摹刻汉墓石兽刻字考辨》，《中原文物》2006年第5期。

王宽宇、吴卫：《霍去病墓石雕艺术风格成因——兼论秦汉雕塑风格差异的根源》，《郑州轻工业学院学报》（社会科学版）2006年第6期。

杨晓春：《南朝陵墓神道石刻渊源研究》，《考古》2006年第8期。

杨爱国：《幽明两界——纪年汉代画像石研究》，陕西人民美术出版社，2006年。

沈福伟：《中西文化交流史》，上海人民出版社，2006年。

张道一：《汉画的解读与欣赏》，《汉画故事》，重庆大学出版社，2006年。

林树中：《海外藏中国历代雕塑》，江西美术出版社，2006年。

湖北省博物馆：《湖北出土文物精粹》，文物出版社，2006年。

冀亚平：《孔彪碑——饮冰室藏》，浙江古籍出版社，2006年。

刘宗超：《汉代造型艺术及其精神》，人民出版社，2006年。

吕焜：《中国秦汉雕塑兴盛原因初探》，江西师范大学硕士学位论文，2007年。

吴立君：《谈中国古代雕塑中的线的魅力》，《浙江工艺美术》2007年第1期。

李锋：《重庆忠县邓家沱石阙的初步认识》，《文物》2007年第1期。

杜俊平：《汉代茂陵霍去病墓石雕造型艺术特点及其历史原因》，《职大学报》2007年第2期。

张松利、张金凤：《许昌汉代大型石雕天禄、辟邪及其特点——

兼论天禄、辟邪的命名与起源》，《中原文物》2007 年第 4 期。

张炯炯：《论中国古代雕塑的意象审美特征：以西汉霍去病墓石雕为例》，《雕塑》2007 年第 4 期。

郝建斌：《从汉唐雕塑看中国古代雕塑中的浪漫主义色彩》，内蒙古师范大学硕士学位论文，2007 年。

姜彦文：《地缘性与分区：汉代陵墓圆雕石兽考察》，《第二届全国高等艺术院校美术史学教育年会交流论文汇编》，四川美术学院美术学系，2007 年。

阎崇东：《两汉帝陵》，中国青年出版社，2007 年。

刘敦愿：《美术考古与古代文明》，人民美术出版社，2007 年。

闫松岭：《霍去病墓石雕群审美取向探究》，天津美术学院硕士学位论文，2007 年。

陈振裕：《战国秦汉漆器群研究》，文物出版社，2007 年。

杨泓、郑岩：《中国美术考古学概论》，中国社会科学出版社，2008 年。

万绳楠整理：《陈寅恪魏晋南北朝史讲演录》，贵州人民出版社，2008 年。

云宁：《汉代雕塑的语言符号》，《艺术探索》2008 年第 2 期。

葛露：《霍去病墓前动物石雕的文化功能与造型特点》，《电影评介》2008 年第 8 期。

张广达：《文本、图像与文化流传》，广西师范大学出版社，2008 年。

杨宽：《中国古代陵寝制度史》，上海人民出版社，2008 年。

秦臻：《中外广告简史》，重庆大学出版社，2009 年。

秦臻：《四川渠县新发现汉晋石兽及相关问题》，《四川文物》2013 年第 2 期。

苏秉琦：《中国文明起源新探》，辽宁人民出版社，2009 年。

贺西林：《"霍去病墓"的再思考》，《美术研究》2009 年第 3 期。

李菲、刘斌：《湖北房县出土摇钱树考》，《四川文物》2009 年第 4 期。

周积寅：《古时画院的前生今世》，《中国文化报》2009 年 4 月 14 日。

林通雁：《从长安铜飞廉到洛阳石翼兽》，《美术研究》2010 年第 3 期。

译著：

〔苏〕罗塞娃等著，严摩罕译：《古代西亚埃及美术》，人民美术出版社，1985 年。

〔美〕巫鸿：《从"庙"至"墓"——中国古代宗教美术发展中的一个关键问题》，《庆祝苏秉琦考古五十五年论文集》，文物出版社，1989 年。

〔美〕巫鸿：《美术史研究略说》，《东南文化》1997 年第 1 期。

〔美〕巫鸿著，李清泉等译：《礼仪中的美术——巫鸿中国古代美术史文编》，生活·读书·新知三联书店，2005 年。

〔美〕巫鸿著，柳扬、岑河译：《武梁祠——中国古代画像艺术的思想性》，生活·读书·新知三联书店，2006 年。

〔美〕巫鸿：《美术史十议》，生活·读书·新知三联书店，2008 年。

〔美〕巫鸿著，李清泉等译：《中国古代艺术与建筑中的"纪念碑性"》，上海人民出版社，2009 年。

〔美〕谢柏轲：《西方中国绘画史研究专论》，《海外中国画研究文选》，上海人民美术出版社，1992 年。

〔俄〕斯塔维斯基著，路远译：《古代中亚艺术》，陕西旅游出版社，1992 年。

〔俄〕普加琴科娃、列穆佩著，陈继周、李琪译：《中亚古代艺术》，新疆美术摄影出版社，1994 年。

〔英〕斯坦因著，中国社会科学院考古研究所译：《西域考古图记》，广西师范大学出版社，1998 年。

〔美〕高居翰:《中国绘画史方法论》,《中国画研究方法论》(《朵云》第 52 集),上海书画出版社,2000 年。

〔美〕高居翰:《山外山——晚明绘画(1570～1644)》,上海书画出版社,2003 年。

〔英〕E・H・贡布里希著,朱淳译,李本正、范景中编选:《作为艺术赞助人的早期梅迪奇家族》,《文艺复兴:西方艺术的伟大时代》,中国美术学院出版社,2000 年。

〔匈牙利〕雅诺什・哈尔马塔主编,徐文堪、芮传明译:《中亚文明史》第二卷,中国对外翻译出版公司,2002 年。

〔日〕曾布川宽著,傅江译:《六朝帝陵——以石兽和砖画为中心》,南京出版社,2004 年。

〔法〕色伽兰著,冯承钧译:《中国西部考古记》,中华书局,2004 年。

〔德〕雷德侯著,张总等译:《万物——中国艺术中的模件化和规模化生产》,生活・读书・新知三联书店,2005 年。

〔英〕苏利文著,徐坚译:《艺术中国》,湖南教育出版社,2006 年。

〔英〕倪克鲁:《亚洲视野中的秦兵马俑》,《古代墓葬美术研究》第一辑,文物出版社,2011 年。

外文著作:

M. S. Thompson, "The Asiatic or Winged Artemis", *The Journal of Hellenic Studies*, vol. 29, 1909.

Victor Ségalen, Gilbert de Voisins, Jean Lartigue, "Premier Exposé des Résultats Archéologiques Obtenus dans la Chine Occidentale par la Mission", *Journal Asiatique*, 1915.

Victor Ségalen, *Mission Archéologique en Chine (1914)*, Paris, P. Geuthner, 1923.

C. W. Bishop, "Notes on the Tombs of Ho Ch'uping", *Artibus Asiae*, No. 1, 1928.

Osvald Siren, "Winged Chimeras in Early Chinese Art", *Eastern Art*, vol. 1, 1928.

H. Frankfort, "Oriental Institute Museum Notes, A Persian Goldsmith's Trial Piece", *Journal of Near Eastern Studies*, vol. 9, No. 2, 1950.

Marilyn Low Schmitt, "Bellerophon and the Chimaera in Archaic Greek Art", *American Journal of Archaeology*, vol. 70, No. 4, 1966.

Barry Till, "Some Observations on Stone Winged Chimeras at Ancient Chinese Tomb Sites", *Artibus Asiae*, vol. 42, 1980.

Martin Joseph Powers, *Art and Political Expression in Early China*, New Haven, Yale University Press, 1991.

Huo Wei, "Cultural Exchange and Quest for Immortality: The Heavenly Horse of the West and the Divine Dragon", *Ex/Change*, Issue 6, 2003.

〔日〕足立喜六:《長安史蹟の研究》,東洋文庫,1933 年。

〔日〕水野清一:《前汉代に於ける墓饰石雕の一群に就いと——霍去病墓の石刻》,《東方學報》1933 年第三册。

セルゲイ・I・ルデンコ著,江上波夫、加藤九祚訳:《スキタイの芸術》,(東京)新時代社,1971 年。

国際文化出版社、オーロラ美術出版社共編:《スキタイ黄金美術》,(東京)国際文化出版社,1981 年。

〔日〕曽布川寛、谷豊信:《世界美術大全集・東洋編 2・秦・漢》,小学館,1998 年。

〔日〕田辺勝美、前田耕作:《世界美術大全集・東洋編 15・中央アジア》,小学館,1999 年。

〔日〕林俊雄:《グリフィンの飛翔 : 聖獣からみた文化交流》,雄山閣,2006 年。

三、古籍文献

［汉］司马迁：《史记》，中华书局，1959年。

［汉］班固：《汉书》，中华书局，1962年。

［晋］陈寿：《三国志》，中华书局，1959年。

［南朝宋］范晔：《后汉书》，中华书局，1965年。

［南朝梁］沈约：《宋书》，中华书局，1974年。

［南朝梁］萧子显：《南齐书》，中华书局，1972年。

［北齐］魏收：《魏书》，中华书局，1974年。

［唐］房玄龄等：《晋书》，中华书局，1974年。

［唐］魏征等：《隋书》，中华书局，1973年。

［汉］王充：《论衡》，上海人民出版社，1974年。

［汉］许慎：《说文解字》，中华书局，1981年。

［汉］应劭撰，王利器校注：《风俗通义校注》，中华书局，1981年。

［汉］刘安著，［汉］高诱注：《淮南子注》，《诸子集成》，上海书店出版社，1986年。

［汉］恒宽：《盐铁论》，《诸子集成》，上海书店出版社，1986年。

［汉］王符：《潜夫论·浮侈篇》，上海古籍出版社，1990年。

［汉］郑玄注，［唐］贾公彦疏：《周礼注疏》，《十三经注疏》，上海古籍出版社，1997年。

［晋］常璩：《华阳国志》，巴蜀书社，1984年。

［晋］葛洪撰，周天游校注：《西京杂记》，三秦出版社，2006年。

［北魏］郦道元著，陈桥驿校证：《水经注校证》，中华书局，2007年。

［南朝梁］任昉等：《述异记·世说新语》，吉林出版集团有限责任公司，2005年。

［唐］封演撰，赵贞信校注：《封氏闻见记校注》，中华书局，2005 年。

［宋］沈括著，胡道静校注：《梦溪笔谈校证》，中华书局，1960 年。

［宋］洪适：《隶释》，《隶释·隶续》，中华书局，1986 年。

［宋］朱熹：《周易本义》，上海古籍出版社，1987 年。

［宋］李昉等：《太平御览》，中华书局，1998 年。

［宋］赵明诚撰，金文明校证：《金石录校证》，广西师范大学出版社，2005 年。

［宋］欧阳修著，邓宝剑、王怡琳笺注：《集古录跋尾》，人民美术出版社，2010 年。

［清］阮元：《十三经注疏》，中华书局，1980 年。

［清］孙诒让撰，王文锦、陈玉霞点校：《周礼正义》，中华书局，1987 年。

［清］黄叔璥：《中州金石考》，齐鲁书社，1996 年。

［清］叶昌炽撰，柯昌泗评，陈公柔、张明善点校：《语石·语石异同评》，中华书局，2005 年。

国学整理社：《诸子集成》，世界书局，1935 年。

杨伯峻：《春秋左传注》，中华书局，1981 年。

袁柯：《山海经校注》，巴蜀书社，1996 年。

何清谷：《三辅黄图校注》，三秦出版社，1998 年。

陈奇猷：《吕氏春秋新校释》，上海古籍出版社，2006 年。

后 记

　　《汉代陵墓石兽研究》一书是在作者博士学位论文的基础上修改完成的，首先感谢我的导师霍巍先生的指导与鼓励。

　　2006年，我有幸考入四川大学历史文化学院攻读考古学博士学位，师从霍巍先生。先生在听取了我的介绍并了解我的专业背景之后，专门针对我的实际情况为我设计了学习课程和学术研究路径，确立了以汉唐时期的墓葬美术为我的具体研究方向。从最基本的学位课程学习开始，到参加田野考古实习，首先熟悉考古与考古学这个领域，掌握基本方法和提高实践能力，再到如何研读经典与文献，如何收集资料到归纳材料，如何进行考古学、艺术史的学术研究，在四川大学考古学系学习过程中的每一阶段，每迈出的一步，霍巍先生都倾心尽力，悉心指导，使我得以窥见学术研究的门径，进而开始我的博士研究生阶段的学习。

　　2007年5月，我的毕业论文初步开题，得到了霍巍、张勋燎、宋治民、黄伟、李永宪等先生的指点。在论文写作过程中，由于本人学力与学术视野的限制，进展一直不大，且一度处于停顿状态。霍巍先生一直鼓励我，要认真体会大家的治学门径、研究思路，密切关注学术前沿的发展动向。而且，在论文的研究重点重新调整后，先生又从论文的选题到整体架构的设计，从研究的方法到材料的收集，都为我提出了很好的意见和建议。从文章的初步完成到修改直至最终成稿，霍巍先生均亲自审阅、批注，使我最终完成了这篇论文。

在本书即将出版之际，虽然尚有太多遗憾和不足，但仍将其最后成稿，毕竟这是我角逐学术竞技场的第一张入场券。仅希望在以后的学习与研究中，能够做得更好，来报答教诲、关心、帮助过我的师长、朋友们。

记得在刚入学的时候，导师在第一次为我们全体研究生讲授的一堂大课上，专门以陈平原先生的文章为例，讲到博士论文的写作是一个研究者学术生涯的起点。通过四年的学习，正是先生孜孜不倦的教诲、指导和帮助，使得我在通往学术研究的道路上迈开了第一步。

其次，由衷地感谢四川大学历史文化学院考古学系的各位老师，老师们不但为我授业解惑，而且以严谨治学的精神影响和激励着我。张勋燎、宋治民两位考古界老前辈，从论文开题时就给予我诸多指点与教诲，使我受益匪浅；黄伟、李永宪两位先生的教学，不但使我学到了知识，开阔了学术视野，并通过言传身教，深深地影响着我。

本论文也承蒙学位论文评议人中国社会科学院考古研究所白云翔、吉林大学边疆考古研究中心滕铭予、西北大学文博学院王维坤、云南大学李坤声、陕西省考古研究院张建林等诸位先生，以及学位论文答辩委员会四川大学彭裕商、石硕、黄伟，上海大学罗二虎，四川武侯祠博物馆罗开玉等先生提出修改建议。在四川大学学习期间，我的同窗好友和同门学长，为我提供了很多便利与帮助，使我得以顺利完成论文写作。在此感谢张长虹、赵德云、霍宏伟、乔栋、吕红亮、杨清凡、胡松鹤、贾玉平、苏奎等同学。赵德云、吕红亮、霍宏伟、胡松鹤等同学多次为我提供论文所需的材料；南京大学冯慧博士将日本学者林俊雄先生赠送给她的著作惠赠，并为我查找了一些难得的资料；重庆市文物考古所朱寒冰校友帮助我绘制了多幅插图；四川美术学院版画家陈宇腾为本书绘制了精美的封面插图，美术学系研究生李泽龙为本书校对付出了诸多辛劳。

2008年5月，本人赴陕西、河南等地考察汉代陵墓遗址及陵墓石兽遗存，得到了西北大学戴南海、陕西省文物局尹夏青、洛阳市文物管理局蔡运章、程永健及洛阳古墓博物馆徐蝉菲等诸多先生的大力支持与帮助。在本书资料收集与写作过程中，还得到了南京大学贺云翱教授、四川大学艺术学院卢丁教授、四川博物院副院长魏雪峰研究员、西安美术学院于春博士、重庆中国三峡博物馆刘豫川研究员、重庆市文物考古所林必忠研究员与于桂兰女士、安徽省临泉博物馆于亚东馆长、重庆市忠县文物局黄建华局长、河南省南阳府衙博物馆刘绍明先生及四川省渠县博物馆胡良鸿馆长、肖仁杰女士等人的热情帮助。在此谨向以上各位先生和女士表示真诚的谢意。

感谢我的硕士研究生导师北京航空航天大学的张雪先生，是她一直帮助我、鼓励我，使我有机会走上这条学术研究的道路。

同时，还要感谢文物出版社能够出版这本小书，也特别感谢李缙云、周艳明先生为本书的出版所付出的辛勤劳动。

感谢所有被引用文献的作者，正是你们的研究成果，构成了本论文的学术基础。

最后应该感谢支持和鼓励我完成博士研究生阶段学习的家人，谨将此书献给我的父亲、母亲及妻子与我的女儿。

由于本人学术视野和能力的限制，本书难免有所遗漏甚至错误，均由本人负责，敬请各位方家与读者批评指正。

2012年5月28日记于新牌坊

2016年4月补于虎溪